Books Bear
布克熊

会 讲 故 事 的 童 书

少年读典籍

史记里的大语文

上册

文小通 著
中采绘画 绘

光明日报出版社

图书在版编目（CIP）数据

史记里的大语文 . 上册 / 文小通著 ; 中采绘画绘 .
北京 : 光明日报出版社 , 2024. 8. -- (少年读典籍).
ISBN 978-7-5194-8228-2

Ⅰ . K204.2-49

中国国家版本馆 CIP 数据核字第 2024FH3910 号

史记里的大语文 · 上册

SHIJI LI DE DA YUWEN · SHANG CE

著　　者：文小通
绘　　者：中采绘画

责任编辑：谢　香　　　　责任校对：徐　蔚
特约编辑：王共轩　　　　责任印制：曹　诤
封面设计：李果果

出版发行：光明日报出版社
地　　址：北京市西城区永安路 106 号，100050
电　　话：010-63169890（咨询），010-63131930（邮购）
传　　真：010-63131930
网　　址：http://book.gmw.cn
E － mail：gmrbcbs@gmw.cn
法律顾问：北京市兰台律师事务所龚柳方律师

印　　刷：河北朗祥印刷有限公司
装　　订：河北朗祥印刷有限公司
本书如有破损、缺页、装订错误，请与本社联系调换，电话：010-63131930

开　　本：170mm × 240mm　　　　印　　张：31
字　　数：340 千字
版　　次：2024 年 8 月第 1 版
印　　次：2024 年 8 月第 1 次印刷
书　　号：ISBN 978-7-5194-8228-2

定　　价：98.00 元（全 2 册）

目录

太史公
司马迁

司(sī)马(mǎ)迁(qiān)

仗义执言反被宫　保命深陷牢狱中
继承父业著史书　千古绝唱太史公

惹祸上身

公元前99年，汉武帝下令让三路大军进攻匈奴。

第一路派出贰师将军李广利，因遭遇到了匈奴的包围，损失惨重；第二路公孙敖一无所获；第三路李陵统领五千步兵遭到了匈奴主力骑兵的包围，经过激烈战斗，汉军箭矢用完、粮食耗尽，李陵在血战到最后一刻后，不得已选择投降。

汉武帝得知主将李广利战败和李陵投降的消息后，心情十分沮丧。司马迁为了安抚汉武帝，站出来为李陵说情。司马迁称李陵是将门之后，投降只是一时之计，未来必定会重新回到汉廷。此外，李陵五千步兵对抗匈奴数万骑兵，杀敌过万，古今名将都不过如此，所以不应该受到不公正对待。

然而，司马迁万万没想到，汉武帝勃然大怒，认为司马迁不分忠奸，竟然为一个投降敌人的败类说情。汉武帝觉得，司马迁越是赞扬李陵的英勇血战，就越是在暗指外戚李广利的无能和汉武帝本人的用人失误。极度愤怒的汉武帝将司马迁判处死刑。

根据大汉的法律，被判处死刑的人可以通过支付五十万钱来免除死刑，或者选择接受腐刑（宫刑）以换取生存的机会。在监狱中，司马迁曾多次考虑自杀，但最终决定坚持活下去，实现自己的生命价值。由于他没有五十万钱用于赎身死，只能接受“腐刑”的命运。

报任安书

司马迁在获释后被任命为中书令，负责管理皇帝的文书事务。中书令可以自由出入皇宫，并频繁接触皇帝。然而，司马迁始终将他的主要心思放在未完成的《史记》上。

公元前93年，司马迁的朋友任安因罪被关押在狱中。任安在狱中给司马迁写了一封信，希望他能在汉武帝面前美言几句，为自己争取自由。司马迁看完信后，悲愤万分，感慨不已。

几年前，当自己因李陵事件而惹怒了汉武帝时，按照规定他本可以用五十万钱来换取性命。然而，在朝中的文武官员和交好的朋友都因畏惧君权而不敢为他出头。而任安也是其中之一。

像很多人一样，任安或许认为那只是司马迁个人的灾难。但任安那时并不知道，在汉武帝统治下，任何人随时都有可能遭受不幸。

过了一段时间，司马迁终于拿起笔，给任安写了一封回信，就是后来闻名于文学史的《报任安书》。因任安的字是少卿，所以这封回信也被称为《报任少卿书》。

扩展知识点

不羁之才： 非凡的、不可约束的人才。出自司马迁《报任安书》："仆少负不羁之才，长无乡曲之誉。"

史家绝唱

当汉朝巫蛊之祸发生时，司马迁开始撰写《太史公自序》，这是《史记》“七十列传”系列的最后一篇。

在这篇文章中，司马迁记录了自己的人生经历。从龙门出生，写到漫游天下，从泣受父命，一直到承袭道统。

他含泪写下，古往今来，圣贤都曾经历过困厄，正是这样的经历激励他们创造不朽之作。而他自己忍辱负重，苟延残喘，也是希望像古代圣贤一样，编写著述，留传后世，实现人生的永恒。

在介绍完这些内容后，司马迁对《史记》中所有作品的写作动机进行了说明。从《五帝本纪》开始，到《太史公自序》为止，《史记》总共有一百三十篇，他也解释了这一百三十篇的含义。

记录帝王功业，推究他们成功和失败的原因，写成了十二篇的“本纪”；为了清晰地了解历史事件的先后关系，写成了十篇的“表”；对礼乐律法、天文水利等专题写成了八篇“书”；记辅佐君王的重臣们的事迹，写成了三十篇的“世家”；记仗义行事、名扬天下的英雄豪杰的事迹，写成了七十篇的“列传”。

最终，司马迁完成了这部总共五十二万六千五百余字的伟大著作。多年的痛苦和屈辱，在这一刻成就了巨大的满足。

《史记》完成了，司马迁的人生也圆满了。他没有任何遗憾。

历史评价

原文

昔西伯拘羑里，演周易；孔子厄陈蔡，作春秋；屈原放逐，著离骚；左丘失明，厥有国语；孙子膑脚，而论兵法；不韦迁蜀，世传吕览；韩非囚秦，说难、孤愤；诗三百篇，大抵贤圣发愤之所为作也。

——司马迁《史记·太史公自序》

译文

从前周文王被拘禁在羑里，推演了《周易》；孔子遭遇陈、蔡的困厄，作有《春秋》；屈原被放逐，著有《离骚》；左丘明双目失明，才编撰了《国语》；孙子遭受了膑刑，却论述兵法；吕不韦被贬徙蜀郡，世上才流传《吕氏春秋》；韩非子被囚禁在秦国，写有《说难》《孤愤》；《诗》三百篇，大都是圣人贤士抒发愤懑之情写就的。

人物关系图

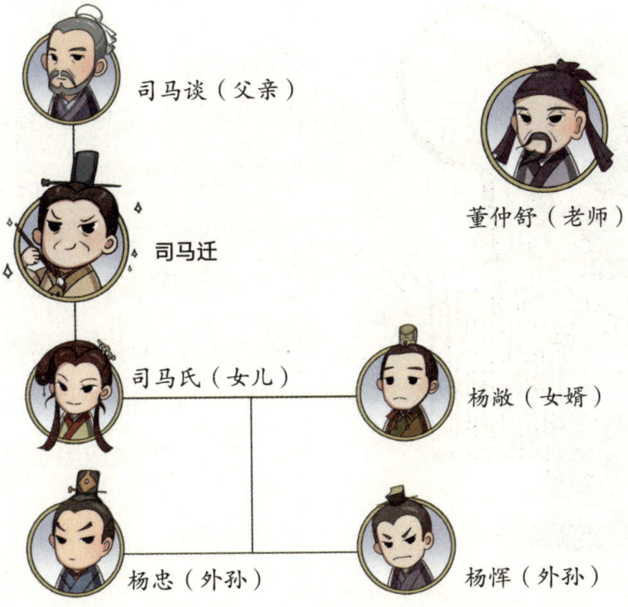

延伸阅读

恨为弄臣，寄心楮墨，感身世之戮辱，传畸人于千秋，虽背《春秋》之义，固不失为史家之绝唱，无韵之《离骚》矣。

——鲁迅《汉文学史纲要·司马相如与司马迁》

《史记》

《史记》是由司马迁撰写的中国第一部纪传体通史。记载了上自上古传说中的黄帝时代，下至汉武帝元狩元年间共三千多年的历史。

《史记》最初没有固定书名，或称“太史公书”，或称“太史公传”，也省称“太史公”。“史记”本是古代史书通称，从三国时期开始，“史记”由史书的通称逐渐成为“太史公书”的专称。

《史记》与后来的《汉书》《后汉书》《三国志》合称“前四史”。刘向等人认为此书“善序事理，辩而不华，质而不俚”。《史记》与司马光的《资治通鉴》并称“史学双璧”。

人文初祖

黄帝

huáng dì

黄帝

应星而生降神童　心灵手巧爱发明

收服炎帝灭蚩尤　华夏文明第一人

应星而生

黄帝的母亲叫作附宝，附宝有一个相当浪漫的爱好——看星星。

传说，在一个夜晚，附宝看到漆黑的夜空中出现了一束粉红色的极光，从东方蔓延到西方，环绕北斗枢星旋转了几圈，然后便消失了，北斗枢星就掉落了下来。与此同时，附宝感到肚子痛，看医生之后发现自己怀孕了。经历了长达二十四个月的艰辛，她成功地生下了一个孩子。这个孩子后来成为我们尊称的轩辕黄帝。

据历史记载，黄帝出生时就显示出与众不同的特质。在出生后不久就有了语言能力，到七八岁时就表现出成熟的处理问题的能力，十几岁时就展现了非凡的智慧。这就是我们共同的祖先黄帝的诞生。

大战蚩尤

黄帝和炎帝是古代黄河流域最强大的两个部落联盟的首领。他们为了生存而相互征伐，在阪泉之野进行了三次战斗，炎帝被黄帝打败。炎帝部落是一个历史悠久的老牌强大部落，但处于没落期。而黄帝部落则是一个正在成长发展的部落，二者征伐代表着新旧力量的碰撞，也是时代的碰撞。

此时，另一个部落的首领蚩尤发动叛乱。他带着全族勇士，发动了对黄帝部族的战争。黄帝携手各部族抵御敌人，虽然在很大程度上抵挡住了蚩尤的入侵，但是情势依然恶劣。

于是，黄帝整军准备与蚩尤进行最后的决战，这就是著名的涿鹿之战。经过了长达七七四十九天的大战后，黄帝打败了蚩尤，战争终于结束了。

扩展知识点

蚩尤在传说中是第一个创制出金属兵器的人，他在涿鹿之战中战绩赫赫，连炎帝、黄帝也对之“大慑”。蚩尤在中国古代战争史上创造的业绩，使他成为战争之神，从而受到后世人们的祭拜。

龙去鼎湖

传说中，黄帝一边参与战斗，一边修行、学习仙道。对于那些对仙道有异议的人，黄帝果断将其处决。经过百余年的修炼，他最终与神仙们建立了联系。黄帝前往雍城郊外祭天帝，并在那里居住了三个月。黄帝的大臣鬼臾区（号大鸿）死后被葬在雍城，因此那里有一个被称为鸿冢的地方。

此后，黄帝与众多神灵相会于明廷，也就是位于甘泉山的地方。黄帝升仙的地方被称为寒门，即现今的陕西省谷口。他采掘首山的铜矿，并在荆山脚下铸造了一口鼎。鼎一经铸成，在云端就出现了一条垂着须的龙来迎接黄帝。黄帝攀爬上龙背，坐在龙背上，身后有七十多名官员和后宫妃嫔随他一同登上龙背。龙便飞向天空。其他低级别的官员不得上龙背，他们抓住龙须不放手，结果龙须被拉断，从空中坠落，黄帝的弓也在匆忙间落下。仰望黄帝缓缓升入天空的百姓们，抱着黄帝失落的弓和断掉的龙须哭泣喊叫。因此，后来，人们将这个地方称为鼎湖，将那把弓称为乌号。

历史评价

原文

生而神灵，弱而能言，幼而徇齐，长而敦敏，成而聪明。

——司马迁《史记·五帝本纪》

译文

他生下来就很有灵性，年龄很小就善于言辞，幼年时聪明机敏，长大后敦厚敏捷，成年以后聪慧明审。

人物关系图

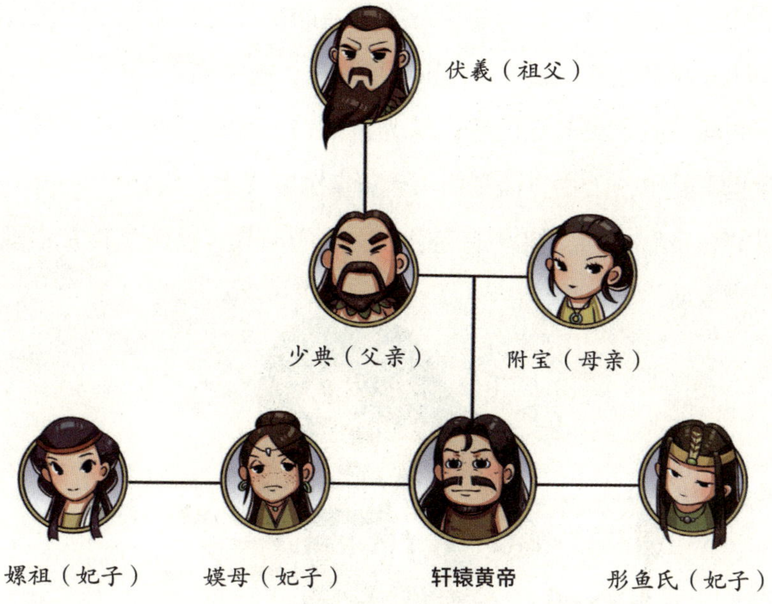

延伸阅读

圣人不治已病，治未病；不治已乱，治未乱。

——《黄帝内经·素问·四气调神大论》

《黄帝内经》

《黄帝内经》，又称为《内经》，是中国保存至今最早成书的医学经典之一，对中医理论体系的形成起到了标志性的作用。它为数百年来中医学的发展奠定了坚实的基础，在中国医学史上扮演着重要的角色，被后世广泛尊崇为医学领域的宗师之作，也是中国传统医学四大经典之首。据传是由黄帝所编著，故得名。

然而，后来更广泛的观点认为，该书在西汉时期最终形成，其作者也不是单一人物，而是由历代黄老医家传承、增补和创作而成。冠以“黄帝”之名，旨在追溯医药文化的源头，以凸显其在中国早期医学发展中的作用。

yáo
尧
shùn
舜

贤德明君 尧与舜

尧定四时农事稳　舜处逆境孝可陈
仁德禅让传佳话　尧天舜日天下仁

尧定四时

尧作为黄帝的后代，原名放勋，被选为天子。与黄帝不同，尧对天文有着深刻的兴趣，喜欢仰望天空。他命令羲氏和其他臣子观察日月星辰，研究它们运行的规律。

根据他们的观察，春天，当白天和黑夜的时间相等时，鸟星会出现在正南方，这一天被称为“春分”。夏天，当白天时间最长、黑夜时间最短时，心宿会出现在正南方，这一天被称为“夏至”。秋天，当黑夜和白天的时间相等时，虚宿会出现在正南方，这一天被称为“秋分”。冬天，当白天时间最短、黑夜时间最长时，昴宿会出现在正南方，这一天被称为“冬至”。

在确定了春分、秋分、夏至和冬至之后，尧采取了加闰月的方法来确定春、夏、秋、冬四个季节，从而形成了一年的历法。

尧制定历法节令后，将其传授给了百姓，并引导百姓按照历法节令进行耕作。这样，农业取得了显著进步，为百姓带来了丰收的希望。

逆境孝子

舜的父亲瞽叟是一位盲人，舜的母亲去世后，他又娶了一个妻子，并有了一个名叫象的小儿子。逐渐地，瞽叟对象越发地钟爱，而对大儿子舜却生出了杀心。幸运的是，舜拥有着福大命大的运气，每次父亲加害于他，他总能成功逃脱。

有一次，瞽叟假装可怜地对舜说："舜啊，家里的谷仓坏了，我看不见，你去修理一下吧。"舜答应了，爬上高高的谷仓开始修理。瞽叟立刻在下面纵火。他心想，谷仓里放着许多粮食，一旦火烧起来，大儿子就必死无疑了。然而，舜在危急关头拿起两个大草帽当作翅膀，像一只鸟张开双臂，在半空中滑翔而下，逃过一劫。

瞽叟又迅速地构思了一个更加邪恶的计划。"舜啊！家里没有水喝了，我看不见，你去挖一口井吧。"瞽叟这次表现得更加可怜。舜再次答应了，立刻开始挖水井。井越挖越深，瞽叟赶紧叫来象，用土填满井口，舜被埋在了井里。瞽叟满心欢喜，他以为终于除掉大儿子了。家里的三口人欢乐地分享了舜的财产。

然而，舜并没有死去，他早就挖了一条逃生的地道，成功地保住了自己的性命。这以后，舜一如既往侍奉父母、友爱兄弟，而且更加恭谨。

尧舜禅让

尧知道他的儿子丹朱不具备成为帝王的品德和能力，于是他请求诸侯推荐有才德的人来继承帝位。大家一致推荐了舜。尧说："我听说过这个年轻人，他确实令人印象深刻。然而，我还想要考察一下他的能力。"

尧认为一个有德行的人应该孝顺父母、关心兄弟、爱护妻子；一个有才能的君主应该能够处理繁杂的政务，使百官服从，使国家治理井然有序。尧花了三年时间仔细考察舜在这些方面的品行和能力，最终确认舜确实是最适合继承帝位的人选。因此，在"正月初一"的那一天，尧将帝位传给了舜。舜成了新的帝王。

扩展知识点

尧天舜日： 本义为尧、舜在位的时期。被用以称颂帝王的盛德。后也比喻天下太平的时候。

历史评价

原文

其仁如天，其知如神。就之如日，望之如云。富而不骄，贵而不舒。黄收纯衣，彤车乘白马。能明驯德，以亲九族。九族既睦，便章百姓。百姓昭明，合和万国。

——司马迁《史记·五帝本纪》

译文

他像上天一般有仁德，像神那样充满智慧。靠近他就像靠近太阳般温暖，仰望着他如云彩覆润着大地。富而不傲，尊贵而不放纵。戴着黄色的帽子，穿着黑色衣裳，乘着朱红色的车子驾着白马。尊敬有善德的人，与同族九代相亲相爱。同族的人既已和睦相处，又去考察百官。在他的治理下，百官政绩昭著，各方诸侯邦国都能和睦相处。

人物关系图

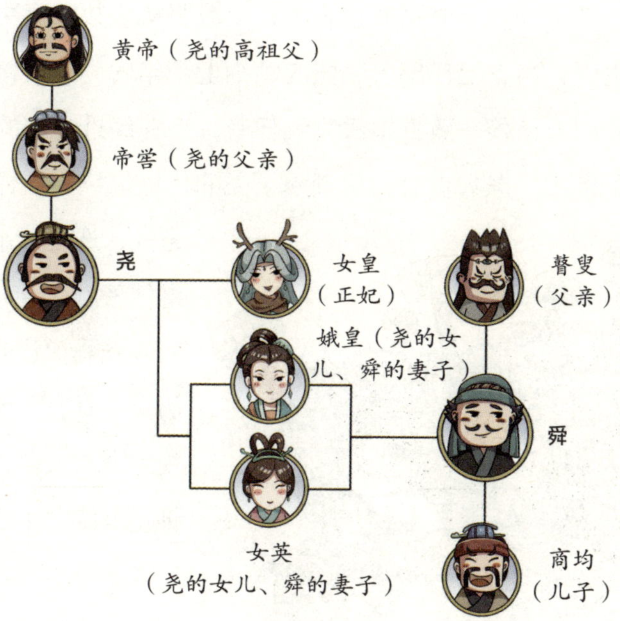

延伸阅读

皇穹窃恐不照余之忠诚，雷凭凭兮欲吼怒。尧舜当之亦禅禹。

——唐·李白《远别离》

禅让制

禅让制度是中国古代一种统治者更迭的方式，指在君主在世时将统治权力让渡给他人。它源于中国古代原始社会部落联盟中的民主推选首领的制度。

据说，中国上古时期的禅让制度最早记载于《尚书》，它是中国古代部落联盟中推举首领或帝王让位给其他人的一种方式。具体来说，部落的各个成员通过表决，少数服从多数从而决定推举的结果。据说，当尧担任部落联盟的领袖七十年后，想找接替帝位的人选时，四方诸侯一致推举舜为继任者，尧在经过三年的考察后确认了舜的能力。尧去世后，舜继承了尧的优良作风，同样使用禅让的方式，选定治水有功的禹为继任者。

尧舜禅让的故事在中国历史中具有重要的地位，被视为贤君典范，其背后的精神是鼓励君主选择有德有才的人来继承王位，而不是按照血统来传递。

九州之主

禹

yǔ

禹

王朝伊始夏商周　治水多年壮志酬
三过家门而不入　铸造九鼎镇九州

大禹治水

据传，禹是黄帝的后代，他本名文命。

当时，洪水泛滥成灾，平原被淹没成河床，丘陵变成小岛。百姓们感到绝望，以为世界末日即将来临。

众多诸侯纷纷推荐大禹的父亲鲧来治理洪水。然而，经过九年的努力，洪水仍然无法遏止。舜见到鲧的工作一直没有结果，因此将鲧流放到羽山作为惩罚。不久后，鲧在羽山去世。

父亲的不幸遭遇和百姓们所遭受的灾难使大禹深感痛心。他下定决心，无论遇到什么困难，都要完成父亲未竟的事业，让人民重新过上安定的生活。

大禹一共花了十三年的时间，成功地制服了洪水，疏导了九州内的河流。

昔日咆哮的河水失去了往日的凶恶，驯服平缓地向东流去，昔日被水淹没的山陵露出了真容，农田变成了粮仓，人民又能筑室而居，过上了安宁的生活。

三过家门而不入

据传，禹新婚不久就离开妻子，踏上了治水的道路。

第一次经过家门时，禹听到妻子因分娩而在呻吟，接着听到了婴儿的哭声。有人劝他进屋去看看，但他担心耽误治水的进程，没有进家门。

第二次经过家门时，他看到儿子正在妻子的怀中向他招手。因为工程紧张，所以他只是挥手打了个招呼，就继续赶路了。

第三次经过家门时，儿子已经长到了十多岁，他跑过来并用力地拉着禹往家里走。禹深情地抚摸着儿子的头，告诉他说洪水还没有治平，还不能回家，然后匆忙离开，没有进家门。

大禹三过家门而不入，体现了他大公无私、尽职尽责的优良品性，被传为美谈，至今仍为人们所传颂。

扩展知识点

大禹的妻子是涂山氏，传说涂山氏是女娲转世，也有说涂山氏是九尾狐成精后与大禹坠入爱河的。当然，神仙妖怪是不存在的，这类传说只是为了说明禹在治理洪水、建立夏朝和治理天下时，涂山氏起到了很大的作用。

家天下

自尧开始，一直实行的是禅让制，是有能力的人来领导大家。尧死后传给了舜，舜死后又传给了禹，而禹死之后，将王位传给了儿子启。从此“王位世袭制”代替了“禅让制”，在家族内部按照嫡系血脉世代传承王位，成为中国历史上王位世袭制的开端，“公天下”也自此变成了“家天下”。

随着王位世袭制的确立，以帝王为中心的国家机构体制也随之建立起来。王位世袭制，后来成为封建君主专制制度的基本特征之一，在中国延续了两千多年。

世袭制取代了禅让制，标志着“公天下”变成了“家天下”，这是历史发展到一定阶段的必然产物。随着社会生产的发展，奴隶社会也出现了贫富差距，私有制和阶级的产生，以及部落联盟首领的权力不断扩大和加强，世袭制也就此产生。

历史评价

原文

维禹之功，九州攸同，光唐虞际，德流苗裔……

——司马迁《史记·太史公自序》

译文

大禹治水有功，九州同享他所带来的成果，他不仅光耀了尧舜时代，他的恩德还流传后世……

人物关系图

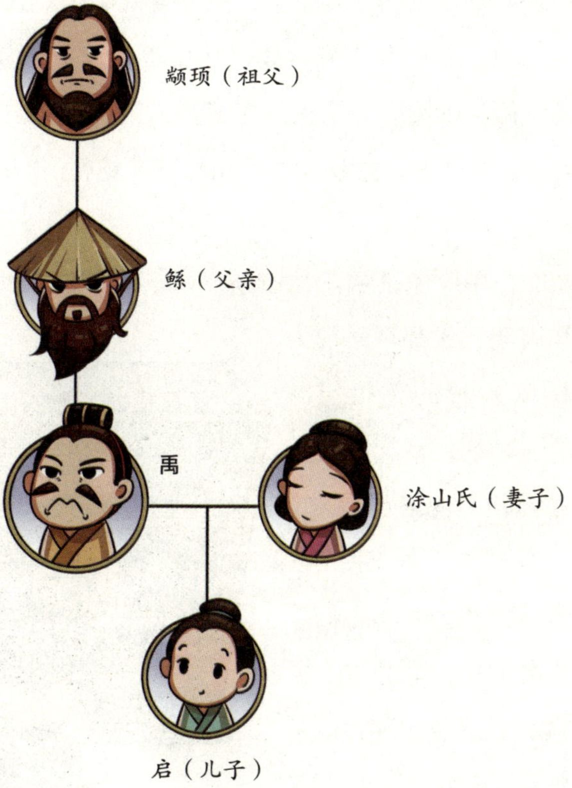

延伸阅读

声名九鼎重，冠盖万夫望。

——宋·黄庭坚《次韵答叔原会寂照房呈稚川》

华夏九鼎

据传说，夏朝初期，夏王大禹将天下分成九个州，并要求这九个州贡献青铜用来铸造九个鼎，象征着九个州。九个鼎上刻有全国九个州的山川名胜和奇异之物，然后集中放置在夏王朝的都城中。尽管《左传》中没有关于大禹熔铸青铜的记载，但提到九个鼎上刻画有九个州的图案，象征着九个州都属于夏朝。“九鼎”无疑是夏朝的镇国之宝。

九鼎在中国象征着国家的统一和国家权力的至高无上。夏朝、商朝和周朝三代都将其视为象征国家政权的传世宝物。战国时期，秦国和楚国都去周朝王城洛邑寻求九鼎。在周显王时期，九鼎沉没于泗水之中。后来的帝王非常重视九鼎的权力象征和意义，多次重铸九鼎，像武则天、宋徽宗等也曾铸造过九鼎。

shāng
商
tāng
汤

天乙圣王
商汤

灭夏建商治大国　重用伊尹烹小鲜
解网施仁开三面　统一中原传世间

任用伊尹

伊尹从小就聪明伶俐，勤奋好学，尽管生活在有莘国的乡野中，却对尧舜之道充满热爱。他不仅精通烹饪技术，还深谙治国之道。他既是奴隶主贵族的厨师，又是贵族子弟的“师仆”。

由于他对三皇五帝和大禹王等英明君王的治国之道进行了深入研究，他的名声远近闻名。商汤王渴望招募人才，多次派遣使者前往有莘国，以玉、帛、马、皮等礼物聘请伊尹，但有莘国君主不同意商汤聘请伊尹的请求。商汤只能娶有莘国君主的女儿为妃。伊尹趁机混进了陪嫁奴隶的队伍，终于来到了商汤王的身边。

对于伊尹的才能，商汤也给予了足够的尊重。想见伊尹的时候，商汤都是亲自乘马车前往，因为车夫对伊尹不够尊重，商汤还曾把车夫赶下车自己驾车前往。面对商汤的诚意，伊尹也将自己的才学充分施展，将烹饪和治国联系，创立了“五味调和说”和“火候论”。

扩展知识点

治大国若烹小鲜： 烹饪一条小鱼时，调料、火候都要恰到好处，而且不宜过度搅动，才能够保证这道菜色香味俱全。治理国家和烹饪这条小鱼是一样的道理。（这是老子提出的“治大国若烹小鲜”的著名论断。）

灭夏建商

公元前1666年，商汤在亳墟（位于今河南商丘市）发誓要惩罚夏桀的罪行，正式兴兵伐夏。为了激励士气，在会战开始之前，商汤召集了商军、诸侯和方国的军队，宣读了一篇名为“汤誓”的誓词，以鼓舞士气。商军受到商汤的动员后，士气大振，都表示愿意与夏军决一死战。夏桀最终战败。经过二十年的征战，夏王朝最终被消灭，商汤统一了中原地区，控制了黄河中下游地区，其势力超过了曾经的夏王朝。汤灭夏后奠定了商王朝的疆域基础。由于商汤以武力灭夏，打破了国王永定的说法，从此中国历代王朝都如此更迭，因此被称为“商汤革命”。

商汤谦逊礼待前来朝贺的诸侯，只居于诸侯之位。在三千诸侯的支持下，商汤成为天子，向天祭祀，建立了商王朝。

扩展知识点

在商汤伐夏之前，伊尹曾作为使臣在夏朝居住，并获得了夏桀宠妃妹喜的信任，获取了很多有用的情报。伊尹确认攻打夏的时机后迅速回到商国都城，商汤这才放心出兵伐夏。这是史上最早记载的间谍战。

解网施仁

商汤外出时，遇到一个农夫正在张挂捕鸟网，还拜天祷告，希望天上飞下来的、地上跑出来的、四面八方的鸟儿都能进入网中。商汤听了，心想：“这农夫也太贪心了吧，就算夏桀也不会这么狠心。”于是，他让人把三面的网收起来，只留下一面。这时，商汤也跪下来祷告：“想往左飞的，就往左飞；想往右跑的，就往右跑；不听话的，就自己往网里钻吧。”他还告诫农夫和随从，对待禽兽也要有仁德之心，不能捕尽杀绝，只捕捉那些不听天命的。那个农夫深受感动，收起了三面的网，只留下一面。诸侯们听闻此事，无不称赞商汤是个有德之人。

扩展知识点

网开一面：把捕禽的网撤去三面，留出逃生出路。比喻仁慈宽厚，对罪犯或敌人宽大处理。出自《史记·殷本纪》。

历史评价

原文

亦越成汤陟，丕厘上帝之耿命，乃用三有宅；克即宅，曰三有俊，克即俊。严惟丕式，克用三宅三俊，其在商邑，用协于厥邑；其在四方，用丕式见德。

——周公旦《尚书·周书·立政》

译文

到了成汤登上王位，大受上天的明命，他选用事、牧、准三宅的官，都能就三宅的职位，选用三宅的属官，也能就其属官之位。他敬念上天选用官员的大法，能够很好地任用各级官员，他在商都用这些官员和协都城的臣民，他在天下四方，用这种大法显扬他的圣德。

人物关系图

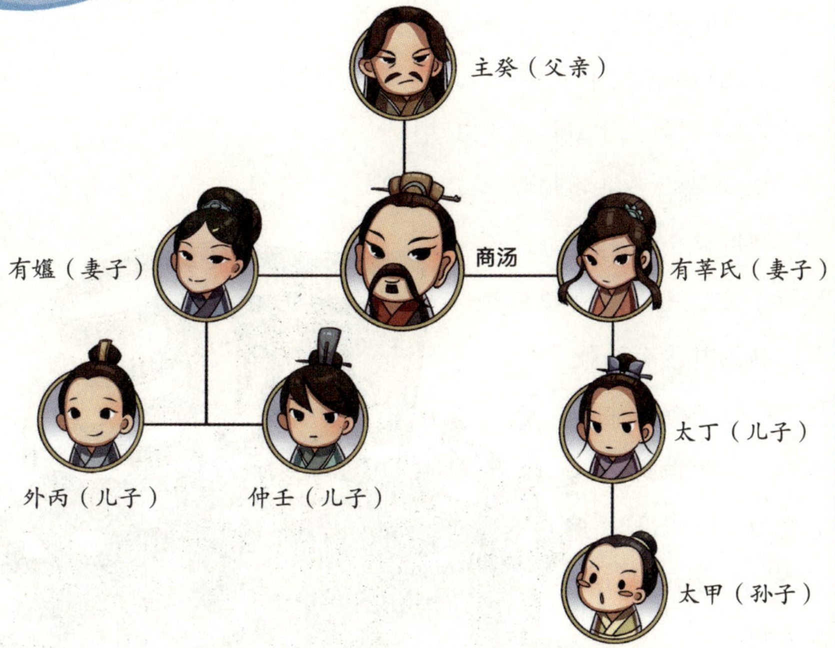

延伸阅读

夏王率遏众力，率割夏邑。有众率怠弗协，曰：“时日曷丧？予及汝皆亡。”夏德若兹，今朕必往。

——《尚书·商书·汤誓》

汤誓

在出兵讨伐夏桀之前，商汤召集了商军、助商伐夏的诸侯和方国军队，并宣读了一份伐夏的誓词。

商汤说：“请大家注意听，我并非是要兴兵作乱，而是因为夏桀犯下了太多罪行。虽然我也听到了你们对我的一些抱怨，但是夏桀的罪孽实在太深重了，我们必须为天下正义而行动！若不将他绳之以法，我们决不罢休！”

这几句话激发了下方一群人的热情。他们纷纷叫喊：

“决不罢休，非将其绳之以法！”

“决不罢休，非将其绳之以法！”

经过二十年的努力，商汤终于彻底击败了夏桀。然而，商汤并没有杀死夏桀，而是将他流放到了一个偏僻的地方。看来商汤终究是个仁厚之人啊。

商纣王

帝辛

dì xīn

帝辛

商朝末位暴君王　贪恋美色害忠良

酒池肉林游乐场　鹿台自焚周代商

荒淫无道

商纣王，又名帝辛，是商朝的最后一个王。他的哥哥叫微子启，由于微子启的母亲出身低微，所以没有资格继承王位。而帝辛的母亲是正王后，所以在父亲帝乙去世后，帝辛就继承了王位。人们称他为“纣”。

帝辛不仅聪明机智，反应敏捷，还具备超凡的神力，甚至敢与猛兽赤手空拳搏斗。他的视力、听力和体力都远超常人，智力足以拒绝臣下劝谏，言语足以掩饰错误，经常自夸，久而久之，他甚至觉得自己是“最牛、最了不起、天下第一”。

自满的帝辛开始忽视朝政，整天游猎巡幸，过着纸醉金迷的生活。自从美人妲己进宫后，帝辛更是沉迷于酒色，无法自拔。妲己喜欢谁，他就毫无理由地看重谁；妲己讨厌谁，他就毫不犹豫地将其诛杀。

渐渐地，这个荒淫自负的帝辛成了历史上臭名昭著的暴君之一。后世更习惯称呼他为“纣王”，可见他的暴虐之名已深入人心。

酒池肉林

商纣王以横征暴敛的方式增加了赋税，并在沙丘修建了一个巨大的“游乐场”，里面摆满了从各地捕捉来的飞禽走兽和无数移植过来的奇花异草。

大部分时间里，商纣王都在沙丘观看歌舞和杂戏等表演。在这个“游乐场”中，美味的肉挂得像树林一样密集，醇香的酒从池子里不断溢出。商纣王沉迷于酒池肉林之中，过着通宵宴饮、醉生梦死的生活。百官和贵族对此怨恨不已，四方的诸侯也开始陆续反叛。

面对人们对他统治的不服从，商纣王变得越来越残暴。为了惩罚那些背叛自己的臣民，他加重了刑罚，发明了“炮烙之法”。

扩展知识点

酒池肉林：原意是殷纣以酒为池，以肉为林，彻夜宴饮。指荒淫腐化、极端糜烂的生活，后也形容酒肉极多。出自《史记·大宛列传》。

残害忠良

随着时间流逝，反抗商纣王的诸侯日渐增多，而商纣王的行为也变得越发残忍。在这个关键时刻，大臣比干勇敢地站出来，以生命为代价劝谏君王，他毫不留情地揭示了纣王的荒唐行径。然而，商纣王并未采纳他的建议，反而怒不可遏地说："我听说圣人的心有七窍，但很遗憾我不知道这是真是假。今天，我就要打开你这位忠诚大臣的胸膛，来验证一下。"

还有更为残忍的，由于一位妃子拒绝陪他饮酒作乐，商纣王竟然将她的父亲九侯剁成肉酱，还将极力反对此事的鄂侯杀掉，晒成肉干。这便是所谓的"醢刑"和"脯刑"。

后来，周武王率诸侯东征伐纣，发兵牧野，商纣王兵败，最终自焚于鹿台。

历史评价

原文

帝纣资辨捷疾，闻见甚敏；材力过人，手格猛兽；知足以距谏，言足以饰非；矜人臣以能，高天下以声，以为皆出己之下。

——司马迁《史记·殷本纪》

译文

商纣天资聪颖，有口才，行动迅速，耳聪目明，而且气力过人，能徒手与猛兽搏斗。他因智慧过人便拒绝臣下的谏劝，常用语言掩饰自己的过错。他在大臣面前夸耀才能，凭着声威到处抬高自己，认为天下所有的人都不如他。

人物关系图

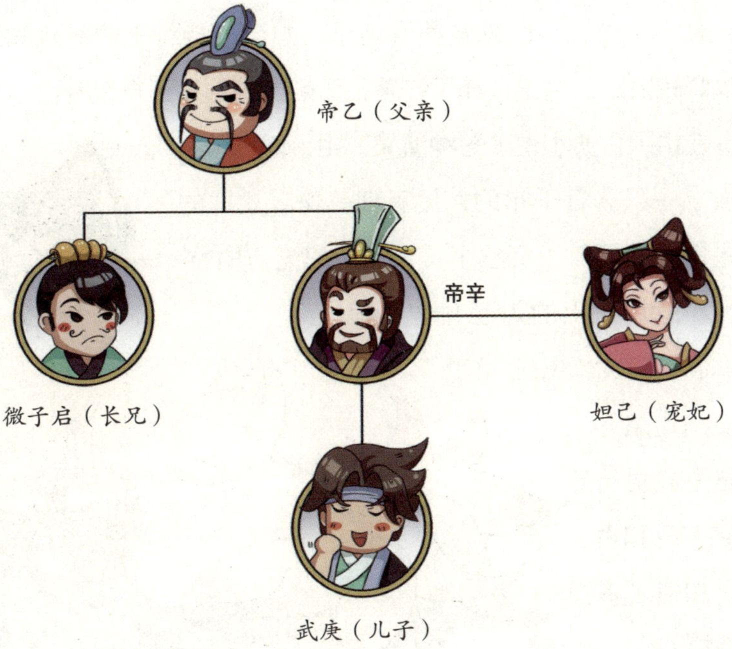

延伸阅读

妲己灭纣，褒女惑周。天维荡覆，职此之由。

——唐·李白《雪谗诗赠友人》

妲己

妲己是商朝最后一位君主商纣王的宠妃，同时也是苏氏诸侯之女。

公元前1047年，商纣王率领大军攻打苏氏部落。面对商军的强大攻势，苏氏部落无法抵挡，最终在灭亡和屈服之间，首领选择屈膝，献上牛羊、马匹以及美女妲己。妲己支持纣王的暴政和酷刑。在牧野战败后，纣王选择了自杀，而妲己也选择了自缢身亡。

在中国古典小说《封神演义》中，妲己被描写成了一只修行千年的九尾狐狸。作者这样的设定旨在凸显纣王沉溺于美色、荒淫无道的特点。尽管历史上的妲己并非狐狸精，但她确实怂恿纣王使用炮烙等残忍手段对待宗室大臣和百姓，加速了商王朝的灭亡。

周文王
姬昌

jī 姬 chāng 昌

西伯被困羑里城　携礼相救保性命
八八六四文王卦　算得殷商寿命终

废除炮烙

商纣王创造了一种名为炮烙的残酷刑罚，即命令罪犯行走在涂满油的铜柱上，一旦滑倒就会坠入火坑，死于非命。商纣王的宠妃妲己见此景却笑得毫不掩饰。因此，商纣王一直强迫罪犯这样行走，只为了换取妲己的一笑。诸侯和百姓无不对此深恶痛绝，西伯侯姬昌（后来的周文王）对此也感到愤怒。姬昌后来被告发囚于羑里。后来，姬昌被商纣王放出来 后，向纣王提出愿意献上周国洛河西岸的一块土地，以换取废除炮烙之刑。纣王答应了姬昌的要求，废除了炮烙之刑。

被困羑里

姬昌被封为三公，掌握了雍州的领土，势力扩展到了江汉地区（丹江汉水流域），有六州的诸侯归附于他。

周国的实力日渐增强，引起了商王朝的不安。商纣王的亲信谗臣崇侯虎，暗中向纣王进谗言说，姬昌到处行善，树立了自己的威信，诸侯都归附于他，这对商纣王不利。于是，纣王将姬昌关押在羑里。

周国的大臣闳夭等人用重金购得了骀虞、骊戎文马和有熊九驷等各种奇禽怪兽和宝物，以及有莘氏的美女，送给了纣王。纣王非常高兴说："任何一件东西就足够释放他了，更不用说其他宝物了！"于是，他下令释放姬昌，赐予他弓箭、斧钺等武器，让他拥有征伐大权。

扩展知识点

中国古典小说《封神演义》中描述，姬昌的长子伯邑考为了救父亲，带着各种宝物向纣王求情，却因为妲己的陷害被纣王做成肉饼后送给被关在羑里的姬昌食用。姬昌吃下肉饼后，纣王觉得姬昌会这样做一定不是圣人，对自己不会有威胁，便将姬昌放了。回到周地，姬昌悲从中来，张口吐出三只小白兔，这便是伯邑考的化身。

推演《周易》

在羑里，姬昌开始深入研究经典著作《易经》。《易经》又被称为《易》，后来也被称为《周易》。《周易》起源于古代人对自然现象的观察、记录和思考，蕴含了古老先民的智慧。姬昌对原有的八卦进行了两两组合，丰富了六十四卦的内容，最终形成了《周易》。这是姬昌对中国传统文化所做出的重要贡献。

《周易》不仅对中国哲学的发展产生了巨大的影响，而且对各个学科的发展也起到了重要作用。在《四库全书总目·经部易类小序》中提到，《易》的道理广泛而深远，涵盖了天文、地理、乐律、兵法、音韵学、算术等各个领域，可以运用《易》来阐述方方面面的知识。同时，那些对《易》产生兴趣的人也会借助《易》来解读其他学科的内容，因此，《易》的解读越来越繁多。

历史评价

原文

西伯曰文王，遵后稷、公刘之业，则古公、公季之法，笃仁，敬老，慈少。礼下贤者，日中不暇食以待士，士以此多归之。

——司马迁《史记·周本纪》

译文

西伯被称为文王，他继承后稷、公刘的事业，遵循古公、公季的法则，笃行仁义，尊敬老者，慈爱幼小。对贤能之人以礼相待，为了接待贤士，有时到了中午都顾不上吃饭，士人因此都归附于他。

人物关系图

延伸阅读

大姒嗣徽音，则百斯男。

——《诗经·大雅·思齐》

文王百子

传说姬昌拥有二十四位妃子，共生育了九十九个子嗣。在姬昌前往朝歌的途中，遇到了一场雷雨，闪电之中似乎有一颗将星出现。在寻找将星的过程中，他在古墓旁发现了一个婴儿。姬昌观察到这个婴儿“面若桃蕊，眼中有光芒”，感到非常高兴，认为这个孩子将会是他的“百子之一”。因为他已经有了九十九个子嗣，再加上这个孩子，正好凑成了一百个子嗣，这是一种吉祥的象征。

入梦飞熊

吕尚

太公垂钓渭水边　愿者上钩为求贤
文王拉车八百步　大周江山八百年

太公钓鱼，愿者上钩

吕尚（姜太公）在未被周文王姬昌重用时，选择隐居在渭水边。这是西伯侯姬昌所统治的地方，吕尚希望能引起姬昌的注意，并建立自己的功业。

一般人钓鱼时，使用的是弯钩，并在上面放上饵料，然后将其沉入水中，诱使鱼儿上钩。但吕尚使用的钓钩是直的，上面没有挂鱼饵，也不沉入水中，而是离水面三尺高。一天，有个樵夫来到溪边，看到吕尚用没有鱼饵的直钩在河边钓鱼，便对他说：“老先生，按照你的方法，再钓上一百年也钓不到一条鱼！”吕尚举起钓竿，回答道：“告诉你实话吧！我不是为了钓鱼，而是为了钓到王侯！”

姬昌出外狩猎时占卜，获知所得猎物是兴国辅臣。果然，他在渭水边遇到了吕尚，并邀请吕尚加入他的团队。吕尚见他有诚意，答应为他效力。后来，吕尚协助文王的儿子周武王姬发推翻了商朝的统治，建立了周王朝。

扩展知识点

太公钓鱼，愿者上钩： 比喻心甘情愿地上当。

兴周灭商

吕尚出山后，辅佐姬昌积善修德，明道行仁。对外，姬昌与对商纣王不满的其他诸侯国联络，同时使纣王降低警惕。对内，他实施了爱民政策，广行善事，提倡生产，训练兵马，治理清平。姬昌还讨伐了崇国、密须和犬夷，大规模建设丰邑。天下三分之二的诸侯都归心向周，这大部分都是太公谋划的结果。

周文王去世后，武王姬发继位。武王想东征商纣，但吕尚认为时机未到，不宜出师。过了两年，吕尚认为时机成熟，向武王提出伐纣的建议。姬发于是通告诸侯共同征伐。吕尚精选兵马，组成了伐纣大军。周军与商军在牧野展开了大战，吕尚亲自率领少部分精锐作为先锋，在前方叫阵。商军无心作战，纷纷倒戈转投武王，纣王逃到鹿台，自焚而死，商朝灭亡。

封国安邦

在武王灭商之后，武王与吕尚、周公旦等人商议，将全国划分为数个封国，由周天子根据姬姓亲族和有功之臣在灭商大业中的贡献，分封给他们作为周朝统治中心的屏障。鉴于吕尚在兴周灭商中的杰出功绩，武王封赏齐地的营丘（今天的山东省淄博市临淄区）给他。

吕尚整顿了人马，星夜兼程赶往营丘。黎明时分，他们到达淄河西岸，却发现莱国军队正在涉水向营丘进发，形势十分危急。原来，莱国与营丘相邻，是商纣王的属国，莱侯想趁吕尚立足未稳之际夺取营丘。两军在淄河西岸展开对峙。吕尚指挥得当，士兵表现出英勇顽强的战斗精神，莱军被击败，溃不成军，气馁地返回莱国。齐国就这样正式建立起来。

吕尚建立齐国后，以法治国，简政随俗，稳定民心，并开放工商之业，发展渔业、盐业。齐国再也没有出现违抗命令和违反法规的情况，混乱局面迅速得到了平息，经济也得到发展，成为大国。

历史评价

原文

迁九鼎，修周政，与天下更始。师尚父谋居多。

——司马迁《史记·齐太公世家》

译文

把象征天下最高权力的九鼎迁往周国，修治周朝政务，治理天下。这多半是师尚父的谋议。

人物关系图

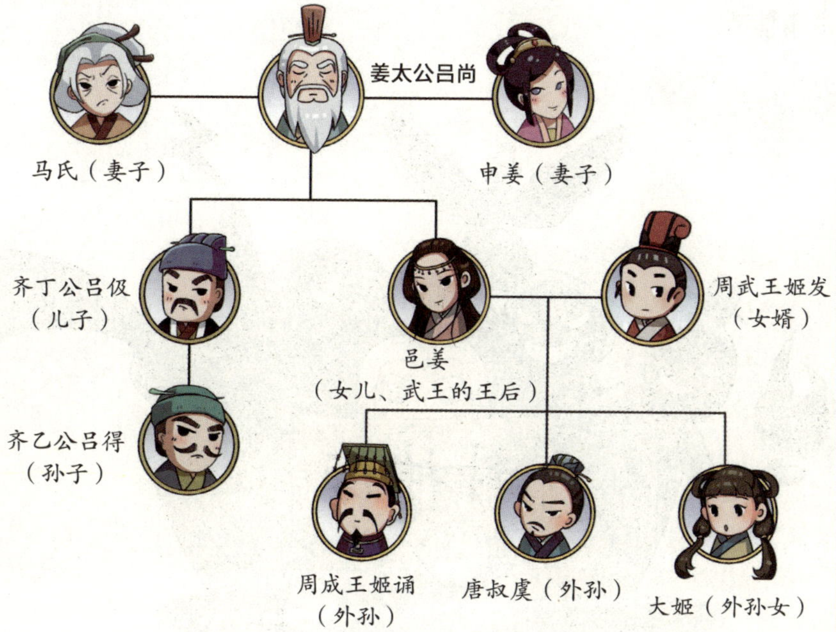

《封神演义》

《封神演义》是许仲琳创作的一部长篇小说，创作于明代。

全书共一百回，主要讲述了武王伐纣的故事。前三十回着重写纣王的暴虐行为，后七十回则主要写商、周两国的战争，以及纣王最终自焚，武王夺取天下并分封列国的情节。该小说想象宏大，是中国古典小说中历史与神怪题材相结合的典范。

明代以后，《封神演义》广泛流传，对民间信仰、民间戏曲和民间传说产生了重要影响。其中，“哪吒闹东海”“姜太公遇文王”“妲己设计害比干”“神荼郁垒”“哼哈二将”等故事，深受人们喜爱。许多地方戏剧、曲艺唱本和说书平话，也都借鉴了《封神演义》的故事情节。

周武王

姬发

jī fā

姬发

武王观兵在孟津　白鱼入舟兆吉星
兵不血刃进朝歌　千尺鹿台葬帝辛

孟津观兵

周武王登基后的第二年，他率领大军先向西行至毕原（位于今陕西省西安市西南）的文王陵墓进行祭奠，然后转向东行前往朝歌。在中军，他竖起了一块大木牌，上面写有他父亲姬昌的名字，而他自己只称为太子发，表示仍然由文王担任统帅。当大军到达黄河南岸的孟津（今属河南省洛阳）时，八百诸侯闻讯赶来支持周王朝，而商纣王则孤立无援。在渡黄河时，一条白鱼跳到了武王的船上，众人都认为这是发兵胜利的预兆，武王于是捡起白鱼祭天。渡过黄河之后，一团火球从天而降落到武王的大帐上，变成了一只乌鸦。见此情形，武王和吕尚认为讨伐商纣王时机还不成熟，于是下令全军返回，并以“诸位不知天命”告诫众人不要过于急躁，因为时机尚未成熟。

扩展知识点

白鱼入舟： 本义指白鲦跳入船中。比喻用兵必胜的征兆，也形容好兆头开始。

武王伐纣

经过孟津观兵后，武王一方面加强了军队的训练，一方面派人去探听殷商的情况。得知殷商百姓连抱怨商纣王的暴虐都不敢抱怨，武王认为殷商已经四分五裂，内外叛离，征伐纣王的时机已经成熟。

在武王登基后的第四年春天，他发动了一场前所未有的灭商战争。双方军队在牧野附近摆开阵势，准备进行决战。

纣王认为自己拥有七十万军马，而周军只有五万，周军简直是以卵击石、飞蛾扑火。然而，他并不知道武王的军队是经过严格训练的精锐之师，勇敢顽强。而他的七十万大军中，大部分是临时武装起来的奴隶和从东夷俘虏来的人，他们平日受到纣王的压迫和虐待，对纣王充满仇恨，他们怎么可能会为他卖命呢。果然，两军一交战，奴隶们纷纷背叛纣王，与周军一起攻打商军，纣王所谓的七十万大军很快土崩瓦解。姜太公吕尚指挥周军乘胜追击，一直追到朝歌。

在牧野战败后，纣王逃回朝歌，感到已经无法扭转局势，于是命令将宫中的财宝搬到鹿台，然后纵火自焚而死。朝歌的百姓听说纣王已经死了，便排队欢迎周军进城。

封邦建国

公元前1046年，武王成功灭掉商朝后，带领军队返回西部的新都城镐京，并举行了盛大的典礼，正式宣告周王朝的建立。

然而，周王朝建立后，面临着严峻的政治形势。作为一个来自较小邦国的君主，武王担心诸侯可能会发生叛乱。为了巩固政权并适应新形势的需求，武王决定按照功绩给予各诸侯奖赏，并调整统治集团内部的关系，实行以周王室为中心的分封政治制度。在这个制度下，一些功臣如姜太公、周公旦、召公奭等相继受到封赏。

为了有效控制和治理广阔的新征服区域，周朝最初沿袭了商朝的分封制度，将王族、功臣以及先代的贵族分封到各地，建立了诸侯国。共有七十一个诸侯国被先后分封，其中包括鲁、齐、燕、卫、宋、晋、虢等国家。

历史评价

原文

治世不一道，便国不法古。故汤武不循古而王，夏殷不易礼而亡。反古者不可非，而循礼者不足多。

——司马迁《史记·商君列传》

译文

治理国家没有一成不变的办法，有利于国家就不仿效旧法度。所以，汤武不沿袭旧法度而能王天下，夏殷不更换旧礼制而灭亡。反对旧法的人不能非难，而沿袭旧礼的人不值得赞扬。

人物关系图

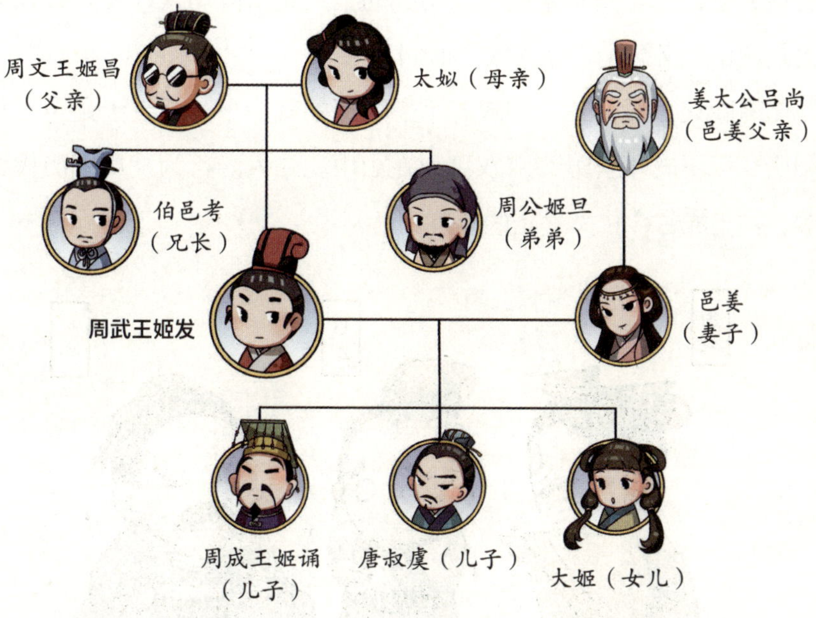

延伸阅读

世俗更而变化兮，伯夷饿于首阳。独廉洁而不容兮，叔齐久而逾明。

——汉·东方朔《七谏》

伯夷和叔齐

伯夷和叔齐是孤竹君的两位王子，为了躲避残暴的纣王，二人相约投奔西伯侯姬昌，结果在半路遇上了武王的伐纣大军。得知西伯侯已经去世而武王姬发正准备讨伐纣王时，伯夷和叔齐十分愤怒，指责姬发："父亲刚刚去世就要出征，这不是不孝吗？身为臣子却要讨伐君王，这不是不忠吗？"周围的士兵想杀掉两人，姜太公认为这是两位仁义之士，让人放了他们。

商朝灭亡后，伯夷和叔齐不愿在周朝庇护下生活，于是隐居首阳山，因不吃周食最终双双饿死在山中。二人的行为被历朝历代称颂，被当成古今仁义之士的典范。

摄政贤臣
姬旦

jī dàn
姬旦

金縢藏册保兄命　致政成王为亲情
周公吐哺求贤才　天下何处不归心

金縢藏册

周朝建立之后，周武王日夜操劳，积劳成疾，最终病倒了。周公建起三个大祭坛，诚心祷告。

“各位祖先，你们的后代姬发为国家操劳患上重病，是你们要让他去侍奉自己吗？那就让我来代替他吧！相比姬发，我更加心灵手巧。他刚刚执掌天下，安定天下百姓，天下没有人不敬重他。如果他随你们而去，周朝的江山不就半途而废了吗？只有周朝存在，你们的在天之灵才会永远有人供奉啊！”

祷告完毕之后，周公便开始占卜，并把祷告用的策书锁在金属盒子里，命令任何人不准泄露消息。可能是周公的话打动了列祖列宗，第二天周武王的身体便痊愈了。而他也始终不知道周公以身相代的事。

周公摄政

周武王去世后，要即位的周成王还是个不谙世事的孩子，周公担心政局不稳，便代替周成王主持国政。可是国中出现了很多说周公想自己做天子的流言，周公觉得只要问心无愧，就不必将流言蜚语放在心上，便没有去理会。

周成王长大后，周公果然把国政大权还给了他，自己又重新做回了臣子。然而流言蜚语却再一次传开。

周成王见说周公坏话的人这么多，自己也怀疑起来，周公无奈之下只得到楚国避难。有一天，周成王无意间读到了一份祷告策书。原来，周成王小的时候生过一场大病，周公很担心，便向河神祷告：“成王还小，不懂事，冒犯神灵的人是我，您还是惩罚我吧！”

这份策书也被锁在金属盒子里，周成王不禁热泪盈眶，对自己怀疑周公的事十分愧疚，立即将周公接了回来。

扩展知识点

周公临终前，嘱咐身边人一定要把他葬在成周，这样他就可以一直陪伴成王了。而成王将周公葬在了毕邑的文王墓旁边，表示自己不敢把周公当作臣子。

握发吐哺

周公姬旦派他的长子伯禽去管理他的封国鲁国。在伯禽出发前，周公告诫他说："我是文王的儿子、武王的弟弟、成王的叔父，全天下我的地位算是相当高的。但是我洗头时要三次握住头发停下来不洗，吃饭时要三次吐出正在咀嚼的食物，好去接待来拜访的贤士。这样做是为了不失去天下的贤人。你到达鲁国之后，千万不要因为拥有国土而自大傲慢。"周公对待贤士非常尊重，他渴望能够吸纳人才。后来，周公成为在位者礼贤下士的典范。

扩展知识点

握发吐哺：本意指周公为了不失去天下的贤人，在洗头的时候三次握住尚未梳理的头发停下来不洗，吃饭时，三次吐出口中的食物，迫不及待地去接待贤士。比喻为国家礼贤下士、殷切求才的态度。

历史评价

原文

自文王在时，旦为子孝，笃仁，异于群子。

——司马迁《史记·鲁周公世家》

译文

周文王还在世时，周公旦作为儿子非常孝顺，忠厚仁爱，他的品德胜过其他兄弟。

人物关系图

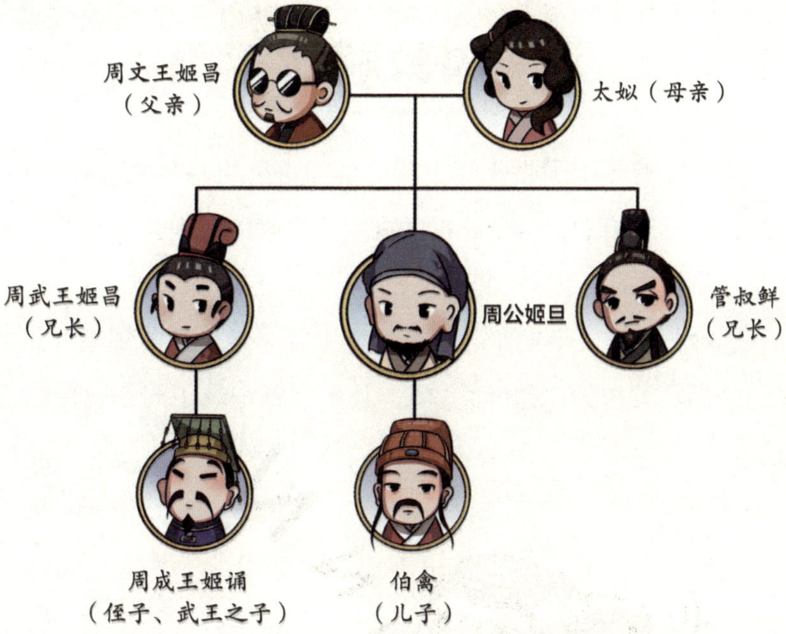

延伸阅读

占梦掌其岁时观天地之会，辨阴阳之气。以日、月、星、辰占六梦之吉凶。一曰正梦，二曰恶梦，三曰思梦，四曰寤梦，五曰喜梦，六曰惧梦。季冬，聘王梦，献吉梦于王，王拜而受之，乃舍萌于四方，以赠恶梦，遂令始难，驱疫。

——周公《周礼·春官宗伯》

周公解梦

周公解梦是中国古代君主和诸侯国常用的一种梦象占卜方式。它的起源可以追溯到春秋时期的周室，当时的大夫兼司卦的周公通过占卜和解梦等形式来推断天下形势。

这种占卜方式早期记载于《易经》。《易经》是中华远古文明智慧的结晶，被誉为“诸经之首”，其中详细记录了周公解梦的具体方法。

周幽王

姬宫湦

jī gōng shēng

姬宫湦

烽火连天周王城　轻言废立灭人伦

一世风流周幽王　不爱江山爱美人

三川地震

公元前780年，西周都城镐京附近的泾河、渭河、洛河都发生了地震。周朝太史伯阳父说："三条河川都发生地震，合川的源头一定堵塞了，源头堵塞，河水枯竭，山就会崩塌，土地没有水源，百姓没有财物日用，国家一定会灭亡的！从前伊水和洛水枯竭，夏朝就灭亡了；黄河枯竭，商朝就灭亡了。现在周朝天子的德行也像夏桀、商纣一样，河川又被阻塞。十年之内，周朝江山必定灭亡啊！"果然，就在同年，泾河、渭河、洛河三条河川都枯竭了，岐山崩塌。正好十年之后，周幽王被犬戎所杀，西周灭亡。

宠幸褒姒

褒国人犯了罪，向周幽王献上美女来赎罪。因为这位美女是从褒国来的，所以被称为“褒姒”。

周幽王得到褒姒后，对她非常宠爱。褒姒为周幽王生下孩子姬伯服后，周幽王对她更加宠爱了，而且竟然废掉了王后申后和太子姬宜臼，转而立褒姒为王后，立姬伯服为太子。太史伯阳父见到周幽王如此宠幸褒姒，认为大祸已无法避免，谁都改变不了结果，周朝必定会灭亡。

申后的父亲是申国的国君申侯，听说了这件事后非常气愤，于是展开了一系列的报复行动。这也导致了西周王朝的灭亡。

烽火戏诸侯

褒姒很少露出笑容，周幽王想尽一切办法让褒姒笑出来，可惜都失败了。周幽王设置了烽火台，有敌人来了就点燃烽火召集各路诸侯来支援。有一次，周幽王叫人点燃了烽火，诸侯们都率兵赶来。可是诸侯们到都城后并没有发现敌人。褒姒看到诸侯们惊慌失措的样子，不禁笑了出来。周幽王很高兴，以后便屡次点燃烽火，诓骗诸侯前来救驾。后来，诸侯们便不再相信烽火，即便看到烽火点燃也不愿来支援了。此外，周幽王还任命喜欢阿谀奉承和贪财图利的虢石父为卿士，并予以重用。公元前771年，被废黜的申后的父亲——申国国君申侯联合鄫国、犬戎攻打周幽王。当周幽王点燃烽火时，却再也没有诸侯前来营救。最终周幽王被犬戎杀死在骊山脚下，褒姒被俘，西周灭亡。

历史评价

原文

幽王以褒后故，王室治多邪，诸侯或畔之。

——司马迁《史记·郑世家》

译文

由于周幽王宠爱褒姒，朝廷政事废弃不顾，各种问题积重难返，有些诸侯便趁势背叛了周幽王。

人物关系图

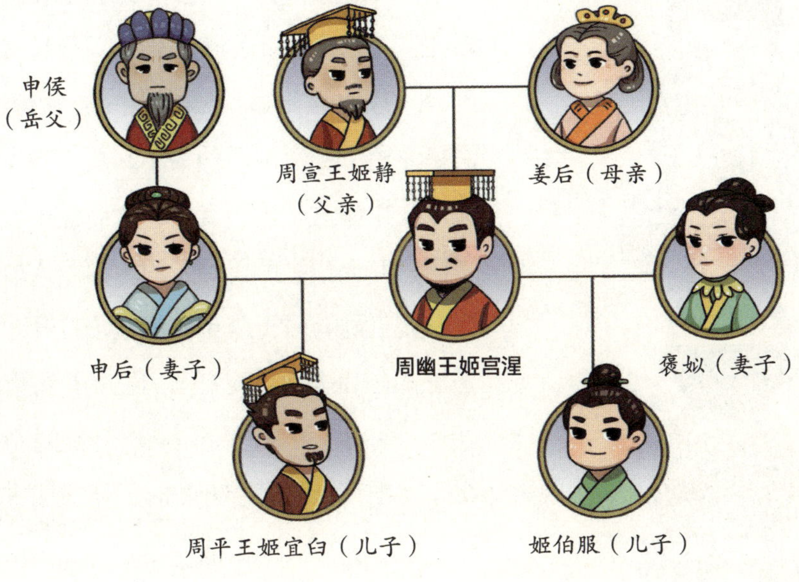

延伸阅读

褒神龙变，寔生褒姒，兴配幽王，废后太子，举烽致兵，笑寇不至，申侯伐周，果灭其祀。

——西汉·刘向《列女传·孽嬖传·周幽褒姒》

褒姒

传说当夏朝衰败的时候，两条神龙降落在夏王的庭院里，说：“我们是褒国的君主。”夏王不知道该怎么办，于是占卜问卦，最终摆出币帛器物向两条龙祷告。两条龙留下了唾液后消失了，夏王把龙的唾液收集到盒子里。夏灭亡之后盒子传到了商，商灭亡之后传到了周，都没人敢打开它，直到周厉王末年才将盒子打开。盒子里的唾液流到庭院里，化为了黑色的蜥蜴，钻进后宫碰到了一个七岁的小宫女。当小宫女刚满十五岁时，还没丈夫就怀了孕。小宫女很害怕，生下一个小女孩后就扔掉了。周宣王时期民间流传有童谣说：“只要见到山桑做成的弓和箕木做成的箭袋，周朝就要灭亡了。”有一对夫妻正好在卖这两样东西。为了躲避追捕，二人往褒国逃跑，路上捡到了之前被小宫女扔掉的小女孩。后来，褒国人得罪了周朝，便将这个小女孩献给周朝求和，她就是褒姒。

齐桓公 吕小白

lǚ xiǎo bái

吕小白

齐君之位兄弟争　诈死才能保全身

众子又来争王位　奸臣弄权饿死君

争夺王位

齐襄公在位期间，齐国并不太平，齐襄公的弟弟公子纠和公子小白纷纷离开齐国，流亡到国外。

直到齐襄公被杀，消息传出去后，公子纠和公子小白立刻动身回国，因为谁先赶回齐国，谁就能继承国君之位。为了保险起见，公子纠派管仲去阻挠公子小白。管仲见到公子小白，立刻一箭射出，却只射中了公子小白的衣带钩。公子小白将计就计，倒下装死，才终于逃过一劫。

得知公子小白已经死掉，公子纠放心下来，不再那么着急地赶路了。可当他赶回齐国时，发现公子小白已经成了齐桓公，也就是后来“春秋五霸”中的第一位霸主。

公子纠狼狈地又逃回了鲁国。后来，鲁国迫于政治压力，将公子纠杀死了。

扩展知识点

一箭之仇：本义指被射一箭的仇恨，现在也用于形容因某事结下的冤仇。

葵丘会盟

在公元前651年，齐国的桓公在葵丘（位于今河南民权县城东十七公里）召集了鲁、宋、卫、郑、许、曹等国的君主进行盟约，规定了同盟国之间的关系：彼此要和好相处，不能堵塞水源，不得阻碍粮食流通，不能更换嫡子，不得阻止士人继承官职，要尊重贤者并培养人才。这次盟约会议中，周朝的襄王也派代表参加，并赠送了王室祭祀祖先的祭肉给齐桓公。这是齐桓公多次召集诸侯进行盟约中最盛大的一次，表明了周朝天子承认齐桓公的霸主地位，标志着齐国的霸业达到了巅峰。从此以后，齐桓公成为中原地区第一位霸主。

结局悲惨

公元前645年，管仲病重，临终前嘱咐齐桓公千万不可重用易牙、开方、竖刁三人。然而齐桓公没有采纳管仲的意见，反而在管仲去世后越发亲近和重用这三个人。久而久之，这三个小人就掌握了齐国的国政大权。

公元前643年，齐桓公病倒了，易牙、开方和竖刁三人果然借此机会弄权作乱。齐桓公的儿子们也为了争抢国君之位斗得不可开交。

重病的齐桓公在病痛的折磨下被饿死在房间里，尸体被丢在床上整整六十七天都没人管，生出的蛆虫多到从门窗爬出了门外。

声名显赫的春秋第一霸主齐桓公，就这样凄惨地结束了一生。

历史评价

原文

以太公之圣，建国本，桓公之盛，修善政，以为诸侯会盟，称伯，不亦宜乎？洋洋哉，固大国之风也！

——司马迁《史记·齐太公世家》

译文

以太公的圣明，树好立国根基，以桓公的盛德，施行善政，以此召集诸侯会盟，成为霸主，不是顺理成章吗？广盛博大呀，确实有大国的风范！

人物关系图

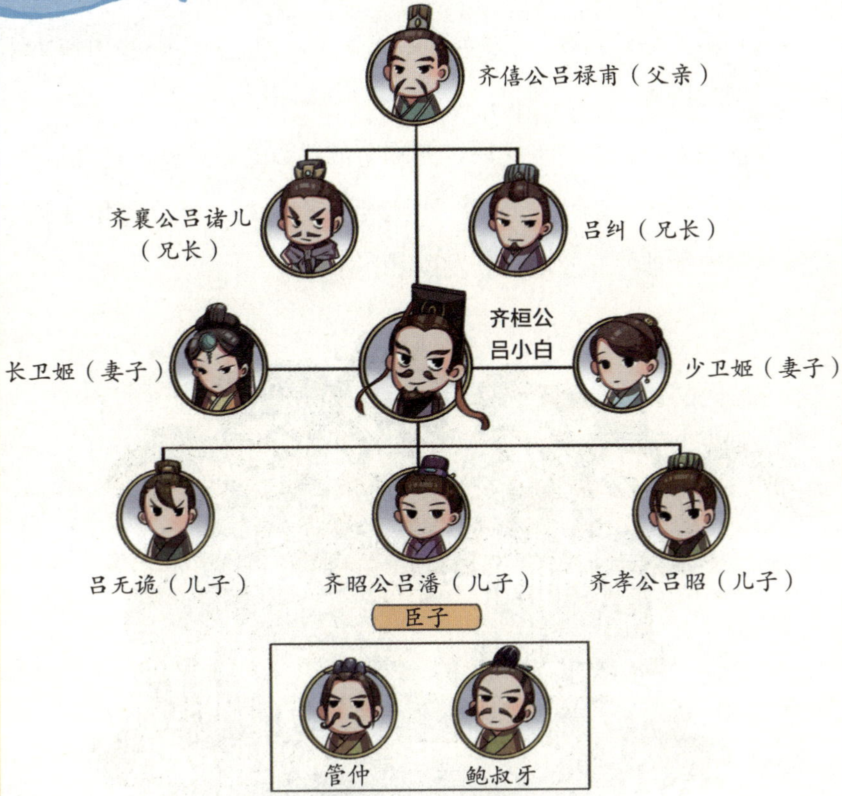

延伸阅读

君若欲治国强兵，则五子者存矣。若欲霸王，臣虽不才，强成君命，以效区区。

——明·冯梦龙《东周列国志》

桓管五杰

齐桓公时齐国得以称霸，一是因为有管仲的辅佐，二是因为齐桓公任用了宁戚、王子成父、宾须无、隰朋、东郭牙。史书中称这五人为齐国“桓管五杰”，分管齐国的各个方面。他们直接听命于国君，对国君负责。

在这些人才相继离世之后，齐国坚如磐石的霸业就迅速动摇了，再到齐孝公即位，就无人能像“桓管五杰”一样，能高明地使齐国政治体制的优越性充分地得到发挥了。

金兰契友

管仲和鲍叔牙

管（guǎn）仲（zhòng）

鲍（bào）叔（shū）牙（yá）

管鲍之交倾世名　治世有才命得存
兄弟做啥都不错　左膀右臂助桓公

管鲍之交

公子小白在回齐国争夺君位的路上被管仲射中了衣带钩，装死以迷惑管仲，之后日夜兼程赶回齐国，成为国君，而公子纠则再次返回了鲁国。之后齐国和鲁国打仗，鲁军兵败且又被齐兵堵了后路。鲍叔牙给鲁国国君写了一封信，说："公子纠是齐君的兄弟，齐君不忍心杀他，请鲁国将他杀掉。公子纠的老师召忽、管仲是齐君的仇人，请鲁国把他们送到齐国。如果不照做，齐国将发兵征讨鲁国。"鲁国害怕如日中天的齐国真的打过来，立刻把公子纠杀掉了。召忽为了尽人臣礼节，也自杀了，只有管仲被送到了齐国。齐桓公想要处死管仲，鲍叔牙出面劝说："臣幸运地跟随您，您现在坐上了国君的位置。如果您只想管理齐国，那么有我和高傒就够了。如果您想管理天下，就一定要任用管仲。"齐桓公听从了他的建议，和管仲谈论霸王之术，发现管仲确实有治国的才能，大喜过望，重用管仲，终于得以称霸。

扩展知识点

管鲍之交：比喻相知甚深、交谊深厚的朋友关系。

生我者父母，知我者鲍叔

管仲和鲍叔牙年轻时曾合伙经商。管仲家境贫寒，出的本钱没有鲍叔牙的多，可是分红的时候却总是多拿。鲍叔牙手下的人都说管仲贪婪。鲍叔牙却说：“他家里生活困难，是我自愿让给他的。”管仲帮鲍叔牙出主意，却反而帮了倒忙，鲍叔牙也不生气：“事情办不成，不是主意不好，而是时机不好。”管仲曾做过三次官，每次都被罢免，鲍叔牙认为管仲只是没遇到赏识他的人而非没有才能。管仲多次带兵打仗，总是战败逃跑，鲍叔牙却说：“他保护自己是为了侍奉老母亲，而不是真的怕死。”鲍叔牙处处极力维护管仲，管仲非常感动：“生我的是父母，了解我的是鲍叔牙啊！”

扩展知识点

君不见管鲍贫时交，此道今人弃如土。

——唐·杜甫《贫交行》

刚正叔牙

公元前645年，管仲重病，齐桓公问他：“仲父，你的病情如果继续恶化，我该找谁接你的班掌管国务呢？”管仲问：“你想交给谁？”齐桓公说出了鲍叔牙。管仲说：“叔牙为人刚正廉洁，做清官可以，做宰相却不行。能力比他低的人得不到他的赏识，知道谁犯错误了他终生不忘。让他掌管国务的话，上不讨好君心，下不迎合民意。用不了多久就会得罪人。”并让齐桓公不要任用开方、易牙、竖刁三人。鲍叔牙听说了管仲的话后认为管仲说得对。

后来，管仲逝世，齐桓公听从了他的遗言，让隰朋做了宰相。一个月之后，隰朋逝世，齐桓公坚持让鲍叔牙做宰相。鲍叔牙说，做宰相可以，但必须辞去开方、易牙、竖刁三人。齐桓公照做了，但不久之后又把这三人征召了回来。最终，鲍叔牙因此抑郁而终。

历史评价

原文

语曰："将顺其美，匡救其恶，故上下能哙亲也"。岂管仲之谓乎？

——司马迁《史记·管晏列传》

译文

古语说："要顺势成就君子的美德，纠正、挽救他的过错，所以君臣百姓之间能亲密无间。"这大概说的就是管仲吧？

人物关系图

延伸阅读

仓廪实而知礼节，衣食足而知荣辱：粮仓充实了，人们才会在乎礼仪和规矩。衣食无忧了，人们才会了解荣誉和耻辱。

管仲改革

为了建设一个强大的齐国，管仲提出了一系列改革。

在政治管理方面，管仲主张“叁其国而伍其鄙”，将国都分为士、工、商三方面来管理，国都之外的地区分设五属进行管理。

在用人方面，管仲主张根据取信于民的实际政绩来任命一切官员，称职的可以升官，在一定程度上扩大了人才来源，这也是日后科举制的雏形。

在经济方面，管仲重视农业，主张大力发展经济。

在外交方面，管仲主张“尊王攘夷”，以诸侯的身份，挟天子以伐不敬。

在管仲的影响下，齐国越发地强盛，一跃成为当时首屈一指的大诸侯国。

秦穆公

嬴任好

yíng rèn hǎo

嬴任好

五羊皮换五贤臣　秦晋之好结姻亲

称霸西戎天子贺　死而弃民弃良臣

羊皮换贤

在公元前655年，晋献公将被俘的虞国大夫百里奚作为陪嫁奴仆送到了秦国。百里奚在逃跑时被楚国边境的人抓住。秦穆公听说百里奚很有才华，想用高价赎回他，但担心楚国人不同意，于是派人以赎回陪嫁奴仆的名义，成功用五张黑公羊皮从楚国人手中赎回了百里奚。之后，秦穆公释放了百里奚，并与他讨论国家事务，但百里奚推辞了。秦穆公坚持询问，与百里奚谈了三天，非常高兴，将国家的政务交给了百里奚，称他为“五羖大夫”。百里奚推荐了蹇叔，于是秦穆公派人以重礼迎接蹇叔，并封他为上大夫。

扩展知识点

秦穆公的五张羊皮并不是只换了百里奚一位贤士，百里奚还向秦穆公引荐了蹇叔。后来，还有百里奚的儿子孟明视、蹇叔的两个儿子西乞术和白乙丙也都投奔了秦穆公。

秦晋相争

秦穆公为了促进秦国和晋国的关系，娶了晋献公之女为妻。晋献公死后，秦穆公帮助晋国处理政务，还扶持了晋文公上位。

公元前630年，秦穆公、晋文公出兵围攻郑国。郑文公派烛之武对秦穆公陈述利害："灭掉郑国，对于晋国而言是得到了好处，而对秦国却没有任何利益可言。晋国的强大，是秦国的忧患啊。"秦穆公听后便撤军回国，晋文公随即也撤军了。秦晋两国之间的关系由此产生了裂缝。

公元前628年，秦穆公攻打郑国，路过晋国的滑邑时，被郑国人知道了。带兵的孟明视、西乞术、白乙丙三位将军知道消息泄露，打不成郑国了，于是在攻破了晋国的滑邑之后便回秦国了。从此之后，秦晋两国彻底决裂。

扩展知识点

秦晋之好：指春秋时，秦、晋两国世代联姻。旧时以"秦晋之好"泛称两姓联姻的关系。

称霸西戎

公元前626年，戎王听说秦穆公贤明，便派由余到秦国考察。秦穆公向由余展示秦国的实力，同时对由余的看法感到惊讶，便向他询问治国之道。在得到回答后，秦穆公发现由余有治世之才，于是劝说由余归降秦国。秦穆公对他以礼相待，并向他询问攻打西戎的战术。

公元前623年，秦穆公采用由余的计谋攻打西戎，收服了十二个戎国，增加了秦国周边千里的土地，称霸西戎。周襄王也顺水推舟封秦穆公做了西方霸主。

历史评价

原文

秦缪公广地益国，东服强晋，西霸戎夷，然不为诸侯盟主，亦宜哉。死而弃民，收其良臣而从死。且先王崩，尚犹遗德垂法，况夺之善人良臣百姓所哀者乎？是以知秦不能复东征也。

——司马迁《史记·秦本纪》

译文

秦穆公扩地并国，东面打败强大的晋国，西面称霸戎夷，然而不能做诸侯盟主，也是应该的。他死后不爱惜臣民，还要把自己的贤臣也带去陪葬。先王去世，尚且要留下好的道德和制度，何况是夺取百姓同情的好人和贤臣呢？由此可见秦不能东征了。

人物关系图

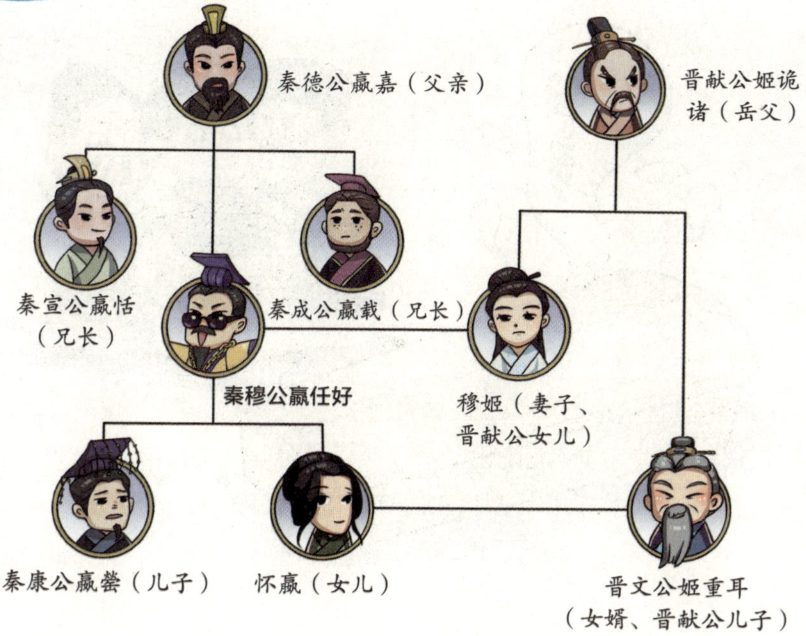

延伸阅读

昔三良殉秦，百夫莫赎，事均夭枉，《黄鸟》赋哀，抑亦诗人之哀辞乎？

——南朝·刘勰《文心雕龙·哀吊》

良臣从死

公元前621年，秦穆公逝世，葬礼上有一百七十七位陪葬者，其中包括秦国的杰出臣子子车奄息、子车仲行和子车针虎。秦国人民深感悲痛，为他们创作了一首名为《黄鸟》的诗歌。直到公元前384年，秦献公即位，才终于废除了人殉制度。

晋文公
姬重耳

jī
姬
chóng
重
ěr
耳

流亡多年方回晋　退避三舍报恩情
家人坑我千百遍　六十二岁老晋文

骊姬之乱

骊姬本来是骊戎首领的女儿，被晋献公俘虏后，很受晋献公宠爱。

骊姬生下公子奚齐之后，想把自己的儿子立为太子，便向晋献公进言，逐渐把另外三位公子排除在权力中心之外。

公元前656年，在骊姬的建议下，太子申生祭祀母亲齐姜，还把祭祀用的胙肉献给晋献公。骊姬往肉里下毒之后诬陷申生。申生明白父亲不会相信自己，而戴罪逃亡别国的话别的国家也不会收留自己，于是申生自尽了。

申生死后，骊姬又向晋献公进言说另外两位公子重耳和夷吾也是同谋。于是重耳和夷吾赶紧逃离了都城。晋献公见两个儿子不告而别，认为他们肯定是做贼心虚，便派兵征讨两个儿子。在讨伐蒲地时，投奔蒲地的重耳翻墙逃往狄国。

流亡多年

晋献公去世后，大臣们迎接重耳回去做国君，但重耳一再推托，不肯回去。大臣们只得拥立重耳的弟弟夷吾。

夷吾担心重耳影响他的地位，再一次派人追杀重耳。重耳只得再次动身，离开了居住十二年的狄国，途经卫国逃往齐国。齐桓公以隆重的礼仪接待重耳，把宗室之女嫁给他，还给了丰厚的陪嫁。重耳十分享受在齐国的日子，在那里住了五年，甚至不想离开。最后，重耳的妻子和几名大臣把重耳灌醉，趁他不省人事时挟持他离开了齐国。

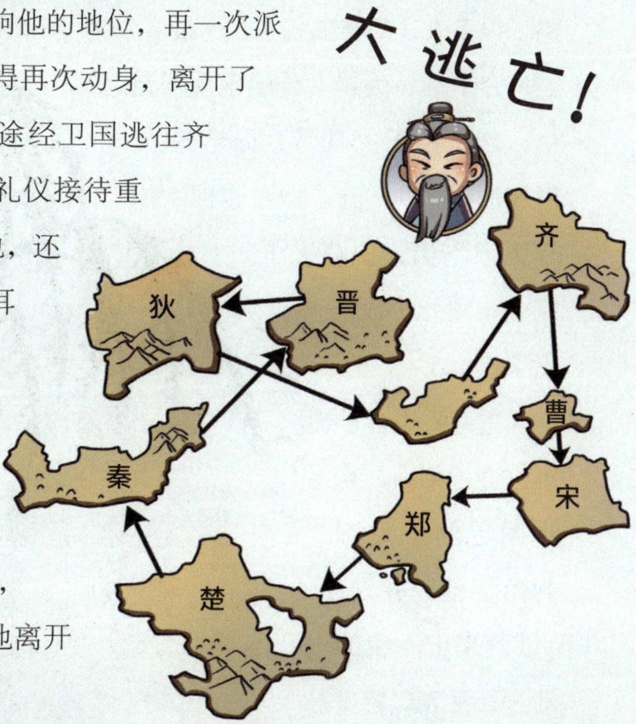

重耳辗转途经曹国、宋国、郑国、楚国，最后来到了秦国，在秦穆公的帮助下，重耳结束了长达十九年的流亡生涯。他成为晋文公的时候，已经是个六十二岁的老人了，那一年是公元前636年。

介子推

重耳在外流亡时，得到了很多人的帮助，成为晋文公之后，也没忘了这些跟随自己多年的大臣。于是，晋文公开始论功行赏，赏赐了很多人，却唯独忘了介子推。

介子推认为晋文公能坐上国君之位，都是上天的功劳，而这些大臣却贪天之功。介子推对这种行为很不齿，便藏进了深山，到死都没再出现。

重耳听说介子推逃进了绵山，就把附近的土地都封给了他，并说：“以此来记下我的罪过，并表彰善良的人。”

扩展知识点

传说晋文公放火烧绵山试图逼介子推出山，而介子推宁死不肯下山。直到整座山烧得干干净净，晋文公重耳才发现介子推早已抱树而死。重耳深感内疚，下令以后每年在介子推死难的那一天不点火烹饪，而是食用冷食，这一天被称为寒食节。

历史评价

原文

晋文公，古所谓明君也，亡居外十九年，至困约，及即位而行赏，尚忘介子推，况骄主乎？

——司马迁《史记·晋世家》

译文

晋文公是古代所说的贤明的君主，在外流亡十九年，生活极为困顿贫苦，到即位时给当年一起流亡的臣子施行赏赐，尚且忘记了介子推，何况那些骄奢的君主呢？

人物关系图

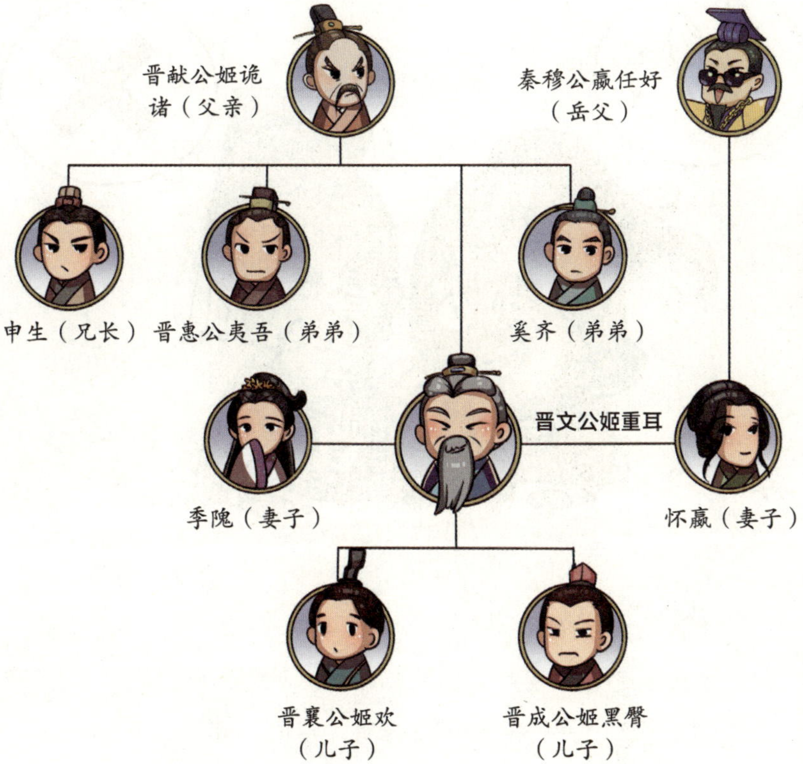

退避三舍

重耳流亡到楚国时，楚成王用诸侯的礼节招待他，重耳也表现得十分谦恭。在宴席上，楚成王问：“如果您将来能回到晋国，您会用什么来报答我呢？”重耳说：“假如不得已要与您在战场上刀兵相见的话，我一定命令军队先退避三舍。”

楚国将军子玉听后十分生气，认为重耳出言不逊，请求楚成王把重耳杀掉。楚成王却说：“晋公子品行高尚，随从都是国家栋梁之材，我怎么可以杀他呢？况且他的话也无法反驳。”

后来，晋、楚两国在城濮之战中，晋文公重耳果然把军队往后撤九十里，以避楚军锋芒。

扩展知识点

微楚之惠不及此，退三舍辟之，所以报也。

——春秋·左丘明《左传·僖公二十八年》

楚庄王 熊旅

xióng lǚ

熊旅

日夜欢歌不鸣鸟　鼎重几何问中原
格局打开绝缨宴　一鸣惊人上九天

一鸣惊人

楚庄王做国君后的前三年，整日整夜寻欢作乐。还下令：任何有意见的人直接处决。即便如此，有一位名叫伍举的大臣依然决定进宫向楚庄王提意见。他进宫时，楚庄王正在左拥右抱欣赏歌舞。

伍举说："我来给大王说一则谜语吧。有一只大鸟，住在大山上，这只鸟特别奇怪，三年来一下都不飞，一声都不叫。请问大王，这是只什么鸟？"

楚庄王一下子就明白了伍举是在批评自己不理朝政、无所作为。于是，楚庄王回答道："这只大鸟只是不想飞也不想叫罢了，要是让它真的飞起来，就会冲破九天直上云霄；让它真的叫起来，一声就能吓死人。我知道你的意思了。"

又过了一段时间，楚庄王依然不知悔改，大夫苏从愿以死进谏楚庄王。楚庄王这才开始处理起政事来，一下子就斩杀了数百个罪人，提拔了数百个功臣。对于冒死进谏的伍举、苏从等人，楚庄王更是委以重任。

扩展知识点

一鸣惊人：原义是一叫就使人震惊，比喻平时没有突出的表现，一下子做出惊人的成绩。

问鼎中原

公元前606年，楚庄王以“勤王”的名义出征戎国。大胜后，他带领楚国大军前往周朝的都城洛阳南郊举行盛大的阅兵仪式。

刚开始执掌国家事务的周定王派遣能言善辩的王孙满前往慰劳庄王。庄王见到王孙满后，直接问道：“周天子的九鼎有多大？有多重？”他言外之意是要与周天子在权力和势力方面比较。王孙满以巧妙的方式回答：“一个国家的兴衰取决于其德义的高低，而不在于鼎的大小重量。”庄王见王孙满以此话来搪塞他，于是直截了当地说：“楚国折断戟钩的利刃足以铸造九鼎！你可别自作聪明！”面对强势的庄王，善于辩驳的王孙满寻找话题转移矛盾。他首先就九鼎的制作年代和传承经过进行了详细阐述，最后才说：“尽管周室现在衰微，但是天命还未改变，宝鼎的轻重并不是我们能够干涉的！”楚庄王也意识到如今还有晋、齐、秦、吴等强大的诸侯国的势力存在，便退兵了。

邲之战

在公元前627年的秦晋崤之战之后，秦国立即释放了在攻鄀之战中俘虏的楚将斗克，并与楚国结盟，共同对抗晋国。为了保持霸主地位，晋国不得不同时应对来自西方和南方——秦楚两大国的挑战。因此，尽管楚国没有参与崤之战，却是崤之战的最大受益者。

公元前597年，楚庄王亲自率楚军再次围攻郑国，晋国派遣荀林父率领三军前去援救郑国。双方在邲地（今河南郑州北部）展开激烈争夺。由于出征途中晋军才听闻郑、楚已讲和，所以晋军内部意见分歧，有主战的，有想退兵的，将领间不和，缺乏统一指挥，各自为战，而且还要担心秦军从背后袭击。楚军利用晋军的弱点，选择合适的时机发动攻击，最终战胜对手，从而洗刷了在城濮之战中战败的耻辱，并暂时在中原争霸中占据了上风。楚庄王也因此次胜利一举奠定了“春秋五霸”之一的地位。

扩展知识点

晋军在邲之战中被楚军杀得丢盔弃甲，大军逃至黄河边，将军荀林父发布军令：“先过河的有赏。”于是，晋军纷纷争抢河边的渡船，船上没有位置了就都跳进河里扒着船舷。荀林父又发布军令：“谁再抓住船不放，就用刀剁他的手。”于是，船上的士兵纷纷举刀砍向攀船的战友，将这一片河水染得血红，惨不忍睹。

历史评价

原文

庄王之贤，乃复国陈；既赦郑伯，班师华元。

——司马迁《史记·太史公自序》

译文

楚庄王贤明，于是恢复了陈国。不仅赦免了郑伯之罪，又因华元之言而班师回国。

人物关系图

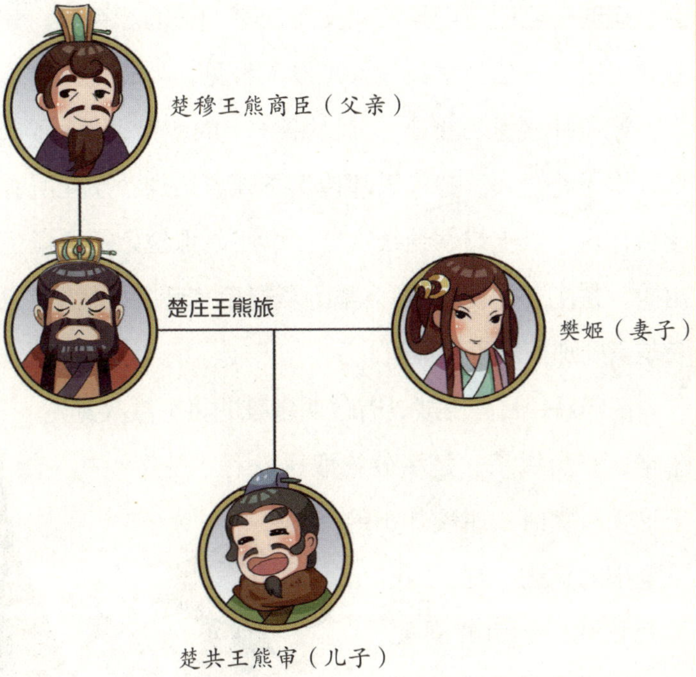

延伸阅读

绝缨美人信贞淑，牵衣上客何悲蹙。君王爱士轻婵娟，尽绝冠缨始张烛。张烛开筵复尽欢，青枫鸦啼白露寒。明日褰旗方城野，还是夜来牵衣者。

——明·杨慎《赋得绝缨歌送客之楚游》

绝缨之宴

楚庄王有一次大宴群臣，直到天黑仍未尽兴，点着蜡烛继续宴会，还叫自己的宠妃轮流向文臣武将们敬酒。突然，一阵风把蜡烛都吹灭了，一位将军趁着天黑没人看见，大胆地拉住了一位妃子的手。妃子挣脱之后扯下了那人帽子上的缨带，然后向楚庄王告状，要找出无礼之人。楚庄王却传令不要点蜡烛，还让所有人都去掉了缨带，这才点上蜡烛继续饮宴。事后，那位妃子责怪楚庄王不替她出头，楚庄王却说："宴会是为了君臣和睦，酒后失态是人之常情，若是责罚那人岂不煞风景？"

三年后，晋楚交战，有位叫唐狡的将军数次身先士卒，奋勇拼杀。楚军最终取得胜利。楚庄王论功行赏时，唐狡却拒绝了全部的赏赐，说："我早就该死！从前醉酒失礼，您没有追究，我便立志要为您肝脑涂地来报答您。我就是那晚缨带断掉的人啊！"

兵圣
孙武

sūn
孙
wǔ
武

天下兵家第一人　大国方便显才能
军训宫女斩王妃　君命不承将在军

七荐孙武

孙武为了避祸在山中隐居，写成《孙子兵法》，他希望自己的兵法能被善加利用。于是，好友伍子胥向吴王阖闾郑重介绍孙武的才干，可是阖闾从没听说过这个人，也就没有表态。

伍子胥找尽各种机会，前后七次向阖闾举荐孙武。阖闾对孙武有了一些了解，但他还是感到疑惑：这么有本事的人为什么要隐居呢？

伍子胥说："很多有才能的人都会远离尘世，隐居研究学问。一旦遇到明主，他们必将尽其所能报知遇之恩。"伍子胥还拿出商汤任用伊尹、武丁任用傅说、周文王任用姜太公的例子来劝说阖闾。

阖闾听了伍子胥的话，很是动心，于是拿出黄金和白璧，让伍子胥驾着驷马高车前去请孙武。

三令五申

孙武向吴王阖闾展示了他编写的十三篇兵书，受到了吴王的高度赞扬。为了考察孙武的统兵能力，吴王让他操练一百多名宫女。

孙武将这些宫女分成两队，并让吴王最宠爱的两位王妃担任队长。孙武向她们介绍了基本的行动规则，但是当他下发指令时，宫女们却纷纷大笑。孙武根据军法要斩杀两位队长，以示惩罚。

吴王请求孙武赦免这两位王妃，孙武却坚持自己的决定，然后重新任命新的队长，继续操练。最终，当孙武再次下发指令时，所有的宫女都明确遵循行动规则，阵形整齐划一。吴王阖闾因失去爱姬而感到伤心，孙武向他解释了这些惩罚的必要性，强调令行禁止、赏罚分明的军队治理方法，以此让阖闾理解这一行动的意义。经过孙武的解释，吴王阖闾也消气了，还让孙武做了将军。

扩展知识点

三令五申： 多次命令和告诫。出自《史记·孙子吴起列传》。

传家酒

公元前506年，孙武带领军队向着楚都逆淮而上。可是，敌人众多，部队士气低落，六万吴军千里奔波，疲态尽显。然而，孙武始终保持冷静，并有计划地实施着战略部署。

在即将开战的那一天，孙武召集了所有的军士，并为他们准备了自酿的美酒。酒香四溢，令人陶醉，军士们都非常高兴。孙武命令所有军士一起品尝美酒，所有人都兴奋起来。当军士们品尝美酒后，孙武斩钉截铁地表示，只要打赢仗，就能再喝到这样的美酒。这极大地激励了军队士气。

随后的一天，孙武的部队与楚军大战，在经历了五次失败之后，最终攻破了郢城，取得了大胜利。孙武将这美酒作为胜利的奖励，每次打胜仗后都会奖励给军队。他还将这种美酒作为贡品，献给了吴王阖闾。吴王非常高兴，大加赞赏。孙武因此名噪一时，人们称他的美酒为“孙武宴”。

历史评价

原文

西破强楚，入郢，北威齐晋，显名诸侯，孙子与有力焉。

——司马迁《史记·孙子吴起列传》

译文

吴国向西打败了强大的楚国，攻克郢都，向北威震齐国和晋国，在诸侯各国中名声赫赫，这其中，孙子不仅参与，而且出了很大的力啊。

人物关系图

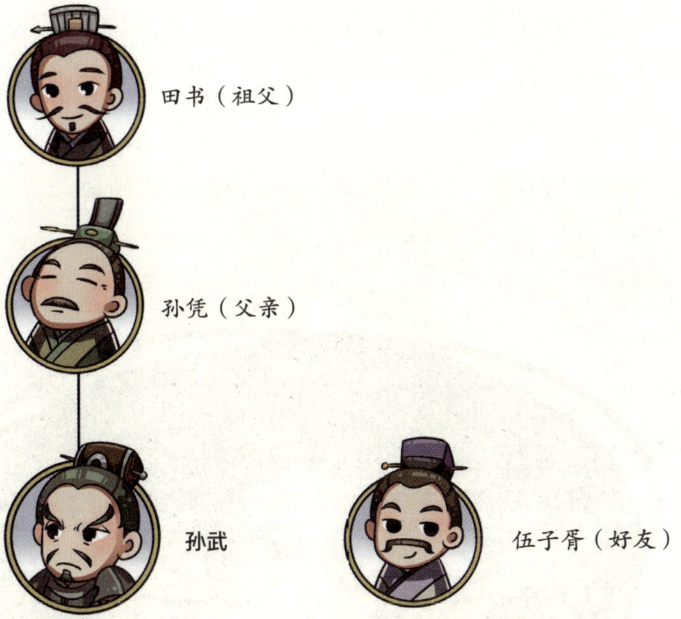

延伸阅读

故其疾如风，其徐如林，侵掠如火，不动如山，难知如阴，动如雷震。掠乡分众，廓地分利，悬权而动。先知迂直之计者胜，此军争之法也。

——春秋·孙武《孙子兵法·军争篇》

《孙子兵法》

《孙子兵法》，又称为《孙武兵法》《吴孙子兵法》《孙子兵书》、《孙武兵书》等，是中国保存至今最早的兵书，也是世界上最早的军事著作之一，早于克劳塞维茨的《战争论》约两千三百年，被赞誉为“兵学圣典”。该书共有大约六千字，分为十三篇。作者是春秋时期来自齐国乐安的吴国将军孙武。《孙子兵法》作为中国古代军事文化遗产的珍宝之一，也是优秀传统文化的重要组成部分，集中体现了中国古代军事思想的精华。

吴王 阖闾

hé lǘ
阖闾

杀僚夺位称吴王　野心勃勃战四方
三十五年吴越史　尽在虎丘山下藏

专诸刺王僚

在公元前518年，吴王僚派公子光出征楚国，成功夺取了楚国的两座城池。

伍子胥投奔吴国后，劝说吴王僚再次攻打楚国，但公子光认为伍子胥是想借吴国之手报私仇，拒绝再次出征。伍子胥察觉到公子光想要杀死吴王僚自立为王，但又不能将真相说破。于是，他向公子光介绍了勇士专诸。公子光大喜，将专诸招为宾客。伍子胥则退隐乡下从事农耕，等待专诸行动的时机。

公元前515年，吴王僚趁着楚平王去世、楚国内部动荡的时机，发动了对楚国的进攻。但楚军阻绝了吴军的后路，吴军不能回国。而刚直忠臣又被吴王僚派往晋国观察诸侯的动静，于是公子光决定加快策划政变的步伐。公子光邀请吴王僚来宴饮，并派遣专诸将剑藏在鱼腹中，趁上菜的机会刺杀了吴王僚。这一事件让公子光夺得了吴国的王位，即吴王阖闾。

吴越之争

在公元前510年，吴国发动大规模攻打楚国之前，为了解除后顾之忧，曾经进攻越国并大败越军于槜李（今浙江嘉兴南），拉开了吴越争霸的序幕。

公元前505年，吴军主力进驻楚国都城郢都时，越国乘机入侵吴境，双方的矛盾逐渐激化。从地理位置上来看，吴国若想争霸中原，必须先征服越国，以解除后方的威胁。而越国若想向北进军中原，也必须先征服吴国，才能打通向北的通道。

两国相互征伐多年，直到笠泽之战（公元前478年）后，吴国和越国的力量对比才发生了根本性的变化，越国已经占据了绝对的优势。公元前475年，越国再次进攻吴国。吴军无力迎战，退守都城防守。越国在吴的西南郊筑城，长期围困。吴国多次派使者请求和平，但都遭到越国的拒绝。最终，吴国城破，吴王夫差选择自杀，吴国灭亡。

越国通过吞并吴国，国力大幅增强，一时兴盛。越王勾践成为春秋时期的最后一个霸主。

槜李之战

公元前496年，越王允常去世，吴王阖闾趁机发动了对越国的战争。越国的嗣王勾践率领军队奋起抵抗，双方在槜李摆开了阵势。

勾践看到吴军阵势严整，下令敢死队冲锋，结果被吴军擒获。他又一次组织了敢死队冲锋，但再次被吴军俘虏，而吴军的阵势依然稳如磐石。勾践见两次冲锋无法成功，便另派罪人排成三列，每人手持剑顶在颈上，冲到吴军阵前说："现在吴、越两国交战，我们违反了军令，在君主的队列里行为不果敢，理应受到刑罚，因此我们决心以死谢罪。"于是，他们在阵前自刎而死。吴军看着这一幕，惊骇不已，并放松了防备。

勾践抓住这个机会，突然发动进攻，大败吴军。越国的大夫灵姑浮挥舞着戈攻击吴王阖闾，将他的脚趾斩落。阖闾身负重伤，在败退途中，最终在距离槜李仅七里的山地上死去。临终前，阖闾嘱咐他的儿子夫差："千万不要忘记对越国的仇恨。"过了三年，吴王夫差果然报复了越国。

历史评价

原文

阖庐弑僚，宾服荆楚。

——司马迁《史记·太史公自序》

译文

阖闾杀了吴王僚，夺取王位，降服楚国。

人物关系图

延伸阅读

半天风雨如秋。怪石於菟，老树钩娄，苔绣禅阶，尘黏诗壁，云湿经楼。琴调冷声闲虎丘，剑光寒影动龙湫。醉眼悠悠，千古恩仇。浪卷胥魂，山锁吴愁。

——元·乔吉《折桂令·风雨登虎丘》

虎丘剑池

虎丘剑池是虎丘山上最著名的景点之一。这个名字有三个来历：第一，从上方观察，这个池子就像一把平放的剑；第二，传说中，吴王阖闾的陵墓里埋葬了三千把宝剑，其中就包括扁诸剑和鱼肠剑，因此得名剑池；第三，传说中，秦始皇和孙权都曾来这里挖剑，而这个剑池就是他们挖剑时形成的。实际上，剑池是自然形成的。剑池可以说是虎丘最神秘的地方，据说吴王阖闾的墓穴就在这里。在圆洞门旁边刻有“虎丘剑池”四个大字，这是唐代大书法家颜真卿独子颜頵所写的。圆洞里的石壁上还刻着“风壑云泉”，据传为宋代四大书法家之一的米芾所写。而在崖壁左侧还有篆文“剑池”二字，传为大书法家王羲之所写。

至圣先师

孔子

kǒng　zǐ

孔子

创办私学开先河　有教无类大贤者

周游列国笑谈中　为师万载千秋客

韦编三绝

孔子晚年时开始研读《易经》这本古书。《易经》相当难以理解，孔子花了很多时间和精力，才读完一遍，而且只是对内容有所了解。随后，他读了第二遍，才掌握了《易经》的基本要点。之后，他读了第三遍，这才对其中的精神有了更深入的理解。从那时起，为了深入研究这本书，同时也方便向弟子们清晰地解释，孔子不知道反复阅读了多少遍《易经》。结果连接竹简的皮绳都被磨断了好几次，孔子不得不更换新的绳子继续读。即使达到了这个程度，孔子仍然谦逊地说："如果我能多活几年，我可能会更好地理解《易经》的文字和内容。"

扩展知识点

韦编三绝：本指孔子勤读《易经》，致使编联竹简的皮绳多次脱断。后泛指读书勤奋，刻苦治学。出自《史记·孔子世家》。

创办私学

孔子大约在三十岁时创办了私学，并开始了他教书育人的生涯。

孔子的学生主要学习“六艺”(包括礼、乐、射、御、书、数)。掌握“六艺”后，就具备了“君子”的基本素养，在政治、军事、外交等场合中就能够从容应对。孔子大约有三千名弟子，其中七十二人精通“六艺”，被后人誉为“孔门七十二贤”。

公元前480年，卫国发生了内乱。当时已经六十三岁的子路正在卫国任职。他义无反顾地投身其中。在垂死之际，他还整理了自己的衣冠，维护了最后的尊严。尽管子路起初是一个“野人”，但经过孔子的教育后，他成为一个当之无愧的“君子”。

在孔子之前，“君子”一词通常指有高贵血统和出身的人；孔子之后，“君子”的概念转变为指具备道德和修养的人。血统和出身是天生的，个人无法选择，但道德和修养可以通过后天的学习获得。

在孔子之前，像子路这样的“野人”根本没有机会接受教育，然而，孔子开办私学之后，情况完全改变了。之前被贵族垄断的文化开始向普通人普及，无论他们的身份和背景如何。

周游列国

孔子意识到自己在鲁国无法实现政治抱负，于是带领学生们到其他国家游学。然而，由于乱世的局势使得孔子的思想在那个时代难以实践，因此他在各国都受到冷遇。

孔子离开鲁国后，大致经过了卫国、曹国、宋国、齐国、郑国、陈国、蔡国、楚国等地。随后他沿原路返回。在他五十五岁到六十八岁的时间里，孔子带领着他那几位亲密的学生，花了十几年的时间在鲁国周边进行游历。这些地方多数是春秋时期的小国。虽然楚国算是一个大国，但是孔子只到了楚国的边境。孔子还打算前往晋国，但由于时局不利，最终他只能在黄河边上感叹道："黄河滔滔啊，我孔子的命运也就如此了！"他甚至没有越过黄河。

历史评价

原文

天下君王至于贤人众矣，当时则荣，没则已焉。孔子布衣，传十余世，学者宗之。自天子王侯，中国言六艺者折中于夫子，可谓至圣矣！

——司马迁《史记·孔子世家》

译文

自古以来，天下的君王直至贤人有很多，他们活着的时候都显贵荣耀，可是一死什么都没有了。孔子是一个平民，他的名声和学说已经传了十几代，读书的人尊崇他为宗师。从天子王侯一直到全国谈六艺的人，都把孔子的学说作为判断是非的最高准则，可以说孔子是至高无上的圣人啊。

人物关系图

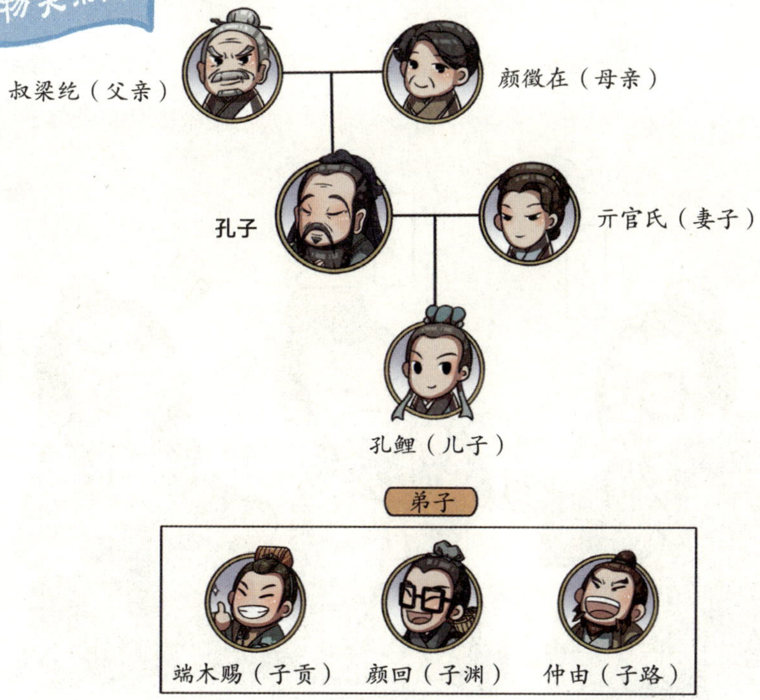

延伸阅读

子曰：从我于陈、蔡者，皆不及门也。德行：颜渊、闵子骞、冉伯牛、仲弓；言语：宰我、子贡；政事：冉有、季路；文学：子游、子夏。

——春秋·孔子《论语·先进篇》

孔门十哲

在《论语》中，孔子亲口称赞了十位弟子，分别是子渊、子骞、伯牛、仲弓、子有、子贡、子路、子我、子游和子夏。这十位弟子被后人称为“孔门十哲”，是儒家思想杰出的代表。作为儒家教派的重要祭祀对象，他们在历史上备受尊崇，成为后人学习的楷模。

潮神 伍子胥

wǔ 伍 zǐ 子 xū 胥

父兄之仇不敢忘　渔父撑船芦中藏

倒行逆施仇得报　双目悬门证吴亡

逃离楚国

伍子胥名叫伍员，他是楚国望族，父亲伍奢是楚太子建的太傅。楚平王听从了少傅费无极的谗言，想要诛杀太子，并将伍奢抓了起来，还命令伍子胥与他的哥哥伍尚赶回国都郢都，否则就杀掉他们的父亲。伍子胥说："即便我们回去，也难逃被杀的命运，不如逃往他国，将来为父报仇，一雪耻辱。"伍尚却坚持，就算无法保住父亲的性命，也不能对父亲置之不理。因此，他让伍子胥自己逃走，将来为父报仇，自己则赶回郢都。伍奢听说了伍子胥逃走的消息，便预言楚国人必将遭受战乱之祸。而楚平王果然将伍奢和伍尚一起处死。

此时，太子建已经逃亡到宋国，伍子胥也逃到了宋国。此时宋国内乱，伍子胥便护送太子建前往郑国，郑国也善待了他们。后来，太子建到达晋国，他被晋顷公说服，答应与晋国里应外合，灭掉郑国，将郑国变成自己的封地。回到郑国后，计谋还没有实施就被郑国发现了，于是太子建被杀，伍子胥和太子建的儿子胜再度开始逃亡，逃往吴国。

扩展知识点

里应外合： 外面攻打，里面接应。

绝境求生

逃亡途中，伍子胥与胜经过昭关时几乎被捉住，昭关守吏穷追不舍，他们只得步行逃命。万分紧急时，他们逃到江边，恰好江上有一位渔父撑船经过。渔父见伍子胥身处险境，便载他们过了江。过江之后，伍子胥解下佩剑说："这把剑价值百金，送给你。"渔父说道："楚国已经下令，抓住伍子胥的人赐五万石粟米，并封赏爵位。我如果贪图富贵，又何必要这把剑而不要封赏呢？"坚决不肯接受伍子胥的剑。

伍子胥继续逃亡，还没有到达吴国他便病倒了。为了生存下去，昔日的名门望族甚至不得不去乞讨。在这样的困境之中，伍子胥终于到达了吴国的都城。当时吴国掌权的是吴王僚，伍子胥在公子光的介绍下得以见到吴王僚，并劝说吴王攻打楚国，只是吴王没有听从。于是，伍子胥将专诸推荐给公子光，自己则与胜隐居起来。

几年后，楚平王去世，楚昭王即位，公子光命专诸刺杀了吴王僚，自立为王，即吴王阖闾。登上王位的阖闾将伍子胥召回，共谋国事。伍子胥终于有机会实现自己的心愿了。

倒行逆施

阖闾九年（公元前500年），吴国大军兵临郢都，楚昭王出逃。伍子胥在郢都四处搜寻楚昭王，却无法找到。于是他掘开楚平王的坟墓，拖出楚平王尸骨，鞭打三百才住手。

楚国大臣申包胥是伍子胥的好朋友，当年伍子胥逃离楚国时，伍子胥曾对申包胥说："将来我一定会颠覆楚国。"申包胥则回答："我一定会保全楚国。"吴军攻入郢都时，申包胥已经逃到山中，他派人对伍子胥说："你曾经侍奉楚平王，如今做出这种事也未免太过分了。"伍子胥便对来人说："替我向申包胥道歉，我报仇心切，如同太阳落山还在赶远路的人，因此做出这样倒行逆施的事情。"

后来，申包胥前往秦国，请求秦国发兵救楚国，并在秦廷昼夜啼哭，七日七夜不止。秦哀公心生怜悯，说道："即使楚国无道，也不该被臣子这样对待。这下还怎么能不设法去保全楚国呢？"于是派出了五百辆兵车前往攻打吴国军队。不久，吴国军队在稷地被打败。

扩展知识点

倒行逆施：原指做事违反常理，现多指所作所为违背社会正义和时代进步方向。出自《史记·伍子胥列传》。

历史评价

原文

怨毒之于人甚矣哉！王者尚不能行之于臣下，况同列乎！向令伍子胥从奢俱死，何异蝼蚁。弃小义，雪大耻，名垂于后世。悲夫！方子胥窘于江上，道乞食，志岂尝须臾忘郢邪？故隐忍就功名，非烈丈夫孰能致此哉？

——《史记·伍子胥列传》

译文

仇恨对人的影响太大了！国君与臣子结下冤仇尚且如此，何况身份相同的人呢。如果伍子胥当初和父亲伍奢一起赴死，那么和蝼蚁又有什么两样呢？他放弃小义，以图谋将来一雪天大的耻辱，最终名垂后世。可悲啊！当伍子胥困于江畔，在道路上乞食求生时，一刻都不曾忘记对郢都、对楚王的仇恨。隐忍不发，最终成就功名，不是性情刚烈的大丈夫怎么能做到呢？

人物关系图

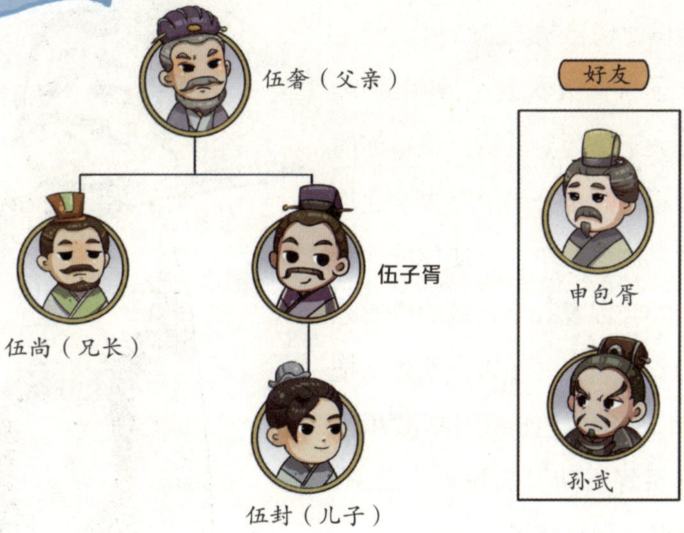

延伸阅读

忠言极谏起君猜，嚭宰谗行赐剑来。从此强吴随作沼，果然麋鹿走高台。

——明·孙蕡《伍子胥》

自尽身死

在伍子胥和孙武的谋划下，吴国日益强盛。后来，在与越国的战争中，吴王阖闾受伤身亡，太子夫差成为吴王，最终打败越国。越王勾践请求讲和，伍子胥主张一举消灭越国，但夫差并没有听从。其后，越国屡次贿赂吴国的太宰伯嚭，请他在吴王面前说好话。于是吴王越发信任越国，将一直反对议和越国的伍子胥派遣到齐国去。

伍子胥认定吴国必将灭亡，出使齐国时便将儿子托付给齐国的鲍牧，自己独自回到吴国。太宰伯嚭便趁机说伍子胥怀有异心，吴王便派人给伍子胥送去一把宝剑，命令他以此剑自刎。

伍子胥仰天叹道："谗臣伯嚭作乱，大王反而要杀我。我帮你的父亲称霸，几位公子争夺太子之位时，我以性命相争，才使你被立为太子。如今你竟听信奸臣的谗言杀掉你的长辈！"并让人在他死后把双眼摘下来悬挂在吴国都城东门上，日后好目睹吴国被灭。后来，越王勾践果然灭掉了吴国。

越王 勾践

gōu jiàn

勾践

卧薪尝胆无寒暑　养精蓄锐报世仇

十年一剑终出鞘　大举灭吴霸春秋

卧薪尝胆

吴王夫差大破越军，越王勾践带着五千名残军退守会稽。越王身边的谋士范蠡劝告勾践，理应向吴王谦卑地送上厚礼求和，如果吴王不答应，勾践就亲自前去侍奉吴王。于是，勾践派大夫文种前去求和。在伍子胥的阻止下，吴王起初并没有答应，文种又贿赂吴国太宰伯嚭，再三游说吴王，太宰伯嚭也从旁劝说，终于使越王得到赦免，吴国撤军。

勾践回国后，殚精竭虑，在座位上悬挂苦胆，坐卧间就可以仰头尝尝苦胆的味道，吃饭时也会尝苦胆的味道，时刻提醒自己："你难道忘记了在会稽被困的耻辱吗？"他还亲自下地耕种劳作，勾践的夫人也自己织布，饮食中从不加荤腥，从不穿华丽的衣服，礼贤下士，厚待宾客，接济贫苦的人，哀悼死者，和百姓们一起劳作。

扩展知识点

卧薪尝胆：越王勾践立志报仇，他睡觉睡在柴草上，吃饭、睡觉前都要尝一尝苦胆。比喻刻苦自励，发愤图强。出自《史记·越王勾践世家》。

蓄势待发

经过七年休养生息，越国终于变得殷实。勾践始终想着向吴国报仇，但大夫逢同劝谏，认为国力刚刚恢复，此时整顿军备，一定会引起吴国的注意，如今吴国四面树敌，不如结交与吴国敌对的齐、楚、晋，同时厚待吴国，等待时机。勾践听从了逢同的建议。

两年后，吴国准备讨伐齐国，伍子胥进行劝阻，希望吴王先打越国。但吴王夫差一意孤行，大败齐军。此后，吴王越发疏远伍子胥，在太宰伯嚭的不断诽谤下，最终杀掉了伍子胥。

又过了三年，勾践认为时机已到，便询问范蠡："吴王杀掉伍子胥，身边尽是阿谀奉承的人，可以攻打吴国了吗？"范蠡仍然阻止了他。

第二年春天，吴国的精兵都跟随吴王去黄池会合诸侯，只有太子和老弱残兵留守吴都。勾践再次询问范蠡能否发兵，这一次，范蠡说："可以了。"

于是，越国大军攻向吴国，大破吴军，还杀掉了吴太子。吴国人匆忙向吴王报告，吴王此时还在黄池，不敢让诸侯知道惨败的消息，只好严守秘密，并送上厚礼与越国求和。越王自觉此时并不能灭掉吴国，就接受了求和。

勾践灭吴

四年后，勾践再度伐吴。经过连年征战，吴国兵士已经疲惫不堪，精锐部队在对齐国、晋国的战争中也已消耗殆尽，越国因此大破吴军，包围了吴都三年，最后将吴王夫差围困在姑苏山中。吴王派公孙雄前去说和。公孙熊跪行至勾践帐前，以臣子夫差之言希望勾践像自己曾在会稽山放过勾践一样放过自己。勾践不忍心，准备答应他，范蠡却阻止道：“会稽之事，本是吴国取得越国的天赐良机，是吴国自己放弃了。如今上天将吴国赐给了越国，越国怎能逆天而行呢？大王不要忘记在会稽受到的苦难。”随后范蠡击鼓进军，使者只好回去了。

勾践又派人对吴王说：“我将把你安置到甬东，统治百家。”吴王推辞道：“我已经老了，无法侍奉您。”随后遮住面孔自尽，临死说道：“我没有颜面去见伍子胥。”

越王勾践安葬了吴王夫差，至此，越国终于灭掉了吴国。

扩展知识点

太宰伯嚭在勾践灭吴的过程中发挥了极大的作用，但他并没有因此得到勾践的厚待。在吴王夫差自尽后，勾践认为太宰伯嚭不忠于国君，私自收受大量贿赂，为越国做事，因此诛杀了他。

历史评价

原文 禹之功大矣，渐九川，定九州，至于今诸夏艾安。及苗裔勾践，苦身焦思，终灭强吴，北观兵中国，以尊周室，号称霸王。勾践可不谓贤哉！盖有禹之遗烈焉。

——《史记·越王勾践世家》

译文 禹的功劳很大，他疏通了九条大河，安定九州大地，到现在中原地区都很安定。他的后裔勾践劳苦身心，辛苦筹谋，终于灭掉了吴国，北进中原，尊奉周王朝，号称霸王。能说勾践不贤能吗！这也是继承了大禹的遗风吧！

人物关系图

延伸阅读

秦望山头自夕阳，伤心谁复赋凄凉。
今人不见亡吴事，故墓犹传霸越乡。
雨打乱花迷复道，鸟翻黄叶下宫墙。
登临莫向高台望，烟树中原正渺茫。

——宋·柴望《越王勾践墓》

越王勾践剑

1965年，在湖北江陵的望山1号墓，考古学家们发现了一柄铜剑。这柄剑长55.7厘米，剑身宽4.6厘米，剑首呈圆箍形，柄上缠着丝缑，剑身上布满规则的黑色菱形暗纹。在靠近剑格的地方，人们发现了两行错金鸟篆铭文：“越王鸠浅（勾践）自乍（作）用鐱（剑）。”人们因此确定这柄剑是越王勾践的佩剑。虽然经历了两千多年的时光，但是这柄剑依然锋利如新，寒光闪闪。

目前已经发现的越王勾践剑仅此一柄，它见证了烽火中那位卧薪尝胆、励精图治的国君如何成为一方霸主。越王勾践剑目前收藏在湖北省博物馆，是湖北省博物馆的镇馆之宝。

商圣
范蠡

fàn lǐ

范蠡

飞鸟猎尽良弓藏　明哲保身远庙堂

千金浮云皆散尽　朱公为师天下商

兔死狗烹

勾践灭掉吴国后，继续在长江、淮河流域征讨，终成一方霸主，将范蠡封为上将军。回到越国后，范蠡认为盛名之下难以长久，便写信辞别勾践。勾践不准他离开，还说要与他平分越国，若是范蠡不受就降罪于他。范蠡回答："国君尽可执行自己的命令，臣子依然要依从自己的心意。"范蠡仍然收拾财物，与随从乘船离去，再也没有回过越国。勾践于是把会稽山作为范蠡的封邑。

范蠡离开时还给大夫文种写信道："飞鸟已经被猎杀完了，弓箭就要被藏起来；狡猾的兔子死了，猎狗就要被煮来吃了。越王生就长颈鸟嘴，是可以一起共患难但不能同享乐的人，你为什么还不离开呢？"文种见到信以后，便开始称病不上朝。有人进谗言说，文种准备作乱。越王就赏赐给文种一把剑，说："你曾经交给我伐吴七术，我只用了其中三条计策就打败了吴国，你那里还有四条计策，替我去先王那里试一试吧。"文种便自杀了。

扩展知识点

兔死狗烹：把兔子捕杀后，猎狗也会被烹煮吃掉。比喻事情成功后，把曾经出过大力的人杀掉。出自《史记·越王勾践世家》。

陶朱公

范蠡乘船到了齐国后，改名换姓，自称是鸱夷子皮。他带领族人在海边耕作，吃苦耐劳，整治产业，没多久就积攒下来几十万资财。齐国人听说了他的贤能，就推举他做国相，范蠡叹息道：“治家时积攒下千金家财，做官则做到了卿相，这是百姓能享受到的极限了。长久承受尊贵的名号，这不是好事。”于是他辞去相位，把家产全部分给好友和同乡邻居，带着贵重宝物悄悄离开，到一个叫陶邑的地方。

陶邑交通便利，范蠡认为这里是天下的中心，各诸侯国来往便利，货物交流往来通畅，在这里做生意可以致富，于是他自称陶朱公住了下来。在这里，他们父子耕种畜牧，等待时机买进卖出，交易时只赚取十分之一的利润，没多久，又赚取了数万财富。

扩展知识点

范蠡善于审时度势，诚信经营，知人善用，他重视货币的流转，以治国之道经营产业，与乡邻共同富裕，被称为商圣。后世常用“陶朱公”来形容富商。

朱公丧子

陶朱公的二儿子杀了人，在楚国被拘捕。朱公便想让小儿子带上千镒黄金前去营救。但长子认为理应自己去，否则他便要自杀。不得已，朱公写了信让长子送给好友庄生，嘱咐长子到了楚国便将黄金送到庄生家里，一切听庄生吩咐。长子走时自己也带了几百镒黄金。

庄生廉洁正直，楚国上下都尊重他。他收到信和黄金后，嘱咐长子赶紧离开楚国。陶朱公长子却悄悄留下，把自己私带的黄金送给了楚国贵人。

庄生留下黄金，只是想事成后归还朱公以示信用。他进宫劝说楚王大赦。楚国贵族听说大赦的消息后告诉了陶朱公长子，陶朱公长子因此认为，弟弟被赦免，庄生什么都没有做，于是要回了黄金。

庄生耻于此事，又对楚王说，朱公儿子因杀人被囚，他派人贿赂了大王周围的人，所以大家都说，国君是为了朱公儿子才大赦，不是体恤楚国人。楚王大怒，下令先杀掉朱公儿子，第二天才大赦。

陶朱公长子只好带着弟弟的尸体回家，族人十分悲痛。陶朱公说："我本就知道这个结果。长子幼时贫困，所以不舍得钱财；小儿子从小富有，不在乎钱财，所以我最开始才想让小儿子去。"

历史评价

原文

故善治生者，能择人而任时。十九年之中三致千金，再分散与贫交疏昆弟。此所谓富好行其德者也。

——《史记·货殖列传》

译文

因此善于经营的人，能够知人善任，把握时机。范蠡在十九年中三次获得千金，两次分给贫困的亲人好友。这就是富有而乐于行仁德之事的人啊。

人物关系图

西施

越国被吴王夫差打败后，为了求和，越王勾践向夫差献出了许多珍宝和美人，西施便是被献上的美人之一。西施以美貌著称，传说她在溪边浣纱时，鱼儿看她看得入了迷，忘记游水而沉入了水底，因此人们便用“沉鱼”形容西施之美，西施和西子也成为美女的代称。

西施被献给吴国后，成为夫差最宠爱的妃子。吴王被越王打败后，便有人说，吴王是沉迷于西施的美色，不理政事，才最终亡了国。但更多的人是怜惜这位身不由己的姑娘，甚至传说她在吴国灭亡后跟随范蠡泛舟入五湖而去，以此表达希望西施能有一个好结局的愿望。明代时，梁辰鱼还根据这个传说编写了传奇作品《浣纱记》。

西施与貂蝉、杨玉环、王昭君被合称“中国古代四大美人”。

扩展知识点

家国兴亡自有时，吴人何苦怨西施。
西施若解倾吴国，越国亡来又是谁？

——唐·罗隐《西施》

道家祖师

老子

lǎo zǐ

老子

八十一章道德经　道家玄妙在其中

神龙见首不见尾　一气三清唤老君

孔子问礼

老子名为李耳，也被称为老聃，曾担任周朝掌管藏书室的史官。孔子曾经前往周朝国都，向老子请教关于礼的问题。老子说：“你说的礼，倡导它的人连骨头都已经腐朽了，只剩下一些言论。况且君子运气好时就能获得高官厚禄，生不逢时就如蓬草四处漂泊。我听说，精明的商人会好好地收藏起自己的货物，君子德行高远，容貌看起来却和愚钝的人一样。减少你身上的骄气，去除过多的欲望，故作姿态和过多的志向对你都没有好处。我能告诉你的只有这些了。”

孔子离开以后，对自己的弟子说：“鸟，我知道它善于飞行；鱼，我知道它善于潜游；兽，我知道它善于行走。善走的可以用网捕获，善游的可以用丝线垂钓，善飞的可以用箭去射。至于龙，我就不知道怎么办了，它能乘着云气飞到天上。我现在见到了老子，他就像龙一样。”

扩展知识点

“孔子问礼于老子”是中国古代哲学史中一个著名的故事，“老子犹龙”也成为一个典故，用来形容老子的智慧深不可测，如同龙一样变化莫测。

函谷关著书

老子修习道和德，他的学说以无名、无为、听任自然为要旨。他在周的都城生活了很久，看到周朝逐渐衰微，于是就离开了那里。

老子走到函谷关时，关令尹喜知道他是有大智慧的人，便对他说："你即将隐于尘世，在此之前，无论如何也给我们写点东西吧。"于是老子就写下了五千多文字，分为上下两篇，阐述道德的含义，随后他就离开了，没人知道他去了哪里。他写下的文字就是流传至今的《道德经》。

有人说老子活了一百六十多岁，也有人说他活了二百多岁，他因修道养生而长寿。在孔子死后一百二十九年，有史书记载周太史儋曾对秦献公预言天下形势，有人说太史儋就是老子，但也有人说不是，世人都没法分清哪种说法是对的。

扩展知识点

《道德经》是道家经典，保留了老子的主要思想，是一种以道为核心的思想体系，内容无所不包。《道德经》共八十一章，前三十七章为《道经》，后四十四章为《德经》。

再遇孔子

在《庄子》一书中，还记载着这么一则故事。孔子在五十一岁那年还没有得到心中的道，于是他再次前往沛地请教老子。老子告诉他，如果道是可以赠送、诉说的，那么人们一定会先送给君主、家人，可是没有人这么做，因为大道只能由自已领悟。随后，老子又阐述了一番对仁义的看法。

在老子看来，仁义不过是寻找道的手段，迷恋仁义本身有害无利，逍遥无为、端正心灵才能亲近大道。孔子这样宣扬仁义，就像敲着鼓追赶逃亡的人，有悖于自然。天鹅不必天天沐浴，自然羽毛洁白；乌鸦不必天天用黑色渍染，自然毛色乌黑。天鹅的白和乌鸦的黑都是出于自然，不足以分辨谁优谁劣，名声和荣誉这种外在的东西也不足以广泛传播。老子用这样的比喻来劝诫孔子，放弃外在的仁义，顺从自然和本心来寻求道。

历史评价

原文

老子所贵道，虚无，因应变化于无为，故著书辞称微妙难识。

——《史记·老子韩非列传》

译文

老子看重的道，崇尚虚无，顺应自然变化而无所为，因此他写的书大多文辞微妙，不易理解。

人物关系图

延伸阅读

道可道，非常道。名可名，非常名。无，名天地之始；有，名万物之母。故常无，欲以观其妙；常有，欲以观其徼。此两者，同出而异名，同谓之玄。玄之又玄，众妙之门。

——春秋·老子《道德经》

道家思想

老子创立的道家思想以自然无为为宗旨。在个人思想和行为上，道家强调应该效法大道“生而不有，为而不恃，长而不宰”；政治上应“不尚贤”“不贵难得之货”“无为而治”；伦理上则认为“礼者忠信之薄而乱之首”，应“绝仁弃义”；军事上主张“兵者，不祥之器，非君子之器，不得已而用之”。在老子之后，庄子继承和发展了他的思想，同时还有杨朱、宋钘、尹文、彭蒙等人的思想与道家思想接近，他们的主张在《庄子》一书中都能找到记录。

后来，道家思想和名家、法家思想结合，成为黄老之学，经过后世的发展，又与儒家思想、佛家思想相互借鉴、吸收。道家思想是中国传统文化的重要组成部分，至今都深深影响着每个中国人。

西南财神

端木赐

duān 端 mù 木 cì 赐

圣人门下为高徒　执掌天下动乾坤

尊师重道端木赐　守孝六年大财神

力挽狂澜

端木赐是孔子门下七十二贤之一，人们更熟悉的是他的字——子贡。子贡长于言辞。齐国大臣田常准备叛乱，便把其他势力的军队都调去攻打鲁国。鲁国是孔子的故乡，孔子许多弟子请求去阻止这场战争，但孔子只允许子贡前去。

子贡来到齐国，便对田常分析利弊，说服他转而攻打吴国。但齐军已经前往鲁国，子贡便说，他会设法使吴国先去援助鲁国，这样田常就能去迎击吴军。随后，子贡对吴王夫差说，齐国攻打鲁国目的在吴国，吴国不如攻齐救鲁，还能彰显自己的名声。吴王担忧越国会乘虚而入，子贡便又赶到越国，告诉越王，吴王决心先灭掉越国再援助鲁国。越王十分惶恐，连忙答应派军追随吴王。

子贡又前往晋国，分析各国的形势，劝说晋国国君好好备战，晋国国君也听从了他的建议。

后来，吴王果然在大败齐军后逼近晋国，不过被晋国又打败了。越王听说吴军大败的消息，立刻带兵袭击吴国，最终灭掉了吴国。

就这样，在多国相互制衡的复杂局势下，子贡凭借过人的才华，挽救鲁国于危难之中，还改变了天下形势。

子贡尊师

子贡不仅拥有杰出的外交才能，也很善于经商。他在鲁国与曹国之间经商，贱买贵卖，在孔子的众多弟子中，子贡最为富有。他出行时乘坐四匹马拉的大车，用厚礼赠送给诸侯，他无论到什么地方，国君都将他奉为宾客，而不行君臣之礼。子贡这样富贵，依然非常尊重孔子，恭敬地追随自己的老师。孔子迁居到蔡国的时候，楚昭王派人聘请孔子，陈国和蔡国的大夫担心孔子被楚国起用后，会不利于自己的国家，因此设法将孔子和他的弟子们困在了陈、蔡之间的野外。孔子无路可走，又没有了粮食，随从都饿得站不起来。危急关头，孔子派子贡前去楚国，请楚昭王带兵营救，才脱离了险境。

子贡始终恭敬地侍奉自己的老师，孔子在当时能够名扬天下，和子贡也有一定的关系。

扩展知识点

君子固穷：被困于陈蔡之间时，随从病饿交加，只有孔子仍然不断讲颂礼乐，子路便问他："君子怎么也会有这样困厄的时候？"孔子回答："君子固穷，小人穷斯滥矣。"意思是君子安贫乐道，反而是小人在困厄之时失了方寸准则，肆意妄为。后来，人们便用"君子固穷"的典故来形容君子能够安贫乐道，不失节操。

子贡结庐

子贡在诸侯间名气很大，曾有人说，子贡比孔子更贤能。子贡听说了以后，便说：“假如用宫墙来作对比，我的墙只有肩膀那么高，人们能看到墙里面居室的美好；夫子的墙则有数仞之高，如果找不到进去的门，就没办法看到里面的宗庙华美、宫室富丽。能够找到门的人毕竟非常少，别人说我比夫子贤能，正像是这样。”子贡对自己的老师始终这么尊崇。

孔子死后葬在泗水边上，按照当时的习俗，弟子们要服丧三年。三年以后，弟子们守丧结束，有些便离开了。只有子贡在坟墓旁建起一座屋子，为孔子守丧六年，然后才离去。

扩展知识点

子贡赎人： 当时鲁国规定，如果鲁国人在其他国家沦为奴仆，把他们赎回来的人，国家会给予奖励。子贡赎了鲁国人却不接受奖励，孔子知道后说道：“以后鲁国人不会再赎人了，这是子贡的过失。”因为子贡用不取其金为自己博取了好名声，其余的人会认为自己接受奖励是德行有失，索性不再赎人。这就是“子贡赎人”的故事，出自战国吕不韦及其门客的《吕氏春秋》。

历史评价

原文

子贡既已受业，问曰："赐何人也？"孔子曰："汝器也。"曰："何器也？"曰："瑚琏也。"

——《史记·仲尼弟子列传》

译文

子贡拜入孔子门下后，问孔子道："我是什么样的人？"孔子说："你像是一种器物。"子贡又问："是什么器物？"孔子说："是宗庙里的瑚琏。"

人物关系图

延伸阅读

台已成荒址，犹然号晒书。开函攻五夜，下楗用三余。
始也惟多学，终焉悟弗如。圣贤遗迹在，吊古一踌躇。

——清·俞廷瑞《端木书台》

端木书台

在江苏省赣榆县（今连云港市赣榆区）内有一座子贡山，山上有一块平整的大石被称为端木书台。传说子贡在游说四国、解除了鲁国的危难后，在回去的途中经过了这座山。他被山上的风景吸引，想在这里休息一下，恰好山上有一块大石，他便坐了下来，展开随身携带的书读了起来。突然，大雨倾盆，子贡躲避不及，书也被淋湿了。好在雨去得也快，不一会儿便雨过天晴。大石上没有积水，子贡便将淋湿的书摊开在石上晾晒。后人为了纪念这位先贤，便把这座山称作子贡山，他晾晒过书的大石则被称为端木书台。

端木书台的传说已经不知真假，但人们借此寄寓的感情却十分真挚。到了明代，端木书台已经成为著名的“赣榆八景”之一。

忠贞不贰

豫让

yù ràng

豫让

豫让寻仇报忠贤　漆身吞炭改音颜

义士身死为知己　斩衣三跃无遗憾

士死知己

豫让是晋国人，曾经侍奉范氏和中行氏，但并不被重视，于是便离开去侍奉智伯，智伯十分尊敬、重视他。后来，智伯讨伐赵襄子，反而被赵襄子联合韩康子、魏桓子灭掉了，智伯的领地也被他们三家瓜分了。赵襄子最怨恨智伯，将智伯的头骨做成了饮器。

豫让逃到了山中，叹道："士为赏识自己的人而死，女子为欣赏自己的人装扮。智伯知我，我一定要为他报仇，以死相报，这样我才能无愧于心。"于是他改变了自己的姓名，扮成刑徒，混入赵襄子的宫中整修厕所。他身上藏着匕首，准备趁机行刺赵襄子。赵襄子上厕所时，心中突然有了预感，便抓来整修厕所的刑徒审问，发现他就是豫让，而且身怀匕首，自称要为智伯报仇。

赵襄子的左右侍从要杀掉豫让，赵襄子说："豫让是义士，我小心防备他就是了。何况智伯没有后代，他的臣僚想要为他报仇是可以理解的。这是天下的贤士啊。"最终放走了豫让。

扩展知识点

士死知己：指人们为了了解自己的人甘愿牺牲性命。

漆身吞炭

豫让被放走后并没有放弃报仇。没多久，他又把漆涂在身上，使自己变得丑陋，还硬生生吞下炭，使自己的声音变得嘶哑。这样，豫让的容貌就彻底不一样了，他在街市上乞讨，连他的妻子都认不出他。

后来，豫让在路上遇见了他的朋友，朋友认出了他，便问道：“你是豫让吗？”豫让说：“我是。”朋友见到他这副模样，为他哭道：“以你的才华，委身为臣侍奉襄子，襄子一定会信任你，让你接近他。既然得到了他的信任，能够接近他，那么想要做什么不就很容易了吗？何必损毁你的身体，这样向襄子报仇，不是更难了吗？”豫让说：“若已经委身做他人的臣子，却谋划杀掉他，对其君、其主怀有二心，是为不忠。况且我要做的事实在太难了！我之所以这么做，就是让后世对其君、其主不忠的人感到羞愧。”

扩展知识点

漆身吞炭：指故意变形改音，使人认不出自己。

豫让击衣

不久后，赵襄子外出，豫让提前埋伏在赵襄子要经过的桥下。过桥时，襄子的马突然受惊，襄子说："这一定是豫让。"派人询问后果然是他。

于是襄子斥责豫让道："你也侍奉过范氏、中行氏，智伯杀了他们，你不为他们报仇，反而做了智伯的臣子。现在你为什么一定要给智伯报仇呢？"豫让说："范氏、中行氏把我当普通人对待，我自然像普通人那样对待他们。而智伯待我如同国士，我自然要像国士那样回报他。"襄子听后，叹息道："你为智伯报过一次仇，已经成就了名声，我赦免过你一次，也已经足够了。这一次我不会赦免你了。"

豫让说："明主不埋没别人的美德，忠臣有为名而死的道义。之前你赦免我，天下人没有不称颂你的。今天我虽该死，但仍希望在你的衣服上刺上几剑，以表明我为主报仇的意愿，这样我就算死了也没有遗憾。"赵襄子被他触动，便命人把自己的衣服给豫让。豫让拔剑跳起三次斩击衣服，说道："我可以去九泉之下报答智伯了。"随后引剑自杀。

所有人都知道豫让士为知己者死，都为他落泪。

历史评价

原文

世言荆轲，其称太子丹之命，“天雨粟，马生角”也，太过。又言荆轲伤秦王，皆非也。始公孙季功、董生与夏无且游，具知其事，为余道之如是。自曹沫至荆轲五人，此其义或成或不成，然其立意较然，不欺其志，名垂后世，岂妄也哉！

——《史记·刺客列传》

译文

世人谈论荆轲，说到太子丹的命运时，说是使“天上落下米，马生出角”，是言过其实。又有人说荆轲刺伤了秦王，这些都不对。最初公孙季功、董生和夏无且交游，很清楚地知道整件事，他们对我说的就像我写下的这样。从曹沫到荆轲这五位有名的刺客，他们的义举有的成功了，有的没有成功，但他们的意图清楚分明，都没有违背自己的志向，名声流传到后世，又岂是虚妄呢！

人物关系图

延伸阅读

秋色冷并刀，一派酸风卷怒涛。并马三河年少客，粗豪，皂栎林中醉射雕。

残酒忆荆高，燕赵悲歌事未消。忆昨车声寒易水，今朝，慷慨还过豫让桥。

——清·陈维崧《南乡子·邢州道上作》

豫让桥

在河北省邢台市，曾有一座豫让桥，相传这里就是当年豫让埋伏刺杀赵襄子的地方。根据资料记载，豫让桥是一座石板桥，桥上有勾栏围护，桥边有记载豫让事迹的石碑。万历十八年（1590年），邢台县知事朱诰将豫让尊为乡贤，修建豫让祠，四时祭祀。来这里的文人墨客也经常传颂豫让的事迹。豫让桥因此闻名四方，成为一时名胜。可惜的是，豫让桥在抗日战争期间被破坏，石碑也被用作公路的桥洞基石。历经数百年风雨的豫让桥不复存在，我们只能从文字记载中遥想豫让桥当年的模样和豫让祠群贤毕集的盛况。

邺县治水

西门豹

xī mén bào

西门豹

西门投巫止流言　引漳灌邺治水患
两通鼓响君王笑　藏兵于民保国安

上任邺县

西门豹是战国时期魏国人。魏文侯的时候，他到邺县做官。邺县人烟稀少，田地荒芜，百姓生活贫困。西门豹初到邺县，便把乡里年长而有名望的人请到一起，询问他们生活上有没有什么感到痛苦的事。那些人回答："我们这里常年闹水患，为此要为河伯娶妻，我们苦于为河伯娶妻，因为这个原因，我们过得很贫困。"

西门豹详细地询问了事情始末，原来这里的三老、廷掾等地方官员常年向百姓征收赋税，收取钱财达数百万之多，其中二三十万拿来为河伯娶妻，剩下的钱，三老、廷掾和庙祝、巫婆一起瓜分了。河伯娶妻的时候，巫婆会四处巡视，贫穷人家的女儿长得好看的，她就说该去做河伯的妻子，将这家女儿下聘娶走，沐浴后关在河边的房子里。斋戒十几天后，大家装点好像床一样的浮具，这个女孩就要坐到浮具上，在河中漂流，漂流十几里后便会沉到水中。家中有漂亮女孩的人家都带着女儿逃走了，于是城中人口越来越少，百姓也越来越贫困。

西门豹听了后，便说下次河伯娶妻时告诉他，他要一起去看看。

扩展知识点

三老是古代乡中掌管教化的官员，廷掾则是县令的属吏。

西门投巫

河伯娶妻那天，西门豹和三老、廷掾、豪绅、百姓都到了河边。巫婆有七十岁了，十几个女弟子跟着她。西门豹说："把新娘带过来，看看她是美是丑。"新娘被带到西门豹面前，西门豹看了一眼，回头对三老和巫婆说："这个女子不美，烦劳大巫婆去告诉河伯，以后寻访到更美的女子再给他送去。"随后他命令士兵把巫婆投到河中。过了一会儿，西门豹说："大巫婆怎么还不回来？弟子去催催她。"又把一名巫婆的弟子投到了河里。又过了一会儿，西门豹说："怎么弟子去了这么久也不回？再派人去催催。"就这样一共把三名弟子投入河中。西门豹又说："巫婆的弟子是女子，交代不清事情，还是三老去吧。"又将三老投入了河中。

西门豹在河边等了很久，说："他们都不回来怎么办？"准备再派廷掾和一个豪绅去催促。廷掾和豪绅都吓得跪地磕头，磕得血流了出来。西门豹说："好，再等一会儿吧。"又过了一会儿，他才说："看样子是河伯留客留太久了，大家回去吧。"

经过此事，邺县的官吏和百姓再不提给河伯娶妻的事了。

引漳十二渠

西门豹不仅破除了邺县“河伯娶妻”的陋习，还考察了当地地势、水脉，带领群众治理水患，同时发展了当地的农业。他组织百姓开凿河渠，引漳河水灌溉农田，改良土壤。因为有十二个引水口，这个水利工程后来便被称为引漳十二渠。

引漳十二渠给当地带来了极大的便利，百姓因此变得富足，但在西门豹主持开凿时，当地的百姓觉得劳苦，并不愿意开工。西门豹说：“百姓大多愿意享受成果，却不考虑事情开端时的艰难。现在你们虽然觉得我给你们带来了辛苦，但是百年之后就知道好处了。”之后，那里的百姓果然得以长久地享受水利之便。

扩展知识点

魏之行田百亩，邺独二百，西门豹灌以漳水，成为膏腴，则亩收一钟。

——东汉·王充《论衡》

历史评价

原文

传曰：“子产治郑，民不能欺；子贱治单父，民不忍欺；西门豹治邺，民不敢欺。”三子之才能谁最贤哉？辨治者当能别之。

——《史记·滑稽列传》

译文

书上说：“子产治理郑国，百姓不能欺骗他；子贱治理单父（单县），百姓不忍欺骗他；西门豹治理邺县，百姓不敢欺骗他。”以这三个人的才能，谁最贤明呢？研究治理之道的人应当能分辨出来。

人物关系图

魏文侯姬斯（君主）

西门豹

君臣和好

西门豹担任邺令时，邺县仓库里没有存粮，府库里没有余钱，兵库中没有兵器，府衙里也没有账目。有人多次向魏文侯数说西门豹的过失，魏文侯到邺县一看，果然和人们说的一样，十分生气。西门豹解释说：“这是将财物都积蓄在百姓家中，您若不信，我现在就去城上击鼓，兵器粮草可以立刻准备充足。”于是城上战鼓敲响。第一通鼓，百姓披上铠甲、拿起武器集合起来；第二通鼓，百姓们推着粮草车赶来了。文侯见状相信了西门豹，说：“让他们回去吧。”西门豹却说：“取得百姓的信任不是一天一时能够做到的，集合他们却欺骗他们，以后就不能取信于他们了。燕国常侵略魏国，现在百姓已经集结起来，我请求带着他们出征，收复被燕国侵占的土地。”随后他领军讨伐燕国，收复了失地才回来。

这一则故事被收录在《淮南子》中，是历史上关于藏粮于民、寓兵于农政策的早期记载。

niè

聂

zhèng

政

孝义双全

聂政

聂政奉母辞千金　市井仗义屠狗人

只身犯险报知遇　弟忠姐烈撼人心

辞谢千金

聂政是轵邑深井里人，因为杀了人，和母亲、姐姐一起躲到齐国，以屠狗为生。

韩国大臣严仲子和韩国相国侠累有嫌隙，严仲子害怕被杀，便逃走了。他听说聂政勇武，便登门拜访他。多次拜访后，他亲自捧着酒食侍奉聂政的母亲，喝到酣畅处，他拿出黄金百镒为聂政的母亲祝寿。聂政大吃一惊，坚决地辞谢了严仲子。严仲子再三送上黄金，聂政说："我做屠狗的生意可以奉养母亲，不能接受你的厚礼。"

严仲子因此避开其他人，对聂政说："我有仇人，在诸国游历寻访能帮我报仇的人，已经见过许多人。直到在齐国听说你重义气，因此奉上百金，作为奉养你母亲一些粗茶淡饭的资费，希望得以和你结交，并没有别的奢望。"聂政说道："我之所以放下身份和志向，做一个市井屠夫，就是为了奉养母亲。母亲尚在人世，我不敢冒风险，随意许诺为别人做事。"

严仲子再三推让，聂政最终没有接受他的馈赠，然而严仲子还是恭恭敬敬地行了宾主的礼节才离去。

刺杀侠累

很久以后，聂政的母亲去世了。安葬了母亲，为母亲服完丧后，聂政说："我只是市井中一个屠夫，严仲子却是诸侯的卿相，他不远千里来结交我，我却没做什么回报他。他为我送上百金用于奉养我的母亲，我虽然没有接受，但是明白他是深知我的人。他这么信任我，我怎么能无动于衷呢？之前我要孝敬母亲不能答应他的请求，如今母亲已经尽享天年，我可以为知己效力了。"于是他便赶去见严仲子，问清事由后，便准备前去刺杀侠累。严仲子打算给他多备些人手，聂政却担心人多容易泄密，如果侠累知道了，韩国上下都会与严仲子为仇，因此独身前行。

聂政拿着刀剑到达韩国，侠累正坐在府上，周围拿着兵器保护他的人很多。聂政径直走入府中，踏上台阶刺杀侠累，左右护卫大乱。聂政大声呼喊，杀了数十个人，然后毁去面容，剖腹而亡。

之后，韩国将聂政的尸体暴晒在街市上，重金悬赏，查问刺杀侠累的是什么人，可是很久都没人知道。

白虹贯日

聂政的姐姐聂荣听说侠累被刺杀、刺客身份不明的事后，便想到一定是弟弟为了报答严仲子而做的。她立刻赶到韩国的街市上，看到果然是弟弟的尸体。聂荣伏在尸体上大哭，说："这是轵邑深井里的聂政啊！"街上的行人都很奇怪："这个人刺杀国相，官府正在重金查问他的来历，你不知道吗，怎么敢来相认呢？"

聂荣说："我知道，但是弟弟之所以甘愿混迹在市井之间，就是因为母亲还在，我也没有出嫁。直到母亲已经寿终正寝，我也已经嫁人，弟弟才来报答严仲子的恩情。士为知己者死，弟弟只是因为怕连累我，才毁弃容貌，断绝线索，可是我怎么忍心因为畏惧杀身之祸就湮没弟弟的贤名呢？"说罢她哭喊数声，因为过于哀伤死在聂政的身旁。

聂政刺侠累的事迹流传许久，传说他行刺的时候，天上出现了白色长虹穿过太阳的异常天象。根据《史记》记载，荆轲刺秦王的时候也出现了白虹贯日。

扩展知识点

白虹贯日：一种大气光象。旧时人们认为人间有不平凡的事件发生时，就会出现"白虹贯日"的天象，常用来形容君主遇害、政局动荡等。出自《史记·鲁仲连邹阳列传》。

历史评价

原文

非独政能也，乃其姊亦烈女也。乡使政诚知其姊无濡忍之志，不重暴骸之难，必绝险千里以列其名，姊弟俱谬于韩市者，亦未必敢以身许严仲子也。严仲子亦可谓知人能得士矣！

——《史记·刺客列传》

译文

不仅是聂政贤能，他的姐姐也性情刚烈。如果聂政真正了解他的姐姐并不是柔弱忍让之人，不畏惧认领尸骨带来的杀身之祸，决绝地赶赴千里来显露他的名声，最后姐弟共同死在韩国的街市上，恐怕他也不敢用性命许诺严仲子。严仲子可以说是能够知人、得士了。

人物关系图

延伸阅读

我昔学诗未有得，残余未免从人乞。力孱气馁心自知，妄取虚名有惭色。

四十从戎驻南郑，酣宴军中夜连日。打球筑场一千步，阅马列厩三万匹。

华灯纵博声满楼，宝钗艳舞光照席。琵琶弦急冰雹乱，羯鼓手匀风雨疾。

诗家三昧忽见前，屈贾在眼元历历。天机云锦用在我，剪裁妙处非刀尺。

世间才杰固不乏，秋毫未合天地隔。放翁老死何足论，广陵散绝还堪惜。

——宋·陆游《九月一日夜读诗稿有感走笔作歌》

《广陵散》

聂政的故事被人们编成了琴曲，名为《聂政刺韩王曲》。后人推测，这首曲子就是著名的《广陵散》。

三国时期，嵇康以善弹《广陵散》著称。嵇康性情疏狂，他不满当时掌握政权的司马氏集团，被人构陷入狱。临刑前，他从容不迫，向人索来古琴，弹奏了这首曲子，并感慨：“《广陵散》于今绝矣！”

现在流传的《广陵散》来自中国现存刊印最早的琴曲集《神奇秘谱》。

兵家亚圣

吴起

wú qǐ
吴起

对坐论相拜贤臣　变法强楚展锋芒
爱兵如子拢人心　杀妻求将铁心肠

杀妻求将

吴起是卫国人，他善于用兵，曾经在曾申门下学习儒术，侍奉鲁国国君。齐国攻打鲁国的时候，鲁国准备起用吴起为将军，但吴起的妻子是齐国人，因此鲁国国君不信任他。吴起为了得到任用，便杀了自己的妻子，以表明自己与齐国没有关系。鲁国国君便让他做了将军。吴起带兵攻打齐国，大败齐军。

然而鲁国有人说吴起的坏话："吴起为人猜忌残忍，他年少时外出求官没有结果，还把家产耗尽了，同乡笑话他，他就把笑话自己的三十多个人杀了，然后逃出了卫国。和母亲诀别时，他咬着自己的胳膊发誓，不做到卿相绝不回来。随后他拜曾申为师，母亲死的时候都没有回去奔丧，曾申因此与他断绝了关系。吴起又到鲁国来学习兵法，侍奉国君。为了谋求将军之位，不惜杀掉自己的妻子。鲁国是小国，却有战胜国的名声，其他国家会因此图谋鲁国。况且鲁国和卫国是兄弟之国，国君重用吴起，相当于背弃了卫国。"鲁国国君听了这番话，便逐渐疏远了吴起。

扩展知识点

杀妻求将： 比喻人为追求功名而不惜伤天害理。

田文论相

吴起在鲁国得不到重用，便来到魏国，魏文侯封他为将军。吴起暴戾，却善于收买人心。他与士兵同吃同睡，同甘共苦。有士兵生了毒疮，吴起亲自替他吸吮脓液。士兵母亲听说后忍不住哭道："当年吴公亲自为我儿子的父亲吸脓液，他父亲为此奋不顾身，最终战死。现在吴公又为我儿子吸脓液，他也一定会战死的！"吴起屡立战功，魏武侯时被封为西河守，名声越来越大。

后来，田文做了魏国的国相，吴起很不高兴，他问田文："率领三军，使士兵死战，敌国不敢图谋，你跟我比谁更厉害？"田文说："我不如你。"吴起又问："管理百官，亲近万民，充实府库，你和我比怎样？"田文说："我不如你。"吴起再一次问："镇守西河，使秦兵不敢侵犯，韩国和赵国顺从，你和我比怎样？"田文说："我不如你。"

吴起便说："这三样你都不如我，为什么你的地位却在我之上呢？"田文反问："国君年轻，国家还不稳定，大臣不亲附，百姓不信任，这种时候，国事应该交给你还是交给我？"吴起沉默了很久才回答："应当交给你。"

变法强楚

田文死后，继任的公叔畏惧吴起，便设计使魏武侯不再信任吴起，吴起害怕获罪，便去了楚国。

楚悼王素来听说吴起才能卓著，便将吴起任命为国相。吴起在楚国实行变法，他明确法令，裁减无关紧要的官职，停止对疏远贵族的供养，节省资费用来养兵。他致力于加强军事，对在各诸侯国间游说合纵连横的人不留情面，最终平定了南方的百越，吞并了北方的陈国和蔡国，打退了韩国、赵国、魏国的军队，并向西面的秦国出兵。各诸侯国都害怕日益强盛的楚国，楚国失去供给的贵族也想谋害吴起。

楚悼王一死，王族大臣立刻发动叛乱，攻击吴起。吴起便跑到王宫伏在楚悼王的尸体上，因为国君的尸体是不允许损毁的。但叛乱的人还是用箭射杀了吴起，同时也射中了楚悼王尸体。安葬了楚悼王后，太子即位，下令把射杀吴起同时射中楚悼王尸体的人全部杀掉，因此被灭族的有七十多家。

扩展知识点

合纵连横： 战国时七雄之间在兼并战事中拉拢他国的外交和军事政策。六国形成南北纵线联合共同抵抗强秦称“合纵”，强秦自西向东与六国结交，目的让各诸侯国随从秦国进攻其他弱国，称“连横”。

历史评价

原文

语曰："能行之者未必能言，能言之者未必能行。"……吴起说武侯以形势不如德，然行之于楚，以刻暴少恩亡其躯。悲夫！

——《史记·孙子吴起列传》

译文

俗话说："能做的人未必能说，能说的人未必能做。"……吴起对魏武侯说，凭借地理形势的险要治国，不如对百姓施加恩德，然而他一到楚国，就施行苛刻严酷的法度，最终葬送了自己的性命。真是可悲啊！

人物关系图

延伸阅读

慈乌失其母，哑哑吐哀音。
昼夜不飞去，经年守故林。
夜夜夜半啼，闻者为沾襟。
声中如告诉，未尽反哺心。
百鸟岂无母，尔独哀怨深。
应是母慈重，使尔悲不任。
昔有吴起者，母殁丧不临。
嗟哉斯徒辈，其心不如禽。
慈乌复慈乌，鸟中之曾参。

——唐·白居易《慈乌夜啼》

《吴子兵法》

《吴子兵法》是吴起与魏文侯、魏武侯论兵的辑录，是中国古代著名兵书。《吴子兵法》总结了战国初期及其以前的战争经验，曾与《孙子兵法》齐名，并称“孙吴兵法”。宋代时，朝廷将《吴子兵法》与《孙子兵法》《司马兵法》《六韬》《尉缭子》《三略》《李卫公问对》编录为《武经七书》，这是中国第一部军事教科书。

《汉书》中著录的《吴子兵法》共四十八篇，但现在已经失传，现在流传的《吴子兵法》六篇是后人托作，分别为图国、料敌、治兵、论将、应变、励士。

医者之师
扁鹊

biǎn　què
扁鹊

桓侯讳疾不问病　针石在手死者生
木秀于林风必摧　神医未能救己身

起死回生

扁鹊姓秦，名越人，他游历各国行医，到虢国时，虢太子突然死去，国中四处举办驱邪的祭祀仪式，扁鹊便问喜好医学的中庶子，虢太子是怎么死的。中庶子说，太子是血气运行没有规律，正气不能压制邪气，突然昏倒死去的，死去还不足半天，没有入殓。扁鹊便说："我可以使太子活过来。不信你去诊视太子，会听到他的耳有响动，看到他的鼻翼翕动，顺着他的两腿摸到下身，那里应该还是温热的。"

中庶子惊讶得目瞪口呆，赶紧去报告国君。国君急忙出来接见扁鹊，请他务必救活太子。扁鹊仔细分析了太子的病症，说明他并没有真的死去，然后让自己的学生子阳磨砺针石，为太子施针。过了一会儿，太子醒了过来。扁鹊又命学生子豹准备药贴，为太子熨敷，太子能够坐起来了。扁鹊又让太子吃了二十天的汤药，太子的身体便恢复如初了。

天下人都因此认为扁鹊能够起死回生，但扁鹊说："并不是我能起死回生，他本来就活着，我只是使他恢复了生机罢了。"

讳疾忌医

经过齐国时，齐桓侯召请扁鹊。扁鹊见到齐桓侯，便说：“你身患小病，病在皮肤肌理，不治会继续深入。”齐桓侯说：“我没有病。”扁鹊离开以后，齐桓侯对身边的人说：“医生好名利，把没病的人说成有病，然后把治好人当成自己的功劳。”

过了五天，扁鹊又来见齐桓侯，他说：“你的病已经侵入血脉，不治恐怕会深入。”齐桓侯又说：“我没有病。”扁鹊离开后，齐桓侯很不高兴。

又过了五天，扁鹊再来，对齐桓侯说：“你的病已经进入肠胃间，不治会更深入。”这一次齐桓侯没有理他。

又过五天，扁鹊入宫，看到齐桓侯便跑走了。齐桓侯派人问他为什么跑，扁鹊说：“病在皮肉，用汤药能治好；病在血脉，用针石能治好；病在肠胃，用药酒可以治好；病在骨髓时，就是掌生死的神也没有办法。现在桓侯已经病入骨髓，所以我不再说什么。”

五天后，齐桓侯果然病重，他派人去请扁鹊，扁鹊已经逃走了。不久，齐桓侯便死了。

扩展知识点

讳疾忌医： 隐瞒病情，不愿医治。比喻怕人批评而掩饰自己的缺点和错误，不愿改正。

扁鹊遇刺

扁鹊对每一科的医术都很擅长，他每到一国，便根据当地的习俗改变自己行医的范围。他到邯郸时，听到当地人尊重妇女，就做医治妇科病的医生；经过洛阳时，知道周人孝敬老人，就做专治耳目病症、手足麻痹的医生；在咸阳听说秦国人爱护孩子，便做治疗儿童疾病的医生。

扁鹊的名声越来越大，秦武王也请扁鹊来治病。扁鹊准备为秦武王医治时，秦武王周围的人却说："大王的病在耳朵前面、眼睛下面，医治也不能使它断根，反而会使你的耳朵听不清、眼睛看不清。"秦武王把这番话告诉了扁鹊，扁鹊愤怒地把自己的针石扔到一边，斥责道："你和懂医术的人商量好了怎么治病，又听信那些不懂医术的人的话，干扰治疗。如果你治理国家也是这样，恐怕秦国早晚要亡国。"

扁鹊最终还是治好了秦武王。秦武王身边的太医令李醯自知医术不如扁鹊，便心生忌恨，暗中派人刺杀了扁鹊。扁鹊虽然死了，但是他至今都受到后人的推崇，中医里的脉学就源自扁鹊。

历史评价

原文

女无美恶，居宫见妒；士无贤不肖，入朝见疑。故扁鹊以其伎见殃，仓公乃匿迹自隐而当刑。缇萦通尺牍，父得以后宁。故老子曰“美好者不祥之器”，岂谓扁鹊等邪？若仓公者，可谓近之矣。

——《史记·扁鹊仓公列传》

译文

女子无论美丑，只要入宫就会被人嫉妒；男子无论贤能愚笨，只要出入朝堂就会被敌视。因此扁鹊因为他的医术被害；仓公自己隐居还是被判刑，多亏缇萦上书皇帝，才使父亲得到安宁。因此老子说：“美好的东西是不吉祥的。”说的不就是扁鹊和仓公这样的情况吗？

人物关系图

《难经》

扁鹊的传记和病案在《史记》和《战国策》中都有记载。在《汉书》中还记载有《扁鹊内经》和《外经》，可惜它们都失传了。现在保存下来的相传由扁鹊撰写的医书有《难经》。

《难经》原名《黄帝八十一难经》，全书一共有八十一章，以问答的形式解释了《黄帝内经》中关于脉法、经络、脏腑、疾病、腧穴、针法等方面的疑义，对脉法、针法等内容更有所发挥，总结了独取寸口、寸关尺及浮中沉三部九候的切脉方法，对脉学的发展有重要贡献，还明确提出了“奇经八脉”的概念。《难经》是研究中医的重要文献。

扩展知识点

不种青山药满林，那知国手葬汤阴。
一坏尚起膏肓疾，九死难医嫉妒心。
玉札丹砂环马鬣，湿风寒雨病春禽。
齐王莫怪仙机早，从古升平忧患深。

——清·袁枚《扁鹊墓（壬申）》

稷下元老 淳于髡

chún yú kūn
淳于髡

仰天大笑劝君王　求援赵国退楚将
乐极便会生悲切　经权之辩论国殇

仰天大笑

淳于髡是齐国的一个入赘女婿，身高不足七尺，为人滑稽善辩，数次出使诸侯国，从来没有受过屈辱，他常常用隐语来劝谏齐威王。

齐威王八年（公元前349年）时，楚国大举来犯，齐威王便派淳于髡去赵国请救兵，给他准备了黄金百斤，四匹马拉的车十辆做礼物。淳于髡仰天大笑，笑得帽子上的系带都断了。齐威王问：“先生是嫌礼物少吗？”淳于髡说：“我怎么敢呢？”齐威王便问他为什么笑。淳于髡说：“我今天从东边来，看到道路旁有人祭祀掌管农田的神仙，拿着一个猪蹄、一罐酒，祈祷说，希望能五谷丰登，收获的粮食车辆载不动、谷仓装不下。我看他准备的祭品很少，许下的愿望却很大，因此才大笑。”齐王听了后，又给淳于髡准备了黄金千镒、白璧十对、驷马车百辆。淳于髡拿着这些礼物前去赵国求救，赵王便派给他精兵十万、战车千辆，楚国听说后，连夜退了兵。

乐极生悲

楚国退兵后，齐威王十分高兴，在后宫设酒宴赏赐淳于髡。宴上威王问淳于髡酒量如何，淳于髡答道：“我喝一斗就会醉，也能喝一石才醉。”齐威王便问：“你喝一斗就醉了，怎么还能喝一石呢？”淳于髡说：“大王当面赐酒，执法官吏就在身边，我害怕地伏低身子喝，不到一斗就醉了。若是父母的贵客来，我在旁奉酒，不到两斗就醉。若是旧友重逢，互诉衷肠，能喝五六斗。男女都有、无拘无束的聚会上我能喝八斗。如果喝得杯盘杂乱，主人再单独留下我，有美人作陪，那我就能开心地喝上一石。所以说，酒喝多了会生出乱事，快乐到极点就会发生悲痛的事。”淳于髡借此劝谏齐威王做事不能做到极端，事情发展到极点就会开始衰败。

齐威王此后便不再彻夜宴饮，并任命淳于髡为接待诸侯的礼官。齐王宗室宴饮时，淳于髡常常陪在旁边。

刁难孟子

淳于髡与孟子也曾有过交锋。

儒家重视礼制，强调伦理纲常。淳于髡便问孟子：“男女之间不能直接接触，这是礼吗？”

孟子回答：“是礼。”

淳于髡又问：“如果嫂子掉进水里，小叔子可以用手把她拉出来吗？”

孟子说：“嫂子掉进水里而不施以援手，简直是豺狼！男女授受不亲，这是礼；嫂子掉进水里，小叔子用手去拉，这是权变。”

淳于髡因此问道：“现在天下都已经掉进水里了，夫子却不伸出援手，又是为什么呢？”

孟子说：“天下将倾，要用道来救；嫂子掉进水里，可以用手来救。难道你要用手来救天下吗？”

淳于髡借用“嫂溺能否援之于手”，诘问孟子为什么不出来匡扶天下，孟子则用“礼”和“权”之间的变通，以及救天下要用“道”而不是“手”巧妙地回答了淳于髡。

这是中国传统思想中一段关于经权之辩的重要对话。

扩展知识点

经权：“经”指事物不易之常道，“权”指事物的变动性。在宋明理学中，有“经者，道之常也；权者，道之变也”的说法，伦理纲常万古永存，但在特殊情况下可以作灵活的应变。

历史评价

原文

太史公曰："天道恢恢，岂不大哉！谈言微中，亦可以解纷。"

——《史记·滑稽列传》

译文

太史公说："世上的道理无所不包，难道不伟大吗？在谈笑间切中事理，也可以解决纷争。

人物关系图

齐威王田因齐（君主）

淳于髡

延伸阅读

苍苍谷中树，冬夏常如兹。
年年见霜雪，谁谓不知时。
厌闻世上语，结友到临淄。
稷下多谈士，指彼决吾疑。
装束既有日，已与家人辞。
行行停出门，还坐更自思。
不怨道里长，但畏人我欺。
万一不合意，永为世笑嗤。
伊怀难具道，为君作此诗。

——魏晋·陶渊明《拟古九首·其六》

稷下学宫

淳于髡还曾被齐威王任命为稷下学宫的大夫。稷下在齐国都城临淄稷门附近，齐桓公、齐威王在这里招揽学者，齐宣王在这里扩置学宫，招揽贤士数千人，在这里讲学议论。稷下学宫中聚集了淳于髡、邹衍、田骈、荀况等著名人物，汇集了道、法、儒、名、兵、农、阴阳等百家之学。一时之间，百家争鸣，各家在天道观、名实关系、社会伦理、政治主张等问题上各抒己见，各种思想激烈碰撞，极大地促进了当时的学术繁荣。稷下学宫成为当时的学术中心，并逐渐形成一个黄老思想占主导地位的学派，后人称为“稷下学”。

作法自毙

商鞅

shāng
商
yāng
鞅

商鞅进谏严法度　徒木立信民心服
新法有利亦有弊　苦果自食夷九族

商鞅变法

商鞅是卫国国君姬妾生的公子，被称为卫鞅，年轻时便喜好法家刑名之术。他侍奉魏国相国公叔痤，公叔痤向魏惠王推荐卫鞅，魏惠王并没有任用卫鞅。公叔痤死后，卫鞅听说秦孝公在求贤能之士，便前往秦国求见秦孝公。卫鞅先后三次向秦孝公讲解尧舜治国、三王治国、五霸用武力治国的方法，只有在讲解五霸治国时秦孝公才感兴趣。随后，卫鞅又对秦孝公分析开疆拓土的办法，秦孝公十分高兴，便重用卫鞅。

秦孝公任用卫鞅变法，又怕天下人反对自己，卫鞅便说："超于凡俗的人本来就会被世人议论。不能和百姓一起谋划开拓新事物，只能和他们一起享受成果。只要有利于民，不必墨守成规。"这番话正合秦孝公心意，于是卫鞅被任命为左庶长，制定了变法的命令。

新法中规定，将十家编成一什，五家编成一伍，互相监视检举，一家犯法，十家连带有罪；对有罪的人，不告发的处以腰斩，告发的人进行赏赐，藏匿罪人的被视为投敌遭受惩罚。此外，还有发展生产、鼓励军功、明确爵位等级的措施颁布。

徙木立信

新法制定好还没公布时，卫鞅担心不能取得百姓的信任，便在市场南门立了一根三丈长的木头，宣布如果有人能把木头搬到北门，就给他十金。百姓都觉得奇怪，没有敢试的。于是卫鞅又宣布："把木头搬到北门的人给他五十金。"终于有人上前，把木头从南门搬到了北门，于是卫鞅便给了他五十金，以此表明令出必行，绝不欺瞒。随后，新法便开始施行。

新法推行了一整年，秦国百姓到国都中述说新法不便的有数千人。恰好这时太子触犯了新法。卫鞅说："新法得不到推行，是因为上层都在触犯。"便要依法向太子治罪。但太子是国君继承人，不能受刑，于是便令太子的老师公子虔和公孙贾代受惩罚。自此，秦国百姓全都按照新法行事。

新法推行十年后，秦国变得富足，道不拾遗，山中没有盗贼，士兵骁勇善战，私下里却很少有争斗。最初抱怨新法不方便的人，有些又来夸赞新法便利。卫鞅说："这些都是扰乱教化的人。"把他们全都迁移到了边城。此后百姓再也不敢议论法令了。

扩展知识点

道不拾遗：路上有丢失的东西，都没有人拾取。形容民风淳厚、社会风气好。

自断退路

新法行之有效，秦国越来越强大，秦国国都也从雍地迁到咸阳。后来，卫鞅趁着齐国攻打魏国，设计俘虏了魏国公子卬，打败魏军，魏国不得已割让河西地区给秦国。卫鞅得胜回来，秦孝公把於、商十五个邑封给他，封号为商君，人们又把卫鞅称为商鞅。

商鞅做了十年秦相国，得罪了很多贵族宗亲。秦孝公死后，太子即位，被商鞅刑罚过的公子虔等人告发商鞅要谋反，派人抓捕商鞅。商鞅逃到了边境，想要在旅店投宿，旅店主人不知道他就是商鞅，说："商君的法令规定，住店的人如果没有身份凭证，店主和住店的人同罪。"不让他住下。商鞅长叹道："新法的弊病竟然严重到了这种地步。"

商鞅逃到魏国，魏国人怨恨他欺骗公子卬从而打败魏军，不愿意收留他。商鞅准备再到其他国家去，魏国人说："商鞅是秦国的逃犯，秦国强大，魏国不把它的逃犯送回去不行。"于是把商鞅送回了秦国。

商鞅回到秦国后，逃到了自己的封地，带领封地中的士兵攻打郑国以求生路。秦国发兵攻打商鞅，把他杀死在郑国，商君全家被诛。

历史评价

原文

商君，其天资刻薄人也。迹其欲干孝公以帝王术，挟持浮说，非其质矣。且所因由嬖臣，及得用，刑公子虔，欺魏将卬，不师赵良之言，亦足发明商君之少恩矣。

——《史记·商君列传》

译文

商鞅天性残忍，他当初用帝王之道游说秦孝公，凭借的是虚浮的言辞，并不是他本身的才干。而且他借由国君宠臣的推荐见到秦孝公，得到任用后就惩罚公子虔、欺骗魏国公子卬，不听从赵良的规劝，也足以说明他残忍少恩了。

人物关系图

延伸阅读

野冬修竹欲连天，苦费西邻买笋钱。此是商鞅垦土令，不同凿空误开边。

——清·龚自珍《己亥杂诗·其一九九》

《垦草令》

商鞅得到秦孝公任用，准备实施变法后，拟定的第一部法令就是《垦草令》。

垦草的意思是开垦荒地，《垦草令》的主要目的就是鼓励农业生产。法令中规定，官吏当天的政务必须当天解决，这样就没有时间到百姓中谋利，百姓会有更多的时间耕田；按照粮食产量计算田赋，鼓励百姓耕种；加重贵族、士大夫等不从事农业生产的人的赋税；不准买卖粮食；打压享乐行为，抬高奢侈品的价格，抑制商业发展等。

《垦草令》收录在商鞅及其后学编著的《商君书》中。资料记载，《商君书》共二十九篇，现存二十四篇，书中叙述了商鞅的变法主张，提出信赏必罚、保护土地私有、统治权力集中于君主一人的说法，是战国时期法家思想的代表作品之一。

sūn bìn

孙膑

兵学计圣
孙膑

同门相残受膑刑　运筹帷幄救赵兵
黑夜之间火光起　计杀庞涓无旧情

惨遭毒手

孙膑是孙武的后代，他曾和庞涓一起学习兵法。后来，庞涓成为魏惠王的将军，他知道自己的才能比不上孙膑，便悄悄派人把孙膑请来。孙膑到了魏国后，庞涓害怕他比自己能干，会得到重用，就设法陷害他，对他施加膑刑，挖去了他的膝盖骨，想让他被埋没在世间，不为人知。

后来，齐国的使者来到魏国国都大梁，孙膑以刑徒的身份去见使者，游说使者。使者认为他是个不一般的人，就秘密地把他带到了齐国。齐国将军田忌恭敬地把他当作客人留了下来。

田忌经常和齐国的诸位公子设重金赛马。马按照优劣分为上、中、下三等，孙膑看到每个等级的马脚力都差不多，便对田忌说：“你尽管投下重金，我保证让你取胜。”田忌便与诸位公子设下千金为赌注。赛马当天，他按照孙膑的办法，用自己的下等马和别人的上等马比赛、自己的上等马和别人的中等马比赛、自己的中等马和别人的下等马比赛，结果三次比赛胜了两次，赢得了千金。于是，田忌便将孙膑推荐给齐威王，齐威王向孙膑请教了兵法后，把他当作老师看待。

围魏救赵

后来，魏国攻打赵国，赵国向齐国求救。齐威王准备任命孙膑为将军，孙膑推辞说："我是受过刑罚的人，不能做将军。"于是齐威王便任命田忌为主将，孙膑做军师，坐在有帷帐的车中，为行军出谋划策。

田忌起初想要带兵赶往赵国，孙膑说："解开缠成一团的乱丝不能用手生拉硬拽，想解救斗殴的人不能卷进打斗中。抓住争斗的要害，攻击虚弱的地方，争斗因为形势所迫自然就解开了。现在魏国和赵国处在战争中，精锐部队一定都在外作战，只有老弱部队守在国内，你不如率领军队快速奔袭魏国都城大梁，占据那里的交通要道，冲击那里兵力空虚的地方，魏军一定会放弃攻打赵国，赶回去救援国都。"田忌听从了孙膑的计谋，魏军果然离开了赵国的邯郸，赶回魏国，在途中与齐军在桂陵交战，魏军大败。

扩展知识点

围魏救赵：后指攻击敌人后方而迫使其撤回兵力的作战方法。出自《史记·孙子吴起列传》。

计杀庞涓

十三年后，魏国和赵国一起攻打韩国，韩国向齐国求救。齐国派遣田忌带兵前去，直接进攻大梁。魏将庞涓听到消息后，从韩国赶回魏国，齐军已经往西边去了。孙膑对田忌说：“齐军有怯懦的名声，那些魏军素来勇猛，轻视齐军。善于作战的人懂得利用形势加以引导。命令士兵深入魏国境内时，第一天在营地留下十万个灶台，行军第二天在营地留下五万个灶台，第三天只留下三万个灶台。”庞涓追击齐军，发现齐军营地中的灶台越来越少，便高兴地说：“我就知道齐军懦弱，进入魏国三天，士兵已经逃走大半了。”于是他丢下步兵，只带着精锐轻装骑兵日夜兼程追击齐军。

孙膑估算庞涓天黑时可以赶到马陵，马陵道路狭窄多险阻，可以设埋伏。于是他令人把一棵树的树皮剥下来，在树干上写“庞涓死于此树之下”。又安排一万名齐军中擅长射箭的人埋伏在道路两旁，约好天黑后见到火光就万箭齐发。晚上，庞涓果然赶到树下，他看到白色树干上写着字，看不清就点火照明，还没读完，齐军就万箭齐发，魏军大乱。庞涓知道一定会被打败，于是拔剑自刎。

齐军乘胜追击，大败魏军，俘虏魏太子申。孙膑因而扬名天下，后世传有他写的兵书。

历史评价

原文

语曰："能行之者未必能言，能言之者未必能行。"孙子筹策庞涓明矣，然不能蚤救患于被刑。

——《史记·孙子吴起列传》

译文

俗话说："能做的人未必能说，能说的人未必能做。"孙膑算计庞涓的计策十分高明，然而当初不能预先避免自己受刑。

人物关系图

延伸阅读

孙膑伏兵称有法，庞涓钻火一何愚。
兵家诡诈尽如此，利害今人自不殊。
——宋·邵雍《孙庞二将》

《孙膑兵法》

孙膑的祖先孙武是兵家的奠基人，留下了著名的《孙子兵法》。孙膑也是兵家代表人物，主导了桂陵之战、马陵之战等以弱胜强、以寡敌众的战役。孙膑的思想被著录在《孙膑兵法》中，也称为《齐孙子》。

《孙膑兵法》原有八十九篇，后来失传了。直到1972年，在山东临沂的银雀山汉墓中出土了孙膑论兵竹简，人们将它整理、编纂为《孙膑兵法》十六篇。这本书中总结了战国中期及以前的战争经验，论述了“战胜而强立”“富国”“强兵”“必攻不守”等原则，认为要按照客观规律来指导战争取胜，具有重要的学术和思想价值。特别是孙膑提出的“围魏救赵”，已经成为军事史上的著名战法。

六国丞相

苏秦

sū qín

苏秦

师从鬼谷纵横士　夜半苦读刺股时

六国相印佩身侧　前倨后恭未可知

悬梁刺股

苏秦是东周洛阳人，曾在鬼谷子门下学习。他外出游历多年，却没有得到重用，穷困潦倒地回到家中。兄弟姐妹和嫂嫂、妻妾都笑话他："周人习惯经商赚钱，现在你丢掉本行，从事搬弄口舌的行当，陷入困境不是理所应当吗？"苏秦听后很惭愧，便闭门不出，把自己的所有藏书看了一遍，说："读书人遍览群书，却不能借此取得地位财富，读再多书又有什么用呢？"

他终于找到了一本《太公阴符》，昼夜研读，当读得昏昏欲睡时，就用锥子刺自己的大腿，让自己清醒过来。研读了一整年，苏秦认为自己可以游说当代的君主了，于是去求见周显王。可是周显王周围的人知道苏秦以前的为人，瞧不起他，于是周显王也并不相信苏秦。

苏秦又前往秦国、赵国，都没有被重用，直到他去燕国游说，才得到燕文侯的赏识。

扩展知识点

悬梁刺股： 形容刻苦读书。"刺股"的典故来自苏秦，"悬梁"的典故来自孙敬。孙敬是汉代纵横家，好学，昼夜不息读书，为了防止读书时睡着，他把自己的头发用绳子系住，悬挂在房梁上，打瞌睡时头发被扯痛，他便能醒过来了。

合纵六国

苏秦对燕文侯说，燕国物阜民安却不被秦国侵略，是因为南边相邻的赵国做屏障，只有和赵国交好，才能维持燕国的平安。燕文侯被说动，给苏秦备下厚礼，请他去赵国说和。

到了赵国，苏秦对赵肃侯强调邦交的重要性，分析天下的形势，使赵肃侯相信，若诸侯之间交战，秦国一定会趁机吞并赵国，只有韩、魏、齐、楚、燕、赵六国合一，共同对付秦国，赵国才能长久维持下去，开展霸业。赵肃侯也给苏秦准备了丰厚的财帛、车马，请他去游说各诸侯国联盟。

苏秦前往韩国、魏国、齐国、楚国，他能言善辩，结合各国的形势分析利弊，终于促使六国结盟，相互约定如果秦国攻打六国中的任一国，其他五国要相互回护；六国中有背弃盟约的，其他五国可以共同讨伐。

苏秦成为合纵联盟的盟长，佩六国相印，担任六国的国相。

前倨后恭

苏秦促成六国联盟后，要回赵国复命。途中经过洛阳，苏秦的随行车辆上装满财货，诸侯派来护送他的使者很多，气派比得上一国之君。周显王也命人为他清理道路，派使者在郊外慰劳他。苏秦的兄弟、妻子、嫂嫂都不敢正眼看他，伏在地上侍奉他吃饭。苏秦笑着问嫂嫂："你之前那么傲慢，为什么今天对我这么恭敬？"嫂嫂匍匐到苏秦面前，脸贴着地请罪："因为你地位高、钱财多。"苏秦长叹道："同样一个人，富贵的时候亲戚就敬畏，贫穷的时候亲戚就轻视，何况其他人呢！假如我当时在洛阳近郊有两亩良田谋生，哪还有今天身佩六国相印的时候？"于是他把千金都散给了亲族朋友。

当初苏秦到燕国去，曾向人借了一百钱，富贵后就还了那人一百金。苏秦报答了所有对他有恩德的人，只有一个随从没有得到报答，于是随从前去讨要。苏秦说："我并不是忘记你了，只是你随我去燕国的时候，在易水三番两次想离开我。我那时身处困境，因此很怨你，把你放在最后。现在，你也能拿到报偿了。"

扩展知识点

前倨后恭：先傲慢而后恭敬。形容人势利。

历史评价

原文

苏秦兄弟三人，皆游说诸侯以显名，其术长于权变。而苏秦被反间以死，天下共笑之，讳学其术。然世言苏秦多异，异时事有类之者皆附之苏秦。夫苏秦起闾阎，连六国从亲，此其智有过人者。吾故列其行事，次其时序，毋令独蒙恶声焉。

——《史记·苏秦列传》

译文

苏秦兄弟三人都凭借游说诸侯而名扬天下，他们的学说擅长权谋变化。但是苏秦因为反间活动而死，天下人都耻笑他，忌讳学习他的学说。然而社会上流传的关于苏秦的事差异很大，不同时期的事有相似的都附会到苏秦身上。苏秦是平民出身，却能促使六国合纵相亲，这说明他的智谋超过一般人。所以我写下他的经历，按时间顺序讲述，不让他只蒙受坏名声。

人物关系图

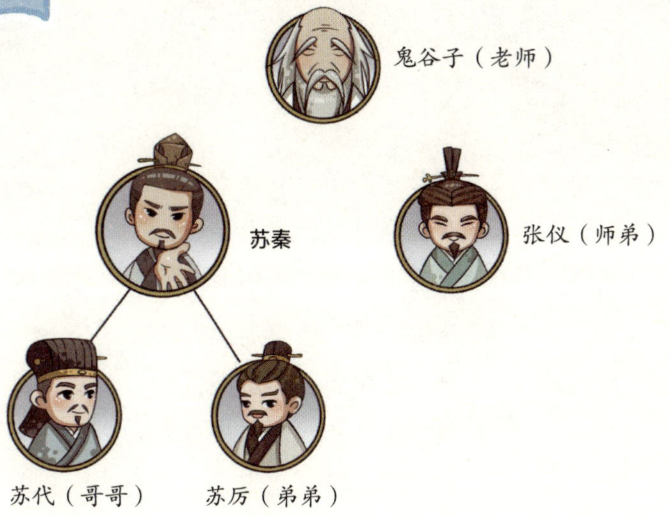

鬼谷子

鬼谷子是战国时期楚国人，因为在鬼谷隐居，因此号为鬼谷子。鬼谷子擅长养性持身、纵横捭阖之术，纵横家苏秦、张仪都曾经在他的门下学习。

关于鬼谷子的历史记载很少，甚至连他的姓名都没有确切的记载。曾有《鬼谷子》一书，记载历史上纵横家的活动和纵横捭阖之术，但这本书只是后人托名鬼谷子而作，流传下来的共有三卷，内容以战国时期的阴谋、权术和纵横家游说、讽谏的经验与技巧为主，对游说从理论和实践两个方面进行了系统的总结。

扩展知识点

吾爱鬼谷子，青溪无垢氛。
囊括经世道，遗身在白云。
七雄方龙斗，天下久无君。
浮荣不足贵，遵养晦时文。
舒可弥宇宙，卷之不盈分。
岂徒山木寿，空与麋鹿群。
——唐·陈子昂《感遇诗三十八首·其十一》

南华真人

庄子

zhuāng zǐ

庄子

非鱼安之鱼之忧　千岁神龟泥中游

道法自然生万物　周梦蝶兮蝶梦周

庄周梦蝶

庄子名周，是宋国蒙人，曾经做过蒙地方看管漆园的小官。他学识渊博，涉猎很广，但主要思想来源于老子的道家学说。庄子家贫，曾经穷到向人借粮，但依然拒绝了楚威王的礼聘。庄子写下了数万字的作品《庄子》，大多是用寓言的形式寄寓思想，行文浪漫，汪洋恣肆，许多有关他的故事都记述在这本书中。

庄子曾经做梦梦到自己变成了蝴蝶，蝴蝶翩然飞舞，悠然自得，浑然不记得自己是庄子变化的。过了一会儿，庄子醒了过来，忽然意识到自己是庄周，而梦境还十分清晰地留在他的脑中。庄子一时之间分不清楚，到底是自己做梦变成了蝴蝶，还是蝴蝶做梦变成了庄周，自己正身处蝴蝶的梦境中？

庄子因而感慨道，他和蝴蝶一定是不一样的，但哪个是真实的、哪个是虚幻的，又有谁能分得清呢？

扩展知识点

庄周梦蝶：形容人生变化无常。后世也用“梦蝶”指代梦幻之意。

濠梁之辩

庄子和精通辩论的惠子是朋友，他们到濠水的一座桥上游玩。庄子看着水中的鱼说："鱼儿悠然自得地游水，真快乐呀。"惠子说："你又不是鱼，你怎么知道鱼快不快乐呢？"庄子就说："你又不是我，你怎么知道我不知道鱼的快乐呢？"惠子回答："我不是你，本来就不知道你；你本来就不是鱼，所以不知道鱼是不是快乐。这个逻辑很完备。"庄子又说："让我们回到最开始的话题。你问我是怎么知道鱼快不快乐的，这就是说，你已经知晓我是知道鱼的快乐的，因此才会问我。现在我告诉你，我是在濠水边上知道的。"

扩展知识点

惠子名为惠施，是战国时名家的代表人物。名家着重讨论"名""实"的关系问题，重视逻辑，留下了"合同异""离坚白""白马非马"等惊人之语。

庄子和惠子既是朋友又是对手，他们之间发生过许多次逻辑辩论，濠梁之辩是其中一次，留下了"子非鱼，安知鱼之乐"的典故，后来人们用这句话来形容不要主观臆断，随意揣测别人的想法。

濮水垂钓

庄子曾经在濮水钓鱼，楚王派了两位大夫带着厚礼前去，请庄子做官。大夫对庄子说："大王希望能把国内的所有事务都托付给你。"

庄子拿着鱼竿，头都不回地说："我听说楚国有神龟，死的时候已经有三千岁了，大王用锦缎把它包裹好，放在竹匣里面，再恭敬地藏在宗庙的堂上。这只神龟是愿意死去留下骸骨被尊贵地供奉着，还是愿意活着在泥巴里拖着尾巴爬行呢？"

两位大夫说："愿意活着在泥巴里拖着尾巴爬行。"

庄子说："你们回去吧，我也是这样，宁愿拖着尾巴在泥巴里活着。"

庄子知道，为楚王做事虽然可以得到高官厚禄，却会劳累身心，一旦不慎还会招来杀身之祸，所以他拒绝了楚王，宁愿自在地做一个平民。

扩展知识点

曳尾涂中：拖着尾巴在污泥中爬行，表示摒弃富贵，甘愿过隐逸自在的平民生活。

历史评价

原文

庄子散道德，放论，要亦归之自然。

——《史记·老子韩非列传》

译文

庄子推演道德，纵意推论，其学说的要点也是归于自然无为的道理。

人物关系图

惠子（好友、辩友）

庄周

蔺且（学生）

《庄子》

庄子的主要思想都集中在《庄子》一书中。根据汉书记载，《庄子》一书原有五十二篇，后来经过郭象删减、作注，共流传下来三十三篇，其中内篇七篇被认为是庄子本人写作，外篇和杂篇被认为是道家其他人写作。

《庄子》中的故事大多是寓言，用丰富的想象力和诙谐的故事讲述庄子对“道”的思索，无论是神话传说还是当时的市井故事、朝堂之争都被包罗在书中。其中的《齐物论》和《逍遥游》，是《庄子》一书中最精彩的两篇，其思想水平和文采都达到了极高的水平，对后世影响极大。

唐代天宝年间，庄子被诏封为南华真人，因此《庄子》一书也被称为《南华经》，是道家的经典作品。

庄周梦蝶、濠梁之辩、濮水垂钓的故事都出自《庄子》。

扩展知识点

锦瑟无端五十弦，一弦一柱思华年。
庄生晓梦迷蝴蝶，望帝春心托杜鹃。
沧海月明珠有泪，蓝田日暖玉生烟。
此情可待成追忆，只是当时已惘然。

——唐 · 李商隐《锦瑟》

亚圣 孟子

mèng zǐ

孟子

举家三迁择邻处　民贵君轻以德服

七篇贻矩传家庙　孟母断织劝读书

孟母三迁

孟子名轲，是战国时邹国人。他很小的时候父亲就去世了，母亲靠织布维持生活。孟子家最初住在邻近坟地的地方，经常有送葬队伍经过，孟子就模仿着人们送葬时的样子，和周围的孩子玩送葬的游戏。孟母看到后说：“这不是适合居住的地方。”于是她将家搬到了市场旁边，离开了这里。结果孟子又开始模仿街市上人们做买卖的样子嬉戏。孟母又说：“这里也不是适合居住的地方。”于是她又将家搬到了靠近学宫的地方。这一次，孟子模仿着学宫里的人祭祀时的样子，进退揖让，学习礼仪。孟母看到以后说：“这才是适合我儿子居住的地方。”于是在这里定居下来。

孟子慢慢长大，便开始学习儒家的六艺，最终成为一代大儒，被尊称为“亚圣”。

扩展知识点

六艺：也称为“六经”，是六部儒家经典，分别为《诗》《书》《礼》《易》《春秋》《乐》。另外，六艺也指西周贵族学校中教授的内容，即礼、乐、射、御、书、数六项技能。

一曝十寒

孟子继承和发展了孔子的学说，他主张以德服人，提出“民贵君轻”的说法。他的思想以“道性善”为中心，认为人性生来都是善的，都具有仁、义、礼、智等道德意识，这是人和动物的本质区别。

在他和弟子著作的《孟子》一书中，孟子提到：即使是天下最容易生长的植物，如果晒它一天，再冻它十天，也没有能够活下来的。我与齐王见的次数也太少了，我一离开大王，那些影响齐王的人就接近他，即使齐王萌生了一点善良之心，也被那些人“冻”死了，我又有什么办法呢？就像下棋只是一门很小的技艺，但如果不能专心致志地学习，也不能掌握。弈秋是全国皆知的下棋高手，假如让弈秋指导两个人下棋，其中一个人专心致志，只听弈秋的话，另一个人听着弈秋的话，心里却总想着天鹅要飞来了，筹划着怎么搭弓射箭把天鹅射下来。两个人虽然一起学习，但是第二个人无论如何也比不上专心致志的那个人。这是因为他的智力比不上那个人吗？显然不是的。

扩展知识点

一曝十寒：比喻做事没有恒心，不够努力，荒废时间。

断织喻学

孟子在书中告诫人们学习要专心致志、持之以恒，但他在求学过程中也曾半途而废。

孟子上学以后，有一天从学校回来，孟母正在织布，见到孟子回来就问道："学习怎么样了？"孟子回答："和以前一样。"孟母看到他漫不经心的样子，就把正在织的布用剪刀剪断了。孟子很害怕，问母亲为什么要这么做。孟母说："你荒废学业，就像我剪断这匹布一样。君子通过学习来树立名声，多问则知识越发广博，所以平时能够生活安宁，做事时也免于祸患。你现在学习半途而废，以后难免劳苦。这么做和织布织到一半就剪断有什么区别呢？做事半途而废，怎么能保证自己的家人长期衣食无忧呢？女子荒废生产持家，男子放松道德上的修养，最后不是做盗贼就是服劳役了。"孟子如梦初醒，自此从早到晚勤奋学习，拜孔子的孙子子思为老师，最终成了名儒。

扩展知识点

与孟母断织相似，乐羊子的妻子也曾剪断正在织的布，劝诫丈夫勤学。后来，人们就用"断织"作为母亲督促孩子勤学或妻子劝诫丈夫勤学的典故。

历史评价

原文

余读孟子书，至梁惠王问“何以利吾国”，未尝不废书而叹也。曰：嗟乎，利诚乱之始也！夫子罕言利者，常防其原也。故曰“放于利而行，多怨”。自天子至于庶人，好利之弊何以异哉！

——《史记·孟子荀卿列传》

译文

我读《孟子》，每次读到梁惠王问“怎样对我的国家有利”时，没有不放下书感叹的。说：“唉，利的确是一切动乱的开端啊！孔子极少讲关于利的事，就是防范这个祸乱的根源。所以他说“依据个人利益行事，常常会招致怨恨”。从国君到百姓，追逐利益的弊病哪有什么不一样！

人物关系图

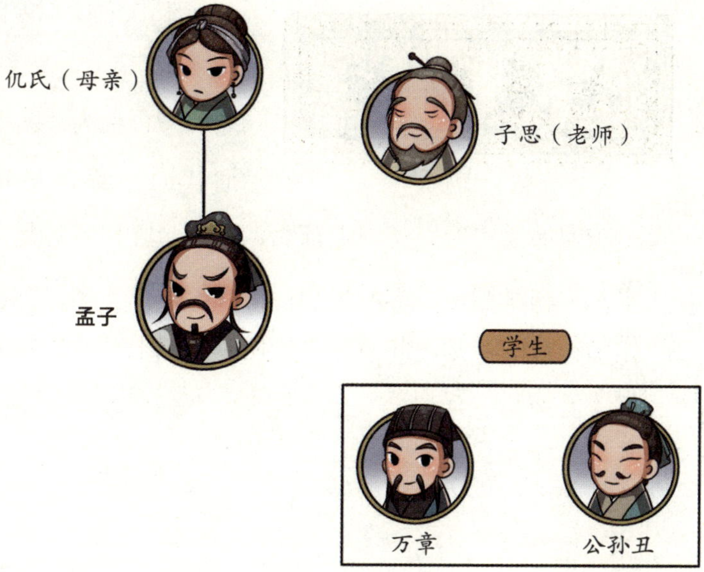

延伸阅读

居天下之广居，立天下之正位，行天下之大道。得志，与民由之；不得志，独行其道。富贵不能淫，贫贱不能移，威武不能屈，此之谓大丈夫。

——战国·孟子及其弟子《孟子·滕文公下》

七篇贻矩

孟子的言行主要收录在《孟子》一书中。根据《汉书》的记载，《孟子》一共有十一篇，流传到现在的只有七篇，分别是《梁惠王》《公孙丑》《滕文公》《离娄》《万章》《告子》《尽心》，书中记载了孟子和他的弟子的政治、教育、哲学、伦理等思想观点和政治活动。

宋代时，《孟子》和《论语》《大学》《中庸》被合称为“四书”。清代时，雍正皇帝为山东邹城孟府题写了“七篇贻矩”的金匾，意思是《孟子》七篇是赠给孟家的规矩，以此来告诫孟家后代以此作为言行的准则。此后，人们便会用“七篇贻矩”来指代《孟子》。

一言止兵

张仪

zhāng yí

张仪

无故受笞绝不屈　口舌尚在便无虞

割地六里不上朝　巧舌如簧乱楚齐

张仪受笞

张仪是魏国人，起初他和苏秦一起在鬼谷子门下学习，苏秦自认为不如张仪。

张仪学成后去游说诸侯。他陪着楚国国相饮酒，席间楚相丢失了一块玉璧，门客怀疑是张仪，说："张仪很穷，一定是他偷走了玉璧。"于是他们把张仪抓住，鞭打了数百下，但张仪始终不承认偷了玉璧，门客只好放了他。张仪的妻子说："唉，你不读书游说，哪会受到这样的屈辱？"张仪对妻子说："你看我的舌头还在吗？"妻子笑道："舌头当然在。"张仪说："这就够了。"

当时，苏秦说服了赵王同意合纵之约，但苏秦害怕秦国攻打各国，破坏合约，便使人暗中对张仪说："为什么不去找你的朋友苏秦呢？"张仪就到赵国求见苏秦。苏秦告诉门人不给张仪通报，又让他不能离开。过了好几天，苏秦才见张仪，让他坐在堂下，用仆从的食物招待他，还屡次责备道："你这么穷困，是因为才能不足罢了。"说完就让他走了。

张仪本以为会求得好处，结果被侮辱了一番，他愤怒地想到诸侯中只有秦国能制约赵国，便去了秦国。

受命秦相

张仪走后，苏秦对亲信说："我的才能不如张仪，现在有幸先被任用，然而能掌握秦国权力的只有张仪。只是他很穷，没有进身的资费，我担心他满足于小的利益而不能成就大业，因此羞辱他一番，激发他的意气。你悄悄地去帮他。"于是亲信带着财物暗中跟随张仪，和他住在同一家店，故意接近他，供给钱财任他使用。张仪因此能够见到秦惠文王，得到任用，从而共同谋划攻打各诸侯国。

亲信便告辞离开，张仪说："我依靠你才得到任用，正准备报答你，你为何要离开呢？"亲信这才告诉张仪，真正了解他、帮助他的是苏秦，苏秦担心秦国会攻打赵国，破坏合纵联盟，因此才激发张仪来掌控秦国的大权。张仪感叹道："这些计谋我都学过，却不能察觉，我没有苏秦高明！况且我刚刚被任用，怎么能图谋攻打赵国呢？请告诉苏先生，他在的时候，我不会图谋赵国。"

张仪成为秦相后，便写信给楚相说："当初我没有盗取玉璧，你却鞭打我，现在你好好守着楚国，我要去取你的城池了。"

张仪欺楚

秦国想攻打齐国，然而齐、楚两国是盟国，于是张仪去楚国，对楚王说：“如果大王和齐国断交，我就请秦国献出商於一带六百里地，秦国与楚国联姻，永远结为兄弟之国。”楚王很高兴，答应了张仪。大臣都来道贺，只有陈轸来哀悼。楚王生气地说：“我不动兵卒就得到六百里地，所有人都道贺，只有你来哀悼，为什么？”陈轸说：“在我看来，商於的地一定拿不到，而且齐国和秦国会结盟，楚国一定遭逢灾祸。楚国被看重，是因为有齐国做盟友，如果背弃盟约，楚国孤立，秦国怎么会给我们土地呢？不如联合齐国表面断交，派人跟着张仪去秦国受领六百里地。如果真的献地给我们，再与齐国断交不迟。”楚王并没有听从，他把相印授予张仪，与齐国断交，派人跟着张仪去秦国交接土地了。

张仪回到秦国，假装从车上掉了下来，三个月不上朝。楚王担心张仪认为楚国与齐国没有彻底断交，又派人辱骂齐王。齐王非常生气，转而与秦国结交。张仪这才上朝，对楚国使者说：“我有秦王赐给的六里地献给楚王。”楚王这才知道哪里来的六百里地，自己上当了，于是发兵攻打秦国，结果大败。

历史评价

原文

三晋多权变之士，夫言从衡强秦者大抵皆三晋之人也。夫张仪之行事甚于苏秦，然世恶苏秦者，以其先死，而仪振暴其短以扶其说，成其衡道。要之，此两人真倾危之士哉！

——《史记·张仪列传》

译文

魏、赵、韩三国有很多权宜机变的人，那些游说合纵连横的人大多是这些国家的。张仪做事比苏秦更过分，但世上人都厌恶苏秦，是因为苏秦先死了，而张仪揭露、宣扬合纵政策的短处来附会自己主张的正确，以促成连横政策。总之，这两个人是真正能颠覆国家的人。

人物关系图

连横失败

张仪为秦国游说楚、韩、齐、赵、燕等国，瓦解了合纵联盟，这些国家纷纷依附秦国。在游说完燕国后，张仪回秦国复命，还没有回到咸阳，秦惠文王就死了，秦武王即位。

秦武王在做太子的时候就不喜欢张仪，在他即位后，很多大臣说张仪的坏话："张仪没有信用，反复无常，出卖国家，以图谋被重用。如果秦国还任用他，恐怕会被天下人耻笑。"各诸侯国听说张仪和秦武王之间有嫌隙，又都背叛了连横政策，恢复了合纵联盟。

秦武王元年（公元前310年），群臣日夜不停地诋毁张仪，而齐国又派人来谴责张仪。张仪害怕被杀，便请求到魏国去。到了魏国，齐国因为张仪而兴兵讨伐，张仪又施展三寸不烂之舌，使齐国相信讨伐魏国反而证明张仪很重要，让他有了容身之处。齐国因而退兵。张仪在魏国担任国相，一年后便去世了。

扩展知识点

商於朝雨霁，归路有秋光。背坞猿收果，投岩麝退香。
建瓴真得势，横戟岂能当。割地张仪诈，谋身绮季长。
清渠州外月，黄叶庙前霜。今日看云意，依依入帝乡。

——唐·李商隐《商於》

赵武灵王

赵雍

zhào yōng

赵雍

胡服骑射为开疆　微服入秦探昭襄

饿死沙丘空悲切　一代天骄武灵王

胡服骑射

赵武灵王赵雍是赵国的第六代君主。他在位时，赵国连年兵败，周边国家不断侵扰，赵雍为了增强兵力，决定让赵国的士兵模仿周围的胡人，穿短衣窄袖和皮靴，以便灵活地作战，同时还组建骑兵，训练他们的马上射箭战术。但除了楼缓，所有大臣都反对这么做。

于是，武灵王找机会对辅佐自己的大臣肥义说：“我打算继承先祖的功业，开疆拓土。现在我要教赵国百姓穿胡服、学骑射，但人们一定不会接受，你说该怎么办呢？”肥义说：“大王既然决定了，就不要在乎人们的非议了。”得到肥义的支持，武灵王便决心下达命令。

为了改革得到施行，武灵王自己穿着胡服上朝，还请自己的叔叔公子成也穿胡服支持自己。但公子成说，中原一直是周边少数民族学习的榜样，现在却向胡人学习，是背离传统，因此称病不上朝。赵武灵王便亲自去公子成家探望，告诉他自己进行军事改革，是为了守卫国家，完成先祖的遗志。公子成因此被说服，也穿着胡服上朝。此后，武灵王正式发布全国改穿胡服的诏令。

微服入秦

赵武灵王推行的军事改革使赵国的军事力量逐渐强大。后来，武灵王统率大军，攻打中山国，占领了许多土地，中山国献出了四城求和，武灵王因而撤了军。在这之后，赵国又多次进攻中山国，夺取了大片土地，武灵王也将王位传给了王子赵何，肥义成为相国，辅佐新王。新王是赵惠文王，武灵王则自称为主父。

为了让儿子自己承担起治国的责任，主父穿上胡服率领士大夫去巡视西北方的胡地，准备从云中、九原向南方直接袭击秦国。为了亲自调查秦国地形，顺便考察秦昭襄王的为人，他亲自乔装成使者，进入秦国。秦昭襄王没有认出他就是主父，过后却很惊讶他气度不凡，不像是臣子的模样，于是就派人去追赶，可主父已经骑马飞驰出关了。经过调查，秦王才知道那就是主父，非常震惊。

扩展知识点

赵武灵王和秦昭襄王不止打过这么一次交道。在即位前，秦昭襄王曾在燕国做人质，赵武灵王派人从燕国迎接他并一路护送他回秦国，他才有机会登上王位。

沙丘之乱

赵惠文王三年（公元前296年），赵国灭掉中山国。回来后论功行赏，主父将长子赵章封为代地的安阳君，派田不礼辅佐他。公子章一向不服气弟弟做赵王，田不礼又为人骄横，大臣李兑知道这两人必定作乱，便劝肥义称病，将政事交给公子成，免得被祸乱波及。肥义却说自己不能为了一己安危背弃王命。

一年后，群臣来朝拜，主父看到公子章身为长子，却要对弟弟行礼，心里不忍，打算把赵国一分为二，让公子章做代国君主，只是还没有实行就中止了。

主父和惠文王出游沙丘时，分宫室居住，公子章和田不礼趁机带人作乱，伪称是主父传召惠文王。肥义先进去了，因此被杀。惠文王率兵对阵，公子成和李兑也带着其他邑的士兵赶来平乱。公子章逃到主父那里，主父收留了他，公子成和李兑带兵围困主父的宫室。后来，公子章被杀，公子成和李兑担忧撤兵后会被灭族，因此继续围困主父，传令说，宫中最后出来的会被灭族。于是宫人全都离开了。主父想要出宫却没有办法，又没有食物，只好抓雏雀吃，三个多月后饿死在沙丘宫中。

历史评价

原文

主父初以长子章为太子，后得吴娃，爱之，为不出者数岁，生子何，乃废太子章而立何为王。吴娃死，爱弛，怜故太子，欲两王之，犹豫未决，故乱起，以至父子俱死，为天下笑，岂不痛乎！

——《史记·赵世家》

译文

主父起初把长子赵章立为太子，后来得到吴娃，非常爱她，好几年没有出吴娃的宫室，生下赵何后，就把太子章废了，改立赵何为王。吴娃死后，他对赵何的爱也减退了，开始怜惜赵章，准备立两个王，犹豫不决，因此祸乱发生，以至于父子都死了，被天下人耻笑，难道不令人痛惜吗？

人物关系图

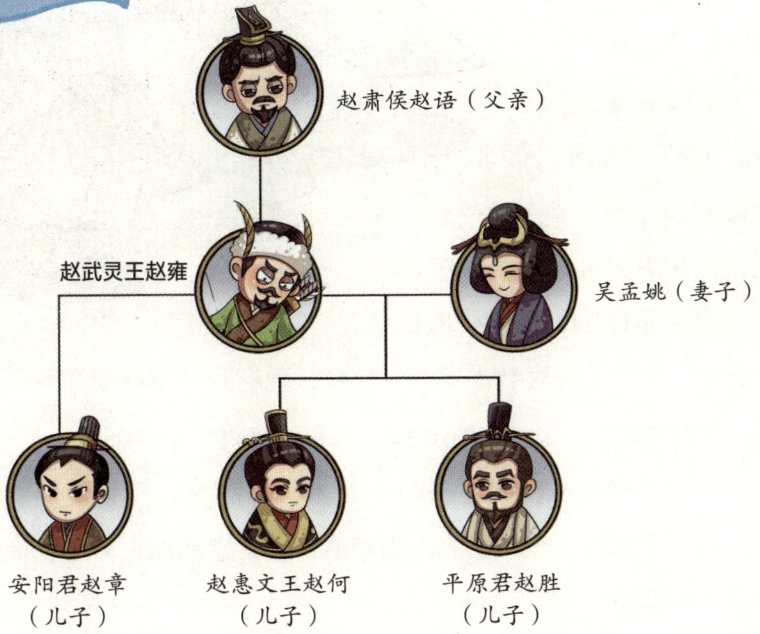

延伸阅读

清虚一鉴湛天光，曾照邯郸宫女妆。回首丛台尽荆棘，翠娥无影乱寒塘。

——唐·李白《照眉池》

武灵丛台

在河北省邯郸市的丛台公园里，有一组古老的建筑名为武灵丛台，根据考证，这里就是赵武灵王实行胡服骑射后操练士兵、检阅军队和观赏歌舞的地方。

武灵丛台包含楼台、天桥、妆阁、花苑等众多景观，规模浩大，但在历史上经历了火灾、战乱等因素影响，在宋代时已经是一片废墟，后来又经过数次重修、复建，现在我们能看到的武灵丛台是清代时重修的，新中国成立后，又对其进行了多次维修。

如今的武灵丛台占地3500平方米，高27米，用青砖砌就，分上、中、下三层，在砖墙的四周和丛台的主要通道上，立有许多名人留下的碑刻。

孟尝君
田文

tián wén

田文

鸡鸣狗盗保命全　狡兔三窟后事安
怒发冲冠屠百人　忠奸善恶皆不辨

鸡鸣狗盗

孟尝君田文是齐威王的小儿子、齐宣王的侄子，封地在薛。他招揽天下人才，不分贵贱同样厚待，门下养了数千人。

齐湣王时，孟尝君被派去秦国，秦昭王听说他贤能，先任命他为宰相，又听信谗言罢免了他，还把他囚禁起来，准备杀掉。孟尝君向昭王宠妾求救，宠妾说，她想要孟尝君的白狐裘。

孟尝君有一件价值千金的白色狐皮裘，但已经献给了昭王。孟尝君发愁地询问门客，都没有办法，只有一个会扮狗偷东西的人说：“我能拿到狐裘。”晚上他就扮作狗，钻入秦宫中偷出了狐裘，拿来献给宠妾。宠妾向昭王求情，昭王放了孟尝君。孟尝君立刻改换姓名逃出城去。秦昭王很快后悔放了他，派人追捕。半夜时，孟尝君逃到了函谷关，但有规定鸡叫了才能放人出入。门客中又有一人模仿鸡叫，附近的鸡都叫了起来，孟尝君因此才出了关。片刻后秦兵果然追来，只是孟尝君已经逃脱了。

最初孟尝君招待会扮狗和模仿鸡叫的人时，其他宾客都引以为耻，但孟尝君落难时，全靠这两人才脱困。

扩展知识点

鸡鸣狗盗： 指卑微的技能，也指偷偷摸摸的行为。

焚券市义

孟尝君回到齐国做了相国，收入不够供养门下食客，于是他便在薛地放贷，收取利息。可是年景不好，很多人还不上利息。孟尝君就问：“谁能去薛地收债？”有人推荐了门客冯谖。孟尝君将冯谖请来说明原委，请他去收回欠款，冯谖便出发了。

到了薛地，冯谖先收回了利息十万钱。他用这些钱买酒买肉，让所有借钱的人带着借据前来，办酒席招待他们。喝到高兴时，冯谖拿着借据一一核对，能够给付利息的，就约定还钱时间；还不上利息的，就当场把借据烧掉，免除债务。他说：“孟尝君借钱给你们，是因为你们没有钱就没法进行生产；收取利息，是因为没有钱供养门客。现在有钱还债的约定了还款期限，没钱的都免掉了债务。这样的主人，怎么能背弃他呢？”宴席上的人都起身，连着跪拜两次，感激不尽。

孟尝君听说了冯谖烧借据的事，生气地召他来质问。冯谖解释说：“还不上利息的人，就算督促十年也还不上，反而利息越来越多，逼迫急了他就会逃跑，这会败坏你的名声。不如免掉这些虚账，彰显你的善名。”孟尝君听后连连道谢。

狡兔三窟

不久，齐王受到蛊惑，认为孟尝君名声比自己大，罢免了他。孟尝君回到薛地，薛地百姓扶老携幼，在道路上迎接孟尝君。孟尝君对冯谖说："当日先生为我做的事，今天得到了回报。"冯谖回答："狡猾的兔子有三个洞，仅仅能避免被杀死。现在你只有一个'洞'，还不能高枕无忧，请让我再给你凿两个'洞'。"

冯谖来到魏国，对魏王说："齐国放逐了孟尝君，谁能先请到他辅佐，一定能富国强兵。"于是魏王派使者带着黄金千斤、车百辆，前去请孟尝君担任国相。冯谖先一步赶了回去，告诫孟尝君说："你不要答应魏国使者，齐国一定会听到魏国重金请你的消息。"使者来了三次，孟尝君都坚决推辞，而齐王听到消息后，忙派人带着厚礼前来道歉，请孟尝君继续做国相。冯谖又让孟尝君借机索要齐国先王的祭器，在薛地修建宗庙。等到宗庙修好后，冯谖回报孟尝君说："三窟已经完成，你能高枕无忧了。"

扩展知识点

狡兔三窟：比喻藏身处多，便于逃避灾祸。通常表示某人工于心计，为人狡猾。

历史评价

原文

吾尝过薛，其俗闾里率多暴桀子弟，与邹、鲁殊。问其故，曰：“孟尝君招致天下任侠，奸人入薛中盖六万余家矣。”世之传孟尝君好客自喜，名不虚矣。

——《史记·孟尝君列传》

译文

我曾经经过薛地，那里有很多凶暴的人，与邹地、鲁地不同。我问那里的人是什么原因，他们说：“孟尝君招揽天下豪放勇武的人，来到薛地的违法犯禁的人就有六万多家。”世间传说孟尝君喜欢养门客，以此沾沾自喜，果然名不宣传。

人物关系图

人命草芥

孟尝君逃出秦国后，经过赵国，赵国平原君赵胜也以好养门客而闻名，他把孟尝君当作贵客招待。赵国人以前便听说过孟尝君贤能，因此都出来围观，想看看传说中的孟尝君长什么样子。结果，人们发现孟尝君身材瘦小、其貌不扬，于是就一起笑道："还以为孟尝君是一个身材魁梧的大丈夫，现在看到他，不过是一个瘦小的男人罢了。"孟尝君听到了这些话，非常愤怒，跟随着孟尝君的人和他一起跳下车来，砍杀了数百人，毁掉了一个县才离去。

这位以好养门客而著名的孟尝君，在他心中，百姓的性命竟如草芥一般不值一提。

扩展知识点

世皆称孟尝君能得士，士以故归之，而卒赖其力以脱于虎豹之秦。嗟呼！孟尝君特鸡鸣狗盗之雄耳，岂足以言得士？

——宋·王安石《读孟尝君传》

穰侯 魏冉

wèi rǎn

魏冉

剿除乱党立昭王　威名远近震朝堂
受封穰侯称四贵　范雎一言害忠良

拥立昭王

魏冉是秦国的大臣，秦惠文王和秦武王在位时他就已经任职。秦武王没有儿子，他死后秦国内乱，秦武王的弟弟都来争夺王位。秦武王有一位异母弟弟公子稷，当时正在燕国做人质。公子稷的母亲芈八子是魏冉的异父姐姐，他还有两个同母弟弟：高陵君和泾阳君。在秦国的众位大臣中，魏冉最有能力，在内乱中，他和姐姐一起，拥立自己的外甥公子稷为王。燕国将公子稷送了回来，公子稷得以登上王位，成为秦昭王。昭王即位后，任命魏冉为将军，守卫秦国都城咸阳，昭王的母亲则号称宣太后。

魏冉成为将军后，公子壮联合大臣、诸侯和其他公子作乱，魏冉平定了叛乱，将昭王兄弟中图谋作乱的全部杀掉，一时间，魏冉的威名震慑了整个秦国。昭王当时尚且年轻，就由宣太后主持朝政，魏冉掌握了朝中大权。

魏冉封侯

秦昭王七年（公元前300年）时，赵国人楼缓来秦国做国相，这对赵国不利，于是赵国人便派仇液到秦国来，说服秦昭王任命魏冉为国相。仇液出发时，他的门客对他说："如果秦王没有听从你的劝说，继续让楼缓做国相，楼缓一定会怨恨你。你不如对楼缓说：'为了替你打算，我劝说秦王任命魏冉时不会那么急切。'秦王一定会觉得奇怪，不听从你的劝说。如果你的游说没有成功，楼缓继续做国相，他一定会感激你；如果你的游说成功了，那么魏冉做了国相也会感激你。"仇液便按照门客的话去做，结果秦国罢免了楼缓而任用魏冉做国相。

后来，魏冉任用白起为将军，攻打韩国和魏国。白起在伊阙打败敌军，斩杀二十四万人，俘虏了魏国将军公孙喜。第二年，又占领楚国的宛邑、叶邑。此后，魏冉称病，免去国相之职，秦国任命寿烛为国相，第二年又罢免了寿烛，重新任命魏冉为相，还将穰地赐封给他，后来又加封了陶邑，魏冉被称为穰侯。

范雎进言

魏冉封侯后，又多次带兵进攻魏国，占领了大片土地，魏冉也得到了更多封地。白起是魏冉举荐的，两人关系很好。之后，魏冉和白起、胡阳一起攻打赵国、韩国和魏国，取得了魏国的卷、蔡阳、长社和赵国的观津，然后把观津还给了赵国，并且给赵国补充兵力，让他们攻打齐国。齐襄王害怕了，就悄悄让苏代给魏冉送信，说明如果齐国被赵、韩、魏和楚国瓜分，将对秦国十分不利，魏冉便退了兵。

两年后，魏冉和客卿商量，要夺取齐国的刚、寿两地，扩大陶邑的封地。有一个叫范雎的魏国人，他自称张禄先生，讥讽魏冉竟然越过赵、韩、魏去攻打齐国，趁这个机会游说秦昭王，说宣太后在朝内专制，魏冉则在诸侯间专权，“四贵”的富贵奢侈甚至超过了王室。于是秦昭王醒悟过来，免去了魏冉的国相，命他回到自己的封地。魏冉出关时，装载财物行李的车辆超过一千辆，他最后死在了陶邑，秦国将陶邑收回为郡。

扩展知识点

魏冉封穰侯、加封陶邑后，比王室还要富贵，他和宣太后的同父弟弟华阳君、秦昭王的弟弟泾阳君和高陵君并称“四贵”。

历史评价

原文

穰侯，昭王亲舅也。而秦所以东益地，弱诸侯，尝称帝于天下，天下皆西乡稽首者，穰侯之功也。及其贵极富溢，一夫开说，身折势夺而以忧死，况于羁旅之臣乎！

——《史记·穰侯列传》

译文

穰侯是秦昭王的亲舅舅，秦国之所以能够向东扩张领地，削弱诸侯，曾经在世间称帝，各国都对秦俯首称臣，都是穰侯的功劳。等到他富贵到极点，一个人说破，就使他的身份权势被夺走，最后忧虑而死，更何况那些在异国他乡的臣子呢？

人物关系图

宣太后芈八子

魏冉的姐姐芈八子是楚国贵族，她原是秦惠王的姬妾，和魏冉一起拥立秦昭王即位后，她便掌握了秦国的政权，号称宣太后。

义渠国和秦国时有战火，宣太后掌权的时期，改变了秦国对义渠国的强硬政策，用怀柔政策拉拢义渠王，并设计将义渠王引入宫中杀死，随后发兵攻打，覆灭了义渠国。

宣太后还重用自己的弟弟魏冉、芈戎，以及自己的儿子泾阳君和高陵君，太后和四贵专权的局面极大地限制了秦昭王的权力。范雎成为国相后，说服秦昭王罢免了四贵的职位，还废黜了宣太后。第二年，宣太后忧愤而死。

扩展知识点

托情忻六学，游目爱三余。
覆局能悬记，看碑解暗疏。
讵尝游魏冉，那时说范雎。
池水朝含墨，流萤夜聚书。

——南北朝·庾信

《奉和永丰殿下言志诗 五》

安平君 田单

tián dān

田单

三人成虎事多有　散谣惑众乱敌心

火牛冲阵破重围　一人复国安平君

反间连环

田单是齐王田氏的远亲，起初只是个无名小官。后来，燕国派乐毅攻破齐国，齐湣王逃走，退守莒城，田单则逃到即墨。

除了莒城和即墨，燕军已经攻下齐国其他城邑。燕军听说齐湣王在莒城，就集中兵力攻打那里。楚将淖齿本是被派来支援齐军，但他贪图土地钱财，在莒城杀掉齐湣王，继续坚守莒城，数年没有被攻下。燕军便向东攻打即墨，即墨的大夫出城应战，战败而死，城中人就推举田单为将军，在即墨抗击燕军。

不久，燕昭王死了，惠王即位，他和乐毅之间有矛盾。田单听到后，就设下反间计，在燕国宣扬：“齐王已经死了，齐国还有两座城攻不下，是因为乐毅害怕被杀不敢回来。他表面上攻打齐国，实际是想联合齐国的守军，自己做齐王，齐人还没有依附他，所以他迟迟不攻破即墨。齐人怕的是其他将军来，那即墨就保不住了。”燕王听信了这些话，就让骑劫去代替乐毅。

扩展知识点

反间：用计离间敌人，使其起内讧。

散谣惑敌

被夺权的乐毅回了赵国，而燕国士兵对骑劫并不服气。于是田单命令城中人吃饭前一定要先在院里祭祀先祖，飞鸟被引得在上空盘旋，时而飞下来啄食。燕人很奇怪，田单说：“这是神人下来教导我了。”他还对城中人说：“会有神人来当我的老师。”有一个士兵说：“我能做你的神师吗？”说完就跑了。田单起身把他带了回来，认他做了神师。士兵说：“我只是在骗你。”田单却嘱咐他不要说话，仍让他做神师，此后每次颁布规矩，都说是神师的意思。

之后，田单散布消息说：“我只怕被燕军割了鼻子的齐兵，把他们放在阵前和我作战，即墨定会被攻破。”燕军听说了，就把齐国俘虏的鼻子都割掉，放在阵前。城中的人看到被俘虏的士兵都被割了鼻子，都非常愤怒，全力坚守城池。田单又说：“我害怕燕人开掘城外的坟墓，侮辱我们的祖先，那实在让我们寒心。”于是燕军又开掘坟墓、焚烧死尸，即墨人从城上看到这些，都痛哭流涕，想要出战，怒气是以前的十倍。田单知道，士气已足，可以准备作战了。

火牛破敌

田单和士兵一起修筑好防御工事，犒赏军队。然后，他命令士兵披甲埋伏，让老弱登上城墙，派使者与燕军约定投降，燕军都高呼万岁。田单又向百姓收集钱财，得到千镒金，令即墨的富豪送给骑劫，说："即墨即将投降，请不要掳掠我家族中的妻妾。"骑劫很高兴地答应了，燕军更加懈怠。

田单于是征集城中的牛千余头，给它们穿上红色绸衣，衣上画着五彩龙纹，在牛角上绑上利刃，还在牛尾上扎了淋了油的芦苇束。田单命人在城墙上凿开数十个洞，晚上点燃牛尾上的芦苇束，把牛放出城，又安排五千个壮士跟在牛群后面。牛尾受热，牛愤怒地奔向燕军，燕军大惊。牛尾上的火光照亮夜色，燕军满眼看到的都是龙纹，被牛撞到的非死即伤。五千壮士趁机进攻，城中则擂鼓呐喊追击燕军，老弱全都敲打着铜器，声音惊天动地。燕军害怕不已，兵败逃走，齐人杀掉了骑劫。燕军在混乱中逃跑，齐人在后不停追赶，经过的城邑都背叛燕国，归入了田单的管理。

田单乘胜追击，收回七十多座城邑，被齐襄王封为"安平君"。

历史评价

原文

兵以正合，以奇胜。善之者，出奇无穷。奇正还相生，如环之无端。夫始如处女，适人开户。后如脱兔，适不及距：其田单之谓邪。

——《史记·田单列传》

译文

行兵打仗以正面的军队对阵，以出其不意的奇兵取胜。擅长用兵的人，出其不意的战术变化无穷，奇兵和正面作战相辅相成，像一个环没有开端和终结。用兵开始时像安静的少女，不做防备，使对方轻敌；之后像狡猾的兔子逃脱那样迅速出击，使敌人来不及抵挡，这说的就是田单吧。

人物关系图

齐襄王田法章（君主）

田单

逃生有术

乐毅攻破齐国时，田单逃到了安平。他让族人把族中车辆的车轴两端都弄断，再用铁箍牢牢包住。等到燕军攻打安平，城墙被毁坏，齐人慌忙逃跑，道路拥挤不堪，很多人乘坐的车子因为车轴被撞断而毁坏，这些人都被燕军俘虏了。只有田单一族由于铁箍保护着车轴得以逃脱，一路逃到了即墨。

即墨大夫战死后，即墨人听说了田单族人在安平之战中逃生的经历，认为田单很有才能，才将他推举为将军。而田单也果然不负众望，不仅守卫了即墨，还收复了齐国七十多座城邑。

齐襄王死后，田单前往赵国任将军，后来还担任赵相，被封为平都君。

扩展知识点

湣王万乘齐，走死区区燕。
田单一即墨，扫敌如风旋。
舞鸟怪不测，腾牛怒无前。
飘飖乐毅去，磊砢功名传。
掘葬与劓降，论乃愧儒先。
深诚可奋士，王蠋岂非贤。

——宋·王安石《田单》

Books Bear
布克熊

会 讲 故 事 的 童 书

少年读典籍

史记里的大语文

下册

文小通 著
中采绘画 绘

光明日报出版社

图书在版编目（CIP）数据

史记里的大语文 . 下册 / 文小通著 ; 中采绘画绘 .
北京 : 光明日报出版社 , 2024. 8. -- (少年读典籍).
ISBN 978-7-5194-8228-2

Ⅰ . K204.2-49

中国国家版本馆 CIP 数据核字第 202498FN67 号

目录

纵横策士
鲁仲连

lǔ 鲁 zhòng 仲 lián 连

义士蹈海展风骨　誓不帝秦现亮节
一书血洗聊城将　口舌如剑鲁仲连

鲁连蹈海

鲁仲连是齐国人，也称鲁连，他为人高洁，善谋略，却不肯做官，而在各地游历。

长平之战时白起围困邯郸，诸侯的救兵都不敢攻打秦军。魏王派新垣衍去邯郸，想通过平原君的关系，游说赵王尊秦王为天子，秦王高兴了就会退兵。平原君犹豫不决，恰好鲁仲连正在赵国游历，听说这件事后就求见平原君，请求为他责退新垣衍。

新垣衍不得已见了鲁仲连。鲁仲连一言不发，新垣衍便问：“困在城中的人都有求于平原君，但你并不是这样，为什么不离开呢？”鲁仲连说：“世人都说鲍焦是因为不够宽容才死的，这看法不对，他们不了解他是耻于生活在浊世。秦国抛弃礼义，只崇尚战功，用权谋使唤士卒，把百姓当作奴隶。秦王如果称天子，统治天下，那么我只有跳进东海寻死了，我不能忍受做暴秦的百姓。我来见将军，就是为了帮助赵国。”

扩展知识点

鲍焦是周朝的隐士，他廉洁自守，在山中捡橡子充饥，不向天子称臣，也不和诸侯交游。子贡跟他说：“你不满周朝统治，但还在周朝的土地生活、采摘周朝的橡子，这样也可以吗？”鲍焦因此抱树而死。

智退秦军

新垣衍问鲁仲连打算怎么救赵国。鲁仲连说：“我会说服燕国、魏国来帮忙，齐国和楚国也会因此来相助。”新垣衍便问他怎么使魏国帮忙。鲁仲连说，魏国没看到秦王称天子的坏处，他举出齐威王被周显王斥责的例子，以此说明秦王称天子后会苛求诸侯。

新垣衍又说：“十个仆从侍奉一个人，是因为力气和智谋不如主人吗？只是害怕他罢了。”鲁仲连便举例说，九侯把貌美的女儿献给纣王，反被剁成肉酱；鄂侯刚直进谏，纣王又把他做成肉干；文王听说后长叹，就被拘禁在美里。这三人都是诸侯，还落得这种下场。

他接着说，齐滑王逃到鲁国和邹国时，要求他们按照天子的标准对待自己，于是鲁人和邹人都拒绝齐滑王进入。现在魏国、秦国都是万乘之国，秦国胜了一次，魏国就打算奉秦王为天子，魏国大臣还不如邹国、鲁国的仆婢。

况且秦国称天子后，就会派人控制诸侯的臣民，魏王不能安定生活，新垣衍也会失去地位。

新垣衍听完，起身拜谢道：“再也不提秦王称天子的事了。”秦将听说后，退军五十里，刚好魏国公子无忌来救赵国，秦国便撤军了。

一书下聊城

二十多年后，燕国将领攻下齐国聊城，因为怕燕王听信谗言杀掉自己，因此坚守聊城不回去。齐国田单攻打聊城一年多，死了很多士兵仍然攻不下来。鲁仲连因此写了一封信，绑在箭上射进城中，给燕国将军看。

信上说，智者不会违逆时机放弃利益，勇士不怕因为死亡而埋没名声，忠臣不会先顾及自己而后顾及君主。现在你因为一时义愤，不顾及燕王，是不忠；在聊城战死，威名不能震慑齐国，是不勇；功业失败失去名声，后世不称传，是不智。

接着，鲁仲连在信中剖析天下形势，说明齐国已经集齐全部兵力，决心夺回聊城，聊城必定会失守，而将军的本领现在已经显现了，不如趁机保全兵力回燕国，也能安全地见到父母。如果决心不回燕国，那就不如投靠齐国，得到齐国的封赏。鲁仲连还用管仲的事迹来做佐证。

燕国将军看到信后，一连哭了三天，犹豫着不能做决断。想回燕国，又怕燕王和自己有嫌隙，会杀掉自己；想投降齐国，自己杀了很多齐国俘虏，恐怕投降后也会受辱。最终，燕国将军自杀，田单攻入，占领聊城。

历史评价

原文

鲁连其指意虽不合大义，然余多其在布衣之位，荡然肆志，不诎于诸侯，谈说于当世，折卿相之权。

——《史记·鲁仲连邹阳列传》

译文

鲁仲连的言论要旨虽然不符合大义，但我赞许他身为百姓，放浪形骸，纵横恣意，不屈服于诸侯，谈论当世，使掌权的卿相大臣都折服。

人物关系图

徐劫（老师）

鲁仲连

延伸阅读

齐有倜傥生，鲁连特高妙。
明月出海底，一朝开光曜。
却秦振英声，后世仰末照。
意轻千金赠，顾向平原笑。
吾亦澹荡人，拂衣可同调。

——唐·李白《古风（其十）》

拒受封赏

在鲁仲连说服新垣衍，最终促使邯郸之围被解开后，平原君打算给他封赏。但鲁仲连再三推辞，始终不肯接受封赏。平原君因此摆下酒宴，宴请鲁仲连。酒意正浓时，平原君起身走到鲁仲连面前，为他祝福的时候给他奉上了千金。鲁仲连笑着说：“贤士之所以被天下人推崇，是因为他们为人排忧解难、消除祸患、解决纷乱而不收取任何回报。收取回报的，是商人之流，我鲁仲连不愿意那样做。”于是鲁仲连便辞别了平原君，此后终生再也没有见过平原君。鲁仲连的品行高洁，从这样的事迹中就可以看出来。

lìn xiàng rú

蔺相如

内柔外刚

蔺相如

缪贤请罪荐妙贤　相如渑池树威严

秦殿高举和氏璧　完璧归赵保国颜

缪贤举荐

赵惠文王得到了和氏璧，秦昭襄王听说后派人给赵王送信，说愿用十五座城交换和氏璧。赵王和廉颇等人商量该怎么办。若是答应，秦国恐怕并不会送出城邑；若不答应，又怕秦国出兵讨伐。计议不定，也没有能回复秦国的使者。宦官首领缪贤说：“我的门客蔺相如能做使者。”赵王问他为什么，缪贤说：“我曾犯罪，计划偷偷逃去燕国，蔺相如阻止了我，问我是否了解燕王。我说，我曾经随大王与燕王在边境会面，燕王私下说愿和我结交，因此我准备投奔燕王。蔺相如便说赵国强而燕国弱，我被大王宠幸，燕王才想结交我，现在我从赵国逃走，燕国害怕赵国，一定不敢收留我，会把我绑送回赵国，不如主动请罪，也许能侥幸被赦免。我听从了他的话，大王也赦免了我。我认为他有勇有谋，适合作为使者。”

赵王便召见了蔺相如，问能否答应秦国，蔺相如说：“秦国强而赵国弱，不能不答应。”赵王问他，若秦国毁约怎么办？蔺相如说：“赵国不答应，赵国理亏；秦国不给城，秦国理亏。二者相较，宁愿让秦国理亏。”他还自告奋勇出使秦国。

完璧归赵

蔺相如将玉璧奉给秦王，秦王高兴地给众人传看，丝毫不提城邑的事情。蔺相如便上前说：“璧上有瑕疵，请让我指给大王看。”秦王把玉璧给了他。蔺相如拿着玉璧倚靠柱子，怒发冲冠，对秦王说：“赵王担忧秦国背约，本不愿答应，我却认为百姓之间交往还不会互相欺骗，何况大国之间！因此赵王斋戒五天后才送出玉璧。但大王果然无意送出城池，所以我要回玉璧。如果大王要逼迫我，那我的头和玉璧就一起撞碎在这柱子上。”说着他便要拿着玉璧撞向柱子。秦王连忙阻止他，拿出图纸划定十五座城池给赵国。蔺相如知道这也是伪诈，秦王决计不会送出城池，便请秦王也斋戒五天。秦王答应后，蔺相如悄悄令随从换上麻布衣服，怀中藏着玉璧，从小路逃回了赵国。

五天后，秦王召见蔺相如。蔺相如坦然道，他已经派人送回玉璧，请秦王处罚他。侍从要拉他去受刑，秦王无奈地说：“杀了他也得不到玉璧，反而破坏了两国盟交。”于是隆重款待了他，放他回了国。

扩展知识点

完璧归赵： 比喻物归原主，并无损失。

渑池会盟

蔺相如完璧归赵，被封为上大夫。后来，秦国攻陷赵国石城，第二年再次攻打赵国，杀两万人。秦王约赵王在渑池会面。赵王害怕，不愿去。廉颇和蔺相如说："大王若不去，会显得赵国弱小胆怯。"赵王于是赴约，蔺相如随行。廉颇把他们送到边境，说："大王此行应不会超过三十天，若三十天后不回，请让我们立太子为王，断绝秦国以您为要挟的妄想。"赵王同意了。

在渑池，秦王酒兴正浓，说："听说赵王喜好音乐，请你弹瑟来听。"赵王便弹了瑟。秦国史官写道："赵王为秦王弹瑟。"蔺相如便上前说："赵王听说秦王擅长秦乐，请秦王击缶。"秦王很生气，不答应。蔺相如拿着缶，跪在秦王面前说："五步之内，我能与大王同归于尽。"侍从想杀了蔺相如，相如怒目叱责，侍从都吓得后退，秦王只好敲了一下缶。相如让赵国史官记录："秦王为赵王击缶。"秦国群臣又说："请用赵国十五座城为秦王祝寿。"相如则说："请用秦都咸阳为赵王祝寿。"直到酒宴结束，秦王终究不能压过赵王。赵国在边境上部署了大军，秦国也不敢轻举妄动。

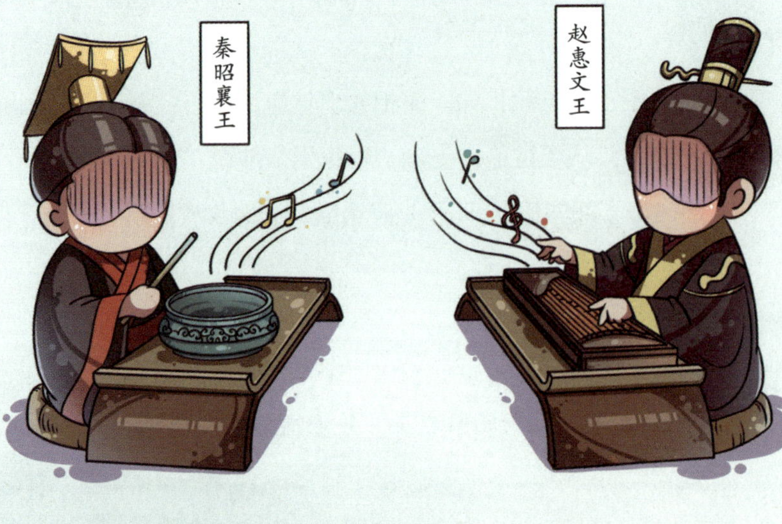

历史评价

原文

知死必勇，非死者难也，处死者难。方蔺相如引璧睨柱，及叱秦王左右，势不过诛，然士或怯懦而不敢发。相如一奋其气，威信敌国，退而让颇，名重太山，其处智勇，可谓兼之矣！

——《史记·廉颇蔺相如列传》

译文

知道死而不害怕，必定很有勇气，死亡并不是难事，如何对待死亡才是难事。当蔺相如拿着玉璧斜视柱子，以及叱退秦王侍从时，最多不过是被杀，然而大多数人因为怯懦不敢这样做。相如一旦振奋起勇气，就能震慑敌国，回来后又能对廉颇退让，他的名声比泰山还重，他可以说是智勇双全了！

人物关系图

赵惠文王赵何（君主）

蔺相如

廉颇（好友）

延伸阅读

篝灯夜雨共论心，鼓角声寒玉漏沈。
赵国竟全和氏璧，不疑宁取舍郎金。
花绫赐诰龙廷近，彩笔凝香燕署深。
闻说孔君碑更好，人来烦寄客窗阴。

——明·郑真《寄咸阳知县臧九畴》

和氏璧

春秋时期，楚国人卞和在山中得到一块未雕琢的玉石，把它献给了楚厉王。楚厉王派玉工辨识，玉工说那只是一块石头。于是卞和因为欺骗君王的罪过被砍掉了左脚。后来，楚武王即位，卞和又献上了这块璞玉，楚武王仍然认为他在欺骗君王，砍去了他的右脚。等到楚文王即位，卞和抱着玉在山下大哭。文王派人问他为什么哭，卞和说："我不是因为被砍掉双脚而哭，我悲伤的是，宝玉被当作石头，忠贞之士被当作说谎的人。"文王因此派人雕琢石头，果然得到一块绝世宝玉。这块宝玉因此被称为和氏璧，也是完璧归赵故事中的那块宝玉。传说后来秦始皇统一天下，将和氏璧雕琢成了代表皇权的玉玺。

仁义之师

廉颇

lián pō

廉颇

负荆请罪美名得　长平之战留传说

廉颇老矣尚能饭　千古佳话将相和

负荆请罪

廉颇是赵国大将，他曾率领赵军讨伐齐国，大破齐军，取得了阳晋，廉颇因此被封为上卿，英勇的名声传遍各国。

渑池会盟后，赵王将蔺相如封为上卿，地位比廉颇还高。廉颇很不服气：“我有攻城略地的大功，蔺相如不过卖弄口舌立功，地位就在我之上。我见到他一定要羞辱他。”蔺相如听说后，便避着廉颇，上朝时也称病不去。

有一次，蔺相如出门，远远望见了廉颇，连忙掉转车辆躲起来。他的门客因此一起向蔺相如辞行：“我们仰慕您的高义来侍奉您。现在您却这么害怕廉颇，让人羞耻。”蔺相如便问道：“你们觉得廉颇比秦王更厉害吗？”门客说：“比不上秦王。”蔺相如说：“秦王那么厉害，我当廷叱责，难道单单怕廉将军吗？强秦之所以不敢进攻赵国，是因为我和廉将军在。若我们两个相斗，必有一人伤亡。我这么做，是把国家的危难放在自身利益之上。”

廉颇听说后，就袒露上身，背着荆条，到蔺相如的门前请罪：“我这个粗鄙的人，不知道将军的胸怀这么宽广。”两人冰释前嫌，成为刎颈之交。

长平之战

赵惠文王去世后，太子即位，为孝成王。孝成王七年（前260年），秦国与赵国在长平大战。赵国派廉颇抵御秦军。秦军多次打败赵军，廉颇率赵军坚壁固守，无论秦军怎么挑衅都不出战。秦国便派人来赵国散播流言："秦国只怕赵奢的儿子赵括做将军。"赵王听信流言，任命赵括为将军，代替廉颇。蔺相如当时重病，进言说："赵括只会纸上谈兵，不知机变。"赵括的母亲也上书说赵括不适合当将军，但赵王都不听从，仍然任命赵括做将军。

赵括代替廉颇后，将军中法度全部更改，还调换军吏，率大军出击。秦将白起知道后，假装战败逃走，同时布置奇兵截断了赵军的粮草。赵军军心离散，过了四十多天，士兵饥饿难忍，赵括率精锐士兵亲自与秦军交战，秦军射杀了赵括。赵军战败，数十万士兵投降秦军，秦军将他们全部活埋。

赵国在长平之战前后伤亡了四十五万人，第二年，秦军围困赵都邯郸，赵国一年多都不能脱困，全靠楚国、魏国军队来救，才解了邯郸之围。

扩展知识点

纸上谈兵：指不联系实际情况，空发议论。

悒悒而终

邯郸之围五年后，燕国乘虚而入，攻打赵国，廉颇率军大破燕军，围困燕国，燕国割让了五座城邑求和，廉颇因功封信平君，任相国。

后来，赵孝成王去世，悼襄王即位，派乐乘取代廉颇。廉颇非常愤怒，攻打乐乘，乐乘逃走，廉颇也去了魏都大梁。

廉颇在大梁待了很久，始终没有被魏国重用。而赵国多次被秦兵围困，赵王想重新起用廉颇，廉颇也想重新被赵国任用。赵王先派使者前去考察，廉颇还能不能胜任将军。廉颇的仇人郭开暗地贿赂使者重金，让他回来说廉颇的坏话。

使者见到了廉颇，廉颇当着他的面一顿饭吃了一斗米、十斤肉，披着甲胄骑上马，表示自己仍然健壮。赵国使者回来后告诉赵王："廉将军虽然老了，但饭量还很足。只是和我坐着的时候，一会儿就去了三次厕所。"赵王因此认为廉颇老了，不再召请他。

楚国听说廉颇在魏国，暗中派人去请他。廉颇做了楚将，但并没有立下什么功劳，他说："我想指挥的是赵国军队啊！"但赵国始终没有起用他。廉颇最后死在了楚国寿春。

历史评价

原文

负荆知惧，屈节推工。安边定策，颇、牧之功。

——《史记·廉颇蔺相如列传》

译文

廉颇负荆请罪，知道收敛威权。屈节对人。安抚边远各民族，确定安邦治国之策，当是名将廉颇、李牧之功。

人物关系图

延伸阅读

千古江山，英雄无觅，孙仲谋处。舞榭歌台，风流总被，雨打风吹去。斜阳草树，寻常巷陌，人道寄奴曾住。想当年，金戈铁马，气吞万里如虎。

元嘉草草，封狼居胥，赢得仓皇北顾。四十三年，望中犹记，烽火扬州路。可堪回首，佛狸祠下，一片神鸦社鼓。凭谁问：廉颇老矣，尚能饭否？

——宋·辛弃疾《永遇乐·京口北固亭怀古》

一篓油

在河北省邯郸市，有一种美食名为一篓油水饺，据说它的由来和廉颇有关。有一天，廉颇点兵时路过邯郸南门，远远闻到了一股香味，便循着香味找到包子店，但做好的包子刚好卖完了。廉颇看到案板上还有生包子，一时心急，就把它们都扔进了开水锅里，不一会儿，包子都漂了起来。店主赶紧把煮熟的包子盛出来端给廉颇。廉颇吃了后说：“一咬一口油，真香。”此后，店主便把包子铺改成了“一口油”水包馆，后人将这种美食传承下来，到北宋年间改名为“一篓油”，一直传到现在。

这个故事虽然美好，但战国时期并没有包子这种食物，包子和饺子所用的面皮也不一样，想来它更多的是为了纪念名将廉颇吧。

qū yuán

屈原

江上流人

屈原

强识博文修宪令　谗臣进谏遭不平

微言大义做《离骚》　滔滔汨罗鉴忠心

博闻强识

屈原名为屈平，字原、灵均。他是楚国的贵族，辅佐楚怀王，做过左徒、三闾大夫，因此后人也用“三闾大夫”来代称屈原。

屈原博闻强识，学识渊博，通晓治理国家的办法，熟悉外交辞令。对内，他与楚怀王商议国家大事，发布法令；对外，他则负责接待各方宾客，应酬诸侯。楚怀王非常信任他。

上官大夫和屈原身份相当，他想和屈原争宠，心里又嫉妒屈原的才能。楚怀王让屈原拟定宪令，屈原起草了一份，还没有定稿。上官大夫见到后想要修改法令，屈原不允许他改，因此上官大夫在楚怀王面前进谗言说：“大王让屈原制定宪令，众人没有不知道的，每传达出一条法令，屈原就夸耀自己的功劳，说除了他没人能做到这件事。”楚怀王听信谗言，十分生气，从此以后就疏远了屈原。

扩展知识点

博闻强识：见闻广博，记忆力强。

作《离骚》

屈原担心楚怀王不能听信忠言，被谗言和谄媚之辞蒙蔽了理智，公正被邪佞迫害，端方正直的人无法容身，因此忧愁地写下《离骚》。

“离骚”的意思是离忧。天是人的开端，父母是人的根本。人处在穷厄的环境中就会追念本原，因此劳苦困倦到极点，没有不叫天的；病痛忧伤到极点，没有不叫父母的。屈原品行正直，竭尽忠诚智慧服侍君王，君王却听信谗言疏远了他，可以说是穷厄到极点了。诚实却被怀疑，忠诚却被诽谤，怎能没有怨言？屈原作《离骚》，正是因为生出了怨恨。

《国风》描写男女感情却不过分，《小雅》多指责讽刺却不宣传作乱，《离骚》可以说兼具两者的特点。屈原在《离骚》中称道帝喾、商汤、周武王、齐桓公，讽刺当时的政事，阐明道德的广大崇高。国家兴亡的道理，辞中无不体现。《离骚》文笔简约，用词精微，志趣高洁，微言大义。

扩展知识点

《离骚》开创了一种新的辞赋风格，被称为“骚体”，也称“楚辞体”。这一类作品行文浪漫，形式自由，多用“兮”字以助语势，具有浓厚的楚地特色。

投汨罗

屈原被贬黜后，楚怀王被张仪蒙骗，与齐国断交。知道被骗后，楚怀王发兵攻打秦国，反被秦国打败，汉中地区也被秦国占领。后来，诸侯一起讨伐楚国，这时秦国与楚国通婚，要求与怀王会面。屈原力劝怀王不要去，但怀王的小儿子子兰劝怀王不要与秦国断交。怀王便前去秦国，秦国果然扣押了怀王，要求楚国割地给秦。怀王很愤怒，他逃到赵国，赵国却不接纳他，他只得回到秦国，最后死在秦国，尸体送回了楚国安葬。

怀王长子顷襄王即位，任命子兰为令尹，楚人都怪罪子兰劝楚怀王去秦国。子兰知道屈原也怨恨自己，就让上官大夫在顷襄王面前诽谤屈原，顷襄王生气地放逐了屈原。

身体瘦弱的屈原来到江边，披头散发，脸色憔悴。渔父认出了他，问他怎么变成了这样。屈原说：“整个世界都很污浊，只有我一人清白；世人都醉生梦死，只有我还清醒。因此我被放逐了。”渔父问他为什么不与世俗同流，屈原说：“我怎能让自己高洁的品质被世俗污染！”于是他写下《怀沙》表明心志，抱着石头投汨罗江而死。

历史评价

原文

余读《离骚》《天问》《招魂》《哀郢》，悲其志。适长沙，观屈原所自沉渊，未尝不垂涕，想见其为人。

——《史记·屈原贾生列传》

译文

我读《离骚》《天问》《招魂》《哀郢》，每每为屈原的志向不能实现而悲伤。到了长沙，经过屈原投江自尽的地方，没有不流泪追怀他的为人的。

人物关系图

延伸阅读

五月五日午，赠我一枝艾。故人不可见，新知万里外。
丹心照夙昔，鬓发日已改。我欲从灵均，三湘隔辽海。

——宋·文天祥《端午即事》

端午节

每年的农历五月初五，是我国的传统节日端午节。相传端午节的来历与屈原有关，屈原投汨罗江自尽后，当地百姓划船赶来打捞他的遗体，却最终没有找到。百姓们敬慕屈原，不愿他的遗体被鱼虾啃咬破坏，就将米团投入江中喂食鱼虾。这个习惯被保留下来，在之后演变为赛龙舟和吃粽子的习俗。现在仍有许多地区会在端午节举行龙舟比赛，悼念屈原，同时强身健体。

除了赛龙舟、吃粽子之外，人们还会在端午节系五彩绳、插艾蒲、饮雄黄酒、系香袋等，因为端午节正是盛夏，容易滋生各种毒虫、疫病，人们希望能够借助这一系列措施驱虫毒、赶走疫病。

杀神 白起

bái qǐ

白起

一生不败壮军心　名震三晋战长平

六国百万将士骨　白起扬名鬼神惊

前功尽弃

白起是秦国大将，他屡战屡胜，为秦国攻下诸侯几十座城邑，占领了韩、魏、赵、楚的大片土地。当时周朝已经衰微，白起又打算率兵攻打魏都，苏厉受魏王派遣，对周赧王说：“秦国攻破韩国、魏国，占领了赵国的蔺、离石，这些都是白起做的。白起善于用兵，又有天命相助，现在他要攻打大梁，如果魏国破灭了，周朝就危险了。”周赧王听了之后无奈地叹气，却没有任何动作。苏厉只得又跑去见白起：“楚国有一个叫养由基的人很擅长射箭，距离柳叶百步远去射它，能够百发百中。围观的数千人都称赞他箭法高超。只有一个人说，不错，可以开始学习射箭了。养由基很生气，执箭问，难道你能教我射箭吗？那人说，不是我能教你射箭，你在百步之外射柳叶，百发百中后，不知道好好休息，力气很快就会用尽，再去射箭，弓也拉不满，箭也射不直，一次射不中，就再也射不中了。现在将军已经屡立战功，再带兵长途跋涉，攻打魏国，一战不胜，就前功尽弃了。将军不如称病，不再出任将领。”但白起并没有听信这番话。

将相失和

长平之战后，秦军又发兵上党郡，赵国、韩国都很惊恐，派苏代带重金游说秦相范雎。当时白起已经因功被封为武安君，苏代便对范雎说："赵国灭亡后，秦王就会君临天下，到时候武安君就会被封为三公。武安君为秦国夺取了七十多座城邑，平定了楚国的鄢、郢和汉中地区，俘获了赵国的四十多万大军，即使是周公、召公和吕望的功劳也不过如此。武安君做三公，您甘心屈居他之下吗？就算是不甘心也没办法吧。秦国曾经围攻韩国的上党，上党的百姓都转投了赵国，天下百姓不愿意做秦国的臣民已经很久了。假如赵国覆灭，它治下的百姓会分别投向燕国、齐国、韩国和魏国，您能得到多少呢？不如趁机让赵国、韩国割地求和，不要再让武安君立功了。"于是范雎对秦王说："秦兵劳顿，请允诺韩国、魏国割地求和，让士兵们休整一下。"秦王听从了他的话，接受割地，正月里全面休战。

白起得知了停战的消息，从此与范雎有了嫌隙。

扩展知识点

周公和召公是周武王的弟弟，吕望即姜子牙，他们都曾辅佐武王灭商，是西周开国功臣。

赐剑自刎

九月，秦国再次发兵，围困邯郸。当时白起在病中，不能出征。王陵率军攻打了几个月都没有进展，秦王打算派白起代替王陵，但白起说："长平之战秦军死伤过半，长途跋涉去攻打别国国都，如果赵国和诸侯里应外合，秦军一定会战败。"秦王亲自下令，但白起不肯前去，秦王又派范雎去请他，白起仍然不肯，此后便称病不起。

秦王只好派王龁代替王陵，但仍然攻不下邯郸，楚国和魏国的援军又赶到了，秦军多有伤亡。白起说："大王不听我的话，如今怎样？"秦王听后十分愤怒，强命白起出征。白起便称病重，范雎也请不动他。于是秦王将他降为士兵，让他去阴密，但白起在病中不能成行。此后三个月，秦军屡屡失利。秦王就派人驱逐白起，不准他留在咸阳。白起离开了咸阳，刚出西门十里路，秦王就和范雎等人议论说："白起看起来很不服气。"于是派使者赐给白起一柄剑，令他自杀。

白起引剑自尽前，叹道："我有什么罪过，何至于此？"良久，他又说："我坑杀赵国降军数十万，足够死了。"随后便引颈自杀。

历史评价

原文

鄙语云："尺有所短，寸有所长。"白起料敌合变，出奇无穷，声震天下，然不能救患于应侯。

——《史记·白起王翦列传》

译文

俗话说："尺有所短，寸有所长。"白起料敌如神，随机应变，计谋百出，声名威震天下，却不能应付范雎制造的祸乱。

人物关系图

延伸阅读

七国之时尚战争，威强智诈一齐行。
廉颇白起善用兵，苏秦张仪善纵横。
朝为布衣暮衣卿，昨日鼎食今鼎烹。
范雎谢相何心情，蔡泽入秦何依凭。

——宋·邵雍《战国吟》（节选）

战国四大名将

白起是杰出的军事家，他屡战屡胜，战功赫赫，与廉颇、李牧、王翦并称为战国四大名将。廉颇固守长平，抵御了秦军三年；李牧是廉颇之后的赵国名将，他长期防守赵国北部，击败东胡、林胡、匈奴，因为大败秦军被封为武安君，可是后来赵王中了秦国的反间计，杀死了李牧；王翦则是秦国将领，先后率军攻破赵国、燕国，攻灭楚国，为秦统一六国立下大功，被封为武成侯，很受秦始皇的重用。在《千字文》中，周兴嗣用“起翦颇牧，用兵最精，宣威沙漠，驰誉丹青”来形容这四位将领的功绩，意思是，白起、王翦、廉颇、李牧这四位将军最精于用兵，他们的威名传扬到沙漠边地，画像永垂青史。

倾国巨贾
吕不韦

lǚ 吕 bù 不 wéi 韦

巨贾从商可倾国　家财散尽居奇货
增删一字得千金　第五公子在秦国

奇货可居

吕不韦是阳翟的大商人，他往来各地，低买高卖，积攒了千金。

秦昭王的太子死了，次子安国君被立为太子。安国君有20多个儿子，但他最宠爱的华阳夫人却没有生子，不受宠的夏姬则有一个儿子叫子楚。

子楚在赵国做人质，秦国屡屡攻打赵国，因此赵国对子楚不加礼待，子楚生活困窘。吕不韦在邯郸做生意，看到子楚后很喜欢，说："子楚奇货可居。"于是他去见子楚，说："我能光大你的门庭。"子楚笑道："你先光大自己的门庭吧。"吕不韦说："你的门庭光大了，我的门庭自然光大。"子楚明白了他的意思，就引他坐下深谈。

吕不韦说，只有安国君宠爱的华阳夫人能选立未来的太子，而子楚排行居中，长期在诸侯国做人质，没有争做太子的优势，不如依附华阳夫人。子楚便问该怎么做。吕不韦说："我愿拿出千金去秦国为你打点，游说安国君和华阳夫人立你为继承人。"子楚便磕头拜谢道："事成以后愿与你共享秦国。"

扩展知识点

奇货可居：把稀有的东西囤积起来，等待高价出售。比喻凭借某种技艺或事物以博取名利。

邯郸献姬

吕不韦送给子楚五百金，让他结交宾客。自己也用五百金采买奇物珍玩，去秦国求见华阳夫人的姐姐，把奇物都送给华阳夫人，趁机赞扬子楚贤能，交友遍天下，日夜思念太子和夫人。吕不韦还请华阳夫人的姐姐劝夫人提拔子楚，这样即使安国君死了，自己是下一任秦王的母亲，终生都享有荣宠。华阳夫人便劝说安国君，将子楚立为继承人，厚待子楚，并请吕不韦做他的老师。子楚在诸侯间的名声越来越大。

吕不韦有一个邯郸姬妾极擅长舞蹈，已经怀孕了。子楚和吕不韦饮酒时看到了这个女子，非常喜欢，便请吕不韦把她送给自己。吕不韦大怒，但想到已经耗尽家财为子楚奔波，以图将来的厚报，于是就将姬妾献给了子楚。姬妾隐瞒了自己已经怀孕的消息，期满时生下了儿子政，子楚就将她立为夫人。

后来，王龁围困邯郸，赵国情势危急，准备杀掉子楚，子楚和吕不韦用六百金贿赂看守的官吏，逃回了秦国。赵国就准备杀了子楚夫人和儿子，因为夫人是富豪家的女儿，被藏了起来，因此才活了下来。

一字千金

秦昭王死后，安国君即位，华阳夫人为王后，子楚为太子，赵国也将子楚夫人和儿子政送回了秦国。

一年后，秦王便死了，谥号孝文王，子楚即位，为庄襄王。华阳王后被尊为华阳太后，夏姬则被尊为夏太后。吕不韦被封为丞相，封文信侯，食邑十万户。庄襄王即位三年后也死了，太子政即位，就是后来的秦始皇。吕不韦被尊为相国，号称“仲父”。

当时魏国有信陵君，赵国有平原君，齐国有孟尝君，都以礼贤下士闻名，并以此相互比较。吕不韦认为秦国这么强大，却比不上他们，以此为耻，于是也广招贤士，厚待他们，招揽来了三千名食客。当时有很多善于辩论的人，像荀卿那样著书立说，流传天下。吕不韦就命食客将自己的见闻著录下来，整理为八览、六论、十二纪，有二十多万字，自认为包揽了天地、万物、古今之事，取名为《吕氏春秋》。吕不韦在咸阳南门公布了《吕氏春秋》，并悬赏千金，遍请各国的游士、宾客，能在书中增删一字的就赠给他千金。

扩展知识点

一字千金：形容诗文精妙，价值极高。

历史评价

原文

不韦及嫪毐贵，封号文信侯。人之告嫪毐……遂灭其宗。而吕不韦由此绌矣。孔子之所谓“闻”者，其吕子乎？

——《史记·吕不韦列传》

译文

吕不韦带及嫪毐也富贵，嫪毐自封文信侯。有人告发嫪毒的罪过……（秦始皇）把嫪毐满门抄斩，吕不韦也由此被贬黜。孔子所说的“闻”，形容的就是吕不韦这样的人吧。

人物关系图

延伸阅读

秦市金悬鲁史修，措辞当日两难求。
书传果在西迁后，锥口诸儒未必休。
——魏晋·张载《吕不韦春秋》

《吕氏春秋》

吕不韦集合门客共同编写的《吕氏春秋》汇合了先秦的各派学说，是杂家的代表著作，也被称为《吕览》。《吕氏春秋》一共有二十六卷，分为十二纪、八览、六论，共有一百六十篇。其中，十二纪按照月令编写，依照春生、夏长、秋收、冬藏的自然流转顺序排布，并进一步阐述人们该如何依时耕作、改变生活方式，将自然哲理与社会治理融合在一起。我们在不同节气常说的候应，如“雷乃发声，始电，蛰虫咸动，开户始出”，在《吕氏春秋》中便多有记载。

《吕氏春秋》的内容以儒家思想和道家思想为主，兼有名家、法家、墨家、农家和阴阳家的言论，为当时秦国统一天下、治理国家提供了思想武器。

应侯 范雎

fàn jū

范雎

忍辱诈死保身家　有仇必报恩必答

大鹏一日同风起　远交近攻统天下

驱逐四贵

范雎是魏国人，他想侍奉魏王，但因为家贫，只好先在中大夫须贾门下做事。

须贾带着范雎出使齐国，齐襄王听说范雎能言善辩，就赐给他酒肉黄金，范雎不敢接受。但须贾认为范雎是把魏国的秘密透露给齐国才受到厚待，回国后，把事情报告给国相魏齐。魏齐大怒，鞭打范雎，打得他牙齿掉落、肋骨骨折。范雎装死，被用席子卷起扔在了厕所里。范雎悄悄许诺看守日后重谢，于是看守趁魏齐喝醉，放了范雎。魏人郑安平带着范雎藏了起来，范雎改名为张禄。

当时，秦昭王的使者王稽在魏国，郑安平装作差役，向王稽推荐张禄，王稽趁夜见了张禄，谈论后知道他贤能，便私下将他带离了魏国。

王稽将张禄推荐给秦昭王，但秦昭王并不相信他。当时秦国四贵（穰侯魏冉、华阳君、泾阳君、高陵君）当权，富可敌国，魏冉还想攻打齐国，扩大自己的封地。于是张禄上书，陈言利弊，秦昭王越来越信任他。几年后，张禄看时机成熟，便痛陈四贵和太后专权的害处，秦昭王如梦初醒，废黜了太后，将四贵驱逐出国都，范雎则代替魏冉成为秦相，封应侯。

复仇须贾

范雎做了秦相后，仍称张禄，魏国人只以为他已经死了。后来，魏国听说秦国要来攻打，便派须贾出使秦国。范雎知道后，打扮成穷人步行到客馆，见到了须贾。须贾大吃一惊："你原来没有死！"范雎说："是啊。"须贾笑问："你来秦国游说吗？"范雎说："不是，我是逃亡到这里的，给人当差役。"须贾怜悯他，就留他吃饭，送给他一件袍子。

其间须贾问道："我要办的事成败都在秦相张公，你认识能引见我的人吗？"范雎说："我家主人和相国相熟，我来引见你吧。"

范雎亲自给须贾驾车去秦相府。到了相府门口，范雎说："你在这里等我，我先进去通报。"

须贾在门外等了很久，问门人范雎为什么不出来。门人说："这里没有范雎。"须贾就问刚才驾车的人是谁，门人说："是我们相国。"须贾大惊，连忙跪下，托门人去认罪。范雎这才摆下排场见他，列举他诬陷自己出卖魏国、不制止魏齐鞭打侮辱自己、醉后在厕所侮辱自己的三条罪过，但又念他今日赠自己袍子，所以并不杀他。随即，范雎进宫报告昭王，让须贾回去。

睚眦必报

须贾向范雎辞行时，范雎遍请诸侯使者，与自己同坐在堂上，用美食佳肴招待，而让须贾坐在堂下，面前放一槽饲料，两个犯人像喂马一样给须贾吃饲料。范雎责令道：“替我告诉魏王，赶快把魏齐的人头送来，否则我就屠灭大梁。”须贾回去后告诉魏齐，魏齐惊恐地逃到赵国，藏在平原君家中。

范雎称相后，王稽曾对他说：“不能预知的事情有三种，无可奈何的事情也有三种。君王哪天死去，是第一件不可知的事；你在哪天死去，是第二件不可知的事情；我在哪天死去，是第三件不可知的事情。君王死去，你就算遗憾我没被重用，也无可奈何；你突然死去，你就算遗憾还没报答我，也无可奈何；我突然死去，你就算遗憾没有及时推荐我，也无可奈何。”范雎听后，便对秦王进言，秦王于是封王稽为河东郡守，三年内不考核政绩。帮过范雎的郑安平，范雎也举荐他为将军。范雎还散发家财，回报那些在他困厄时伸出援手的人。

范雎对一顿饭这样的小恩小惠都会报答，对瞪过他一眼的小仇小怨也一定会报复。

扩展知识点

睚眦必报： 形容气量小。

历史评价

原文

范雎、蔡泽世所谓一切辩士，然游说诸侯至白首无所遇者，非计策之拙，所为说力少也。及二人羁旅入秦，继踵取卿相，垂功于天下者，固强弱之势异也。然士亦有偶合，贤者多如此二子，不得尽意，岂可胜道哉！然二子不困厄，恶能激乎？

——《史记·范雎蔡泽列传》

译文

那些像范雎、蔡泽那样能言善辩的人，游说诸侯到老都没有取得成功，不是因为他们的计策拙劣，只是周围的环境不利于游说产生效果。等到范雎、蔡泽来到秦国，相继成为卿相，功绩天下流传，本来是因为秦国强大，与其他弱小国家不同。然而人本来就有不同际遇，像这两位一样贤能但始终不如意的人，岂能数得清！不过，如果他们两人不曾经历过那番困厄，又怎会那么奋发呢？

人物关系图

延伸阅读

范雎相秦倾九州，一言立断魏齐头。
世间祸故不可忽，箦中死尸能报雠。
——宋·王安石《范雎》

远交近攻

魏冉准备越过韩国、魏国去攻打齐国时，范雎向秦昭王进言劝阻，他用齐国耗尽兵力攻打远方的楚国反而只让韩、魏两国获利的例子，说明攻打齐国并不明智，不如和远处的邦国结交，攻打近处的国家，这样攻打下来的每一寸土地都能纳入秦国的领土。他还劝秦王先拉拢地处中原的魏国、韩国，以此震慑楚国和齐国。然后，若楚国强大，秦便亲近赵国；若赵国强大，秦便亲近楚国；如果楚国、赵国都亲附秦国，那齐国就会恐惧，也来依附，之后收服韩国和魏国就指日可待了。

范雎提出的这套外交策略被称为“远交近攻”，它帮助秦国统一了六国，建立了秦王朝，对后世也有着深远的影响。现在，人们也会用“远交近攻”来形容为人处世的一种手段。

平原君 赵胜

zhào shèng

赵胜

数千宾客满厅堂　解围邯郸出资粮

从谏如流拒封赏　杀妾安得贤士傍

接收上党

平原君赵胜是赵国公子，他礼贤下士，门下宾客有数千人。

秦军围困韩国上党郡时，上党郡守冯亭派使者来赵国，说："韩国不能守卫上党，上党郡快要并入秦国了，但郡中官民都想归附赵国，而不愿做秦国的臣民。上党郡有七十多座城邑，愿意归入赵国。"赵王很高兴，召平阳君赵豹问："冯亭献了七十多座城邑，可以接受吗？"赵豹说："圣人将无缘无故的利益视为祸患。"赵王说："这是他们感念我的恩德，怎么是无缘无故呢？"赵豹回答："秦国断绝了上党和韩国其他地方的联系，自觉一定会得到上党的土地。上党不归附秦国，就是为了嫁祸赵国。秦国强大，赵国弱小，赵国却因为秦国白白得到领土，这不是无缘无故的利益吗？赵国不能和秦国为敌，一定不能接受。"赵豹离开后，赵王又召见赵胜和赵禹，两人回答说："即使出动百万大军，一年也可能得不到一座城，现在能白白得到七十多座城邑，不能错过。"于是赵王就派赵胜去接收上党。

赵胜到了上党，冯亭却不愿见使者，赵国便发兵占领了上党。

邯郸解围

秦军攻打邯郸时，赵胜带领门客前往楚国订立合纵盟约。在毛遂的帮助下，盟约被确定下来，赵胜便返回了赵国。回到赵国后，楚国春申君、魏国信陵君带兵赶来救援，只是都还没有赶到。

秦军已经围困了邯郸，邯郸危急，准备投降了。这时邯郸客馆官员的儿子李同对赵胜说：“你不担心赵国灭亡吗？”赵胜回答：“赵国灭亡，我就会成为俘虏，怎么不担心？”李同说：“邯郸百姓已经易子而食了，可你宫中姬妾成群，她们穿绫罗绸缎，精粮和肉吃不完，而百姓衣不蔽体，谷皮都不够吃的。如果秦国攻破赵国，你还能如此吗？如果你能把仆婢都编入士兵中一起守城，把家中物资分发给士兵享用，士兵正处在危难艰苦之中，一定会对你感恩戴德。”赵胜便按照他的话去做了，得到了三千名敢于赴死的士兵。于是李同就带着这三千人攻打秦军，秦军因此后撤三十里。恰好楚国、魏国的援军赶到，秦国便撤军了，邯郸得以保存。李同战死，他的父亲被封为李侯。

从谏如流

邯郸之围被解开后，虞卿打算为赵胜请求增加封地。公孙龙听说后，连夜驾车来见赵胜，说："我听说虞卿打算因为信陵君保存了邯郸而为你请求增加封地，是真的吗？"赵胜说："是。"公孙龙便说："千万不能这么做。大王任命你做赵相，并不是因为你的才智在赵国独一无二，将东武城赐给你做封地，也不是因为你有功劳，只是因为你是大王的亲戚罢了。你做相国不因为无能而推辞，接受封地也不因为无功而不受，也是因为你自觉是大王的亲戚。现在你因为信陵君出兵保存邯郸而要求增加封地，是无功时作为王亲接受封地，有功时作为普通人要求封赏，这很不合适。况且，这件事由虞卿决断，如果事情成功了，虞卿就能来索取报酬；如果不成功，虞卿也能凭着为你争取封地的虚名，让你感激他。你一定不能听他的。"于是赵胜便拒绝了虞卿的提议。

扩展知识点

公孙龙是名家代表人物，他在平原君赵胜门下做门客时，赵胜待他很好。但是邹衍经过赵国时，驳斥了公孙龙的论辩，此后赵胜便辞退了他。

历史评价

原文

平原君，翩翩浊世之佳公子也，然未睹大体。鄙语曰“利令智昏”，平原君贪冯亭邪说，使赵陷长平兵四十余万众，邯郸几亡。

——《史记·平原君虞卿列传》

译文

平原君是乱世中风度翩翩、有才气的公子，但不识大体。俗语说：“贪图利益会失去理智。”平原君贪图冯亭的荒谬言论，致使赵国大军四十多万人在长平被坑杀，赵国几乎灭亡。

人物关系图

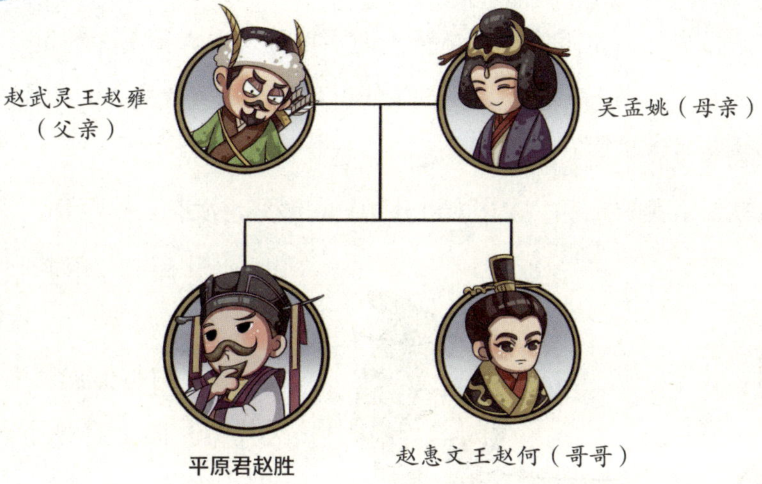

延伸阅读

不须浪饮丁都护，世上英雄本无主。
买丝绣作平原君，有酒唯浇赵州土。
漏催水咽玉蟾蜍，卫娘发薄不胜梳。
看见秋眉换新绿，二十男儿那刺促？

——唐·李贺《浩歌》(节选)

杀妾纳士

平原君赵胜家中有高楼邻近民宅，民宅中有一个跛足的人，总是一瘸一拐地去打水。赵胜的一位姬妾在楼上看到后，忍不住大笑。第二天，跛足的人到赵胜面前说：“我听说你喜爱贤士，贤士不远千里来投靠你，是因为你看重贤士而不重视姬妾。我不幸跛足，而你的姬妾在高楼上嘲笑我，我希望能得到那个嘲笑我的人的人头。”赵胜笑着答应了他。跛足的人走后，赵胜笑道：“这个人因为一笑的缘故就要杀我的姬妾，实在太过分了！”最终也没有杀掉姬妾。

一年多后，赵胜的门客离开了一大半，赵胜很奇怪，自己对待他们从来不曾失礼啊。门下有一个人说：“因为你不杀嘲笑跛者的姬妾，大家都认为你爱美色而不重视贤士。”于是赵胜就斩下那个姬妾的人头，亲自登门献给跛足的人并道歉。其后，门客又陆续回来了。

春申君 黄歇

huáng xiē

黄歇

劝阻秦王结亲盟　巧送太子归楚城

三千门客着珠履　黄浦江畔忆春申

劝阻秦王

楚国人黄歇侍奉楚顷襄王，顷襄王因为他善辩，派他出使秦国。当时秦昭王准备派白起去征讨楚国。顷襄王的父亲楚怀王被秦国蒙骗，死在秦国，秦国很轻视顷襄王，黄歇担忧秦国会一举灭掉楚国，因此向秦昭王上书，劝阻他出兵。

信上说，秦国与楚国相斗，犹如两虎相争，只有劣狗能得到好处。事物发展到极端就会走向反面，秦国领地范围和大王的威势都已经达到极点，如果保持现在的功绩，收起攻伐之心，广施仁义，大王的威名将和三王、五霸并称。夫差相信了勾践的恭维，远征齐国，落得灭国的下场，大王如果继续以武力征伐诸侯，恐怕也免不了祸患。况且楚国距离秦国遥远，秦国如果借道韩、魏，二者都与秦国有仇，怎么会不欺骗秦国呢？如果从随水右方出兵，那里地形险峻，不产粮食，大王占领了它们也无用。再说，大王征讨楚国时，其他国家一定会乘虚而入。秦国与楚国结下仇怨，韩、魏就会依附齐国。大王不如与楚国联合，威慑天下，那么诸侯都要受秦国约束了。

秦昭王看了上书后，便让白起停止出征，与楚国订了盟约。

游说范雎

黄歇接受了秦国的盟约回到楚国，楚王又派他和太子完到秦国做人质，在秦国待了很多年。后来，顷襄王病重，太子却不能回去。太子和秦相范雎交好，于是黄歇对范雎说：“楚王的病恐怕好不了了，秦国不如让太子回去，太子即位后一定亲善秦国，而且永远感激相国，这也是为秦国的将来打算。留在咸阳，太子只是一个百姓，楚国另立太子，

必定不亲近秦国。请相国好好考虑。”范雎把黄歇的话告诉秦王，秦王说：“先让太子的老师回楚国探病，回来后再商议吧。”黄歇便为太子谋划道：“楚王若死，阳文君一定会立自己的儿子为太子，你就没法继承王位了。不如和使者一起逃出秦国，我在这里冒死留守。”

于是太子装扮成使者的车夫，逃出秦国。黄歇留在客馆，推说太子有病不能会客。估计太子已经走远，秦兵已经追不上后，黄歇主动到秦昭王前，请他赐自己死罪。秦昭王大怒，准许他自杀，但范雎说：“黄歇不顾安危保护太子，太子如果即位，一定重用黄歇，不如放他回楚国，表达秦国的友善。”秦昭王因此将黄歇遣送回了楚国。

三千珠履

黄歇回到楚国后三个月，楚顷襄王去世，太子完即位，为考烈王，黄歇被任命为相国，封春申君。春申君为楚国东征西讨，楚国渐渐强盛起来。

有一次，赵国平原君派人到春申君这里来，春申君在上等客馆招待了他们。赵国使者想在楚国面前夸耀自己，就特意用玳瑁做簪子，刀剑的鞘上都用珠宝装饰，请求会见春申君的门客。春申君门下有三千门客，上等门客都穿着宝珠装饰的鞋来见赵国使者，赵国使者因此自惭形秽。

考烈王虽然有很多姬妾，但没有儿子。赵国人李园想把妹妹献给楚王，又担心没有子嗣，妹妹不会长期得宠，因此故意把妹妹先献给了春申君。妹妹怀孕后，说服春申君把自己献给了楚王，生下的儿子被立为太子，自己也被立为王后。

李园担心春申君泄露秘密，私下养了很多死士，准备杀春申君灭口，国中很多人知道这件事。

后来，楚王病重，朱英劝春申君防备李园。春申君却说，李园软弱，我又待他很好，他不会杀我。17天后，楚王去世，李园果然先在宫中埋伏下死士，趁春申君进宫杀了他，又派官吏杀了春申君全族。

历史评价

原文

吾适楚，观春申君故城，宫室盛矣哉！初，春申君之说秦昭王，及出身遣楚太子归，何其智之明也！后制于李园，旄矣。语曰：“当断不断，反受其乱。”春申君失朱英之谓邪？

——《史记·春申君列传》

译文

我到楚国，游览春申君的旧城，宫室十分宏伟！当初，春申君游说秦昭王，又冒死送楚国太子回国，是多么明智啊！后来被李园控制，又多么糊涂。俗话说：“当断不断，反受其乱。”说的就是春申君不听朱英的劝告吧。

人物关系图

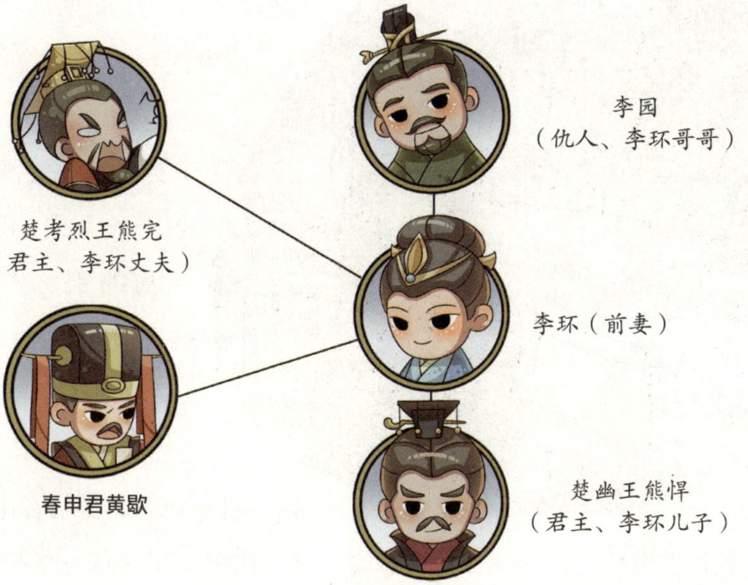

延伸阅读

烈士思酬国士恩，春申谁与快冤魂。
三千宾客总珠履，欲使何人杀李园。

——唐·杜牧《春申君》

春申君与上海

考烈王十五年（前248年），春申君被改封到吴地，在现在的江苏苏州附近。当时，吴地附近的河流泥沙堆积，在汛期常常会洪水泛滥。春申君便命人疏通河道，修筑堤坝，百姓为了纪念他，就将这条河命名为黄歇浦，它还有另一个响亮的名字，叫作黄浦江。不过，据考证，春申君开浚的江南河道有很多，大多都出现在宋代之前的记载中，因此也有人说，春申君开凿黄浦江的说法是后来附会的。

除了黄浦江，春申君与上海之间还有着千丝万缕的联系。上海的别称“申”，就来自春申君，黄浦江又称申江、春申江，上海还有黄浦区、春申路、春申村等，都与春申君有关。在上海松江区的浦江之首水文化展示馆里，还建有一座春申堂，堂内的巨大木雕生动展示了春申君治理河道的故事。

九鼎之重

毛遂

máo suì

毛遂

自告奋勇登楚殿　脱颖而出展锋芒

歃血为盟促合纵　一言可抵百万将

毛遂自荐

赵国邯郸之围时，平原君受命带二十名门客前去楚国订立盟约，但一番挑选后，只能找到十九名文武兼备的门客。这时门下一个叫毛遂的人上前，自我推荐道："我听说你将去楚国订立合纵盟约，要从门下挑选二十个门客，现在还少一个，就让我去吧。"平原君问他："先生在我门下待了几年了？"毛遂说："三年了。"平原君便说道："贤士在世间立身，就像锥子放在口袋里，它的尖端立刻就能显露出来。现在先生在我门下都已经待三年了，身边的人从来没有称颂过你，我也没听说过先生的大名，这是先生没有什么特长啊！先生不能去，还是留下吧。"毛遂说："我是今天才请求被放到口袋中去，如果我能早些被放在口袋里，那么整个锥子都会露出来，而不仅仅是尖端显露了。"平原君最终带上了毛遂，其他十九个人都相互使眼色，嘲笑毛遂。

扩展知识点

毛遂自荐：比喻自我推荐。

歃血为盟

到了楚国，平原君从日出时就与楚王讨论合纵的事情，到了中午还没有决定。毛遂走上台阶，对平原君说：“合纵是利是弊，不过两句话罢了，怎么从早上谈到中午都不能决定？”楚王问清毛遂是谁后，叱责道：“我和你的主人谈判，你来干什么！”毛遂握紧剑柄上前说：“大王敢叱责我，是倚仗楚国人多势众。如今十步之内，大王没办法倚仗众人，性命掌握在我的手上。而且商汤凭借七十里地而得到天下，文王凭借百里大小的土地使诸侯臣服，他们靠的难道是人多势众吗？是能够顺势奋发啊。楚国有五千里领土，百万雄兵，威慑天下。白起不过是个毛头小子，带领数万人的军队就再三攻占了楚国土地，大王不觉得羞愧吗？合纵联盟是为了楚国而不是赵国。”楚王唯唯诺诺，答应了合纵盟约。毛遂便命令楚王侍从端来鸡、狗、马的血，自己端着铜盘跪着递给楚王说：“请大王先吮一口，其次是我的主人，最后是我。”就这样，合纵盟约正式确定。

扩展知识点

歃血为盟：古代举行盟会，盟约宣读后，参加者用口微吸所宰牲畜的血，以示诚意。

一言九鼎

平原君与楚王确定了合纵盟约后，带着门客返回赵国。回到赵国后，平原君说道："我再也不敢观察、识别人才了。这些年我招揽人才，亲自察看的人才多则上千，少则有数百人，自以为天下的贤能之士没有被我遗漏的，竟然没有发现毛先生这样的人才。毛先生一到楚国，就使赵国的地位比九鼎大吕这样的国之重器还要重要。毛先生能言善辩的三寸之舌，比百万大军还要厉害。我再也不敢亲自察看贤能之士了。"此后，平原君就将毛遂奉为上等宾客。

扩展知识点

一言九鼎：形容言辞分量极重，作用极大。九鼎，传说大禹冶铸九鼎，象征九州，夏商周三代时将九鼎奉为传国之宝，成汤迁之于商邑，周武王迁之于洛邑，周赧王迁都后，秦国夺得九鼎，将其中一个沉到泗水里，其余八个则不知所终。

三寸不烂之舌：也称三寸舌，形容有辩才，善于辞令。

历史评价

原文

两国争衡际，诸君袖手观。群然着珠履，谁肯捧铜盘。

——《杂咏一百首·毛遂》

译文

两国相争，互相制衡的时候，人们都袖手旁观。门客们可以穿着珠履炫耀财力，谁能像毛遂那样冒死促成合纵盟约？

人物关系图

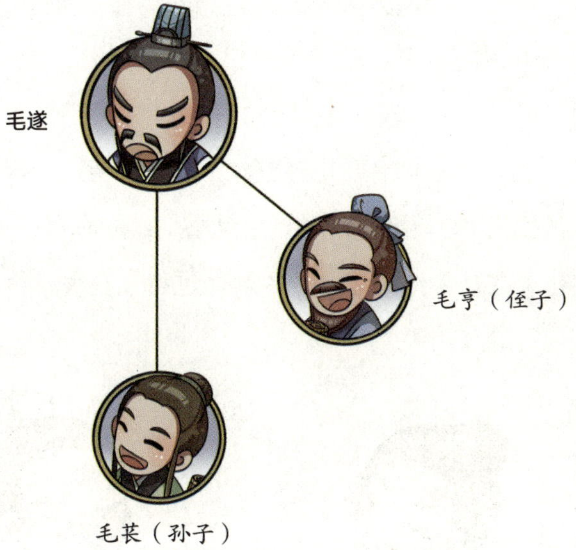

延伸阅读

五斗尘劳尚足留，闭门聊欲治幽忧。
羞为毛遂囊中颖，未许朱云地下游。
无事会须成好饮，思归时欲赋登楼。
羡君幕府如僧舍，日向城南看浴鸥。

——宋·苏辙《次答邦直见答二首》

后世流芳

在《史记》中，关于毛遂的记载仅有自荐和促成合纵联盟两事，但毛遂的形象已经深入人心，毛遂自荐、脱颖而出、一言九鼎等典故都源自毛遂的故事。毛遂不仅自己才能卓著，他的后代中也是人才辈出。毛遂有一个侄子毛亨，被人称为“大毛公”，相传是古文诗学“毛诗学”的开创者。毛遂还有一个孙子名为毛苌，他跟随毛亨学诗，被称为“小毛公”。秦始皇焚书坑儒的时候，他们冒着被杀的风险将古文《诗》藏了起来，并对其进行了注释，传为《毛诗》，就是现在通行的《诗经》。

信陵君

魏无忌

wèi wú jì
魏无忌

广招门客三千人　三教九流皆在门
信陵驱秦救赵都　如姬窃符报德恩

广招门客

魏无忌是魏国贵族，安釐王的异母弟弟，安釐王即位后将他封为信陵君。

信陵君为人仁厚，礼贤下士，无论对方才能大小都谦逊地结交，因此方圆数千里的士人都争着归附，门下聚集了三千门客。有一次，信陵君和魏王下棋，北边边境突然传来警报，说："赵国军队来犯，就要进入边境。"魏王放下棋子，准备召见大臣商议对策，魏无忌阻止魏王道："只是赵王在打猎罢了，不是举兵进犯。"说完仍旧像刚才那样下着棋。魏王心中惊恐，心思根本不在下棋上。过了一会儿，北方边境又传信说："是赵王在打猎，不是赵军进犯。"魏王非常惊讶，问道："你怎么知道这件事的？"魏无忌说："我的门客中有能够深入打探赵王私事的人，赵王所做的一切，门客都会报告给我，所以我知道这件事。"

魏无忌的门客数量之多由此可见一斑。当时诸侯因为魏无忌的贤能和门客众多，连续十多年不敢侵犯魏国。但也是因为如此，魏王忌惮魏无忌，不敢把国政交给他。

礼贤下士

魏国隐士侯嬴已经七十多岁了，是都城看门人。魏无忌听说他贤能，带着厚礼去请他。但侯嬴说：“我洁身自好数十年，绝不会因为守门穷困就接受你的钱财。”魏无忌就大摆宴席，等宾客都坐定后，亲自去接侯嬴，把车上的主位留给他。侯嬴整理了一下破旧的衣冠，就直接上了车，没有丝毫谦让，以观察魏无忌的反应。魏无忌更加恭敬。侯嬴又说：“我有个朋友在街市屠宰场中，请载我去见他。”魏无忌就驾车去了街市，侯嬴下车见朋友朱亥，故意站着聊了很久。市场上的人都看到了驾车的是魏国公子，侍从们暗骂侯嬴，魏无忌的脸色却更加和悦。看魏无忌面色始终和善，侯嬴才和朱亥告别，登车去了魏无忌家。魏无忌亲自把侯嬴引到上座，向座上的王侯将相一一介绍。席间，魏无忌起身祝福侯嬴，侯嬴因此说：“公子亲自驾车迎接我，我故意拜访朋友，让公子在市场中久站，是成就公子名声。街市上的人都会以为我是小人，而公子礼贤下士。”此后，侯嬴成了魏无忌的贵客。

扩展知识点

礼贤下士：降低身份去结交有才能的人，形容重视人才。

窃符救赵

魏无忌的姐姐是平原君赵胜的夫人，邯郸之围时，姐姐写信求救，魏王派晋鄙带十万人前去，但秦国派使者威胁道，敢救赵国的，秦国灭掉赵国后必定先去讨伐。魏王害怕，让晋鄙停在邺城观望形势。赵胜多次派人来，责备魏无忌徒具虚名，见死不救。魏无忌十分忧虑，多次请求魏王出兵，魏王始终不听，魏无忌便决心带着门客前去，与赵国一同赴死。

临行前，侯嬴不愿跟从，魏无忌心中不快，走了几里路又回去找侯嬴。侯嬴笑道："我便知道公子一定会回来。"随后，他屏退众人，说，"兵符在魏王卧室里，如姬最受宠，常出入魏王卧室，可以偷到兵符。我听说如姬的父亲被人杀了，如姬寻找了三年能报仇的人，都没如愿。向公子哭诉后，公子命门客斩下仇人的头颅送给如姬，如姬甘愿为公子而死，一定会答应偷兵符。拿到兵符后，公子就能夺得晋鄙的兵权，击退秦军了。"魏无忌依计去找如姬，如姬果然盗出了兵符给他。

拿到兵符的魏无忌谎称是受命代替晋鄙，晋鄙不信，魏无忌不得已杀了他，然后带兵攻打秦军，解了邯郸之围。

历史评价

原文

吾过大梁之墟，求问其所谓夷门。夷门者，城之东门也。天下诸公子亦有喜士者矣，然信陵君之接岩穴隐者，不耻下交，有以也。名冠诸侯，不虚耳。高祖每过之而令民奉祠不绝也。

——《史记·信陵君列传》

译文

我经过大梁遗址时，寻访那个所谓的夷门。夷门就是大梁的东门。诸位公子中也有喜欢养门客的，然而只有信陵君能够结交那些隐居在社会各个角落里的人，他不以与身份卑微的人交往为耻，确实是有的。他的名声超过诸侯，也不是虚传。汉高祖每次经过那里时都会命令百姓祭祀他，不能断绝。

人物关系图

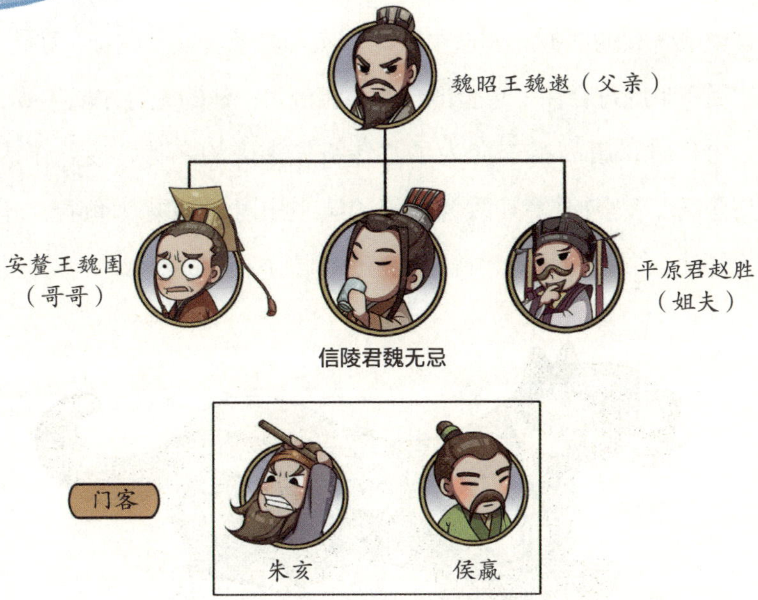

延伸阅读

越声长苦有谁闻，老向湘山与楚云。
海峤新辞永嘉守，夷门重见信陵君。
田园松菊今迷路，霄汉鸳鸿久绝群。
幸遇甘泉尚词赋，不知何客荐雄文。
——唐·刘禹锡《酬令狐相公赠别》

虎符

在窃符救赵的故事中，信陵君偷盗的兵符也被称为虎符，是中国古代帝王授予臣属兵权和调遣军队的信物，在战国时期、秦、汉期间盛行。虎符一般用铜浇铸成老虎的形状，老虎背上刻满铭文，能够一分为二。右边的一半通常留在君主的手中，左边的一半则发给地方官吏或统兵的将帅。调遣军队时，使者要带着一半虎符，和将帅手中的另一半虎符合在一起验证真伪，能合为一体的虎符才能生效。

唐代时，唐高祖李渊为了避讳祖先李虎的名讳，废除了虎符，改用鱼符，武则天将其改为龟符，唐中宗时又恢复为鱼符。不过，无论是什么形状，这些兵符都能够分为左右两半。

秦始皇 嬴政

yíng zhèng

嬴政

六国尽灭天下降　五百儒生葬咸阳

欲成大秦万世业　千古一帝秦始皇

吞并六国

赵姬被吕不韦献给秦庄襄王后，生下儿子嬴政，就是后来的秦始皇。嬴政十三岁时即位，政事由大臣处理。秦始皇九年（前238年）时，嬴政亲政，剿灭了嫪毐的叛乱，第二年免去吕不韦的相位，将朝政交给李斯。此后，秦国大举征讨天下，从秦始皇十七年（前230年）开始，先后吞并韩国、赵国、魏国、楚国、燕国、齐国，在九年内统一了天下。

兼并天下后，嬴政命丞相和御史讨论帝王的封号，李斯等人都说："陛下平定天下，是亘古以来没有过的事情，古有天皇、地皇、泰皇，泰皇最为尊贵，我们冒死请陛下号为'泰皇'，天子之命称'制'，天子之令称'诏'，天子自称为'朕'。"嬴政说："去掉'泰'，留下'皇'，采用上古表明地位的'帝'字，号称'皇帝'。其余按照你们议定的。"庄襄王被追封为太上皇。嬴政又下命令说："我听说太古有称号没有谥号，中古有称号，死后又根据生前的言行确定谥号，这么做是儿子议论父亲、臣子议论君主。从今以后，废除谥法，我为始皇帝，后世以数为计，称二世、三世以至于万世，无穷无尽地传袭。"

巡游天下

统一天下后，秦始皇将全国划分为三十六个郡，设置郡守等官吏，由皇帝统一任免。将六国原本各自使用的文字、度量衡、货币和法律全部统一，拆除各国之间的防御工事。天下的豪富人家有十二万户，都被迁到了咸阳。秦国每消灭一个诸侯国，就按照它的宫殿的样子在咸阳北坡上仿造，从诸侯国掳掠来的美女、钟鼓都被安置在里面。

秦始皇二十七年（前220年），秦始皇巡游陇西等地，修筑了专供帝王行驶马车的驰道。此后，秦始皇又向东巡游，登上泰山，沿渤海东行；向南登上琅琊，将三万户百姓迁徙到琅玡台下，派徐福前往海中寻找仙人；从上郡巡游北方，发兵攻打胡人，取得河南地区。每到一处，秦始皇就命人刻碑，宣扬自己的功绩。

秦始皇三十五年（前212年），大将蒙恬又受命主持修建了连接关中平原与河套地区的直道。

扩展知识点

秦始皇设郡县、统一文字和度量衡、修筑驰道和直道等措施，有助于巩固统一和推动经济、文化的发展。但他实行专制，用严刑苛法统治百姓，加上租役繁重，连年用兵，他死后不久就爆发了大规模农民起义。

焚书坑儒

秦始皇三十四年（前213年）时，始皇帝在咸阳宫摆酒设宴，仆射周青臣称颂秦始皇的功绩古今无人能及，博士淳于越却说周青臣当面阿谀奉承是不忠。秦始皇令下面讨论。丞相李斯说道："三皇五帝的制度都不相同，因为时势变了。现在天下平定，读书人反而学古代的言论非议当今。人们以各自的学说相互辩论，沽名钓誉，扰乱人心，如果不加禁止，则会威胁君主的权威，党徒互相勾结。请把不是秦国记录的史籍都烧掉，除了博士官所主管的，天下所有私藏的《诗》《书》、百家典籍，都送去地方官吏那里烧掉。敢私下议论《诗》《书》的，在闹市处死示众，以古非今的灭族。官吏知情而不举报的视为同罪。只有医药、卜筮、农林方面的书可以保留，只有官吏能教授法令。"秦始皇便下令按照他说的去办。

三十五年（前212年）时，为秦始皇寻仙药的方士侯生和卢生商量说："秦始皇刚愎自用，用刑罚杀戮立威，不能再为他寻找仙药。"于是相约逃走。秦始皇大怒，派御史审问儒生，相互告发的可以免罪，最后抓了四百六十多名儒生，全部在咸阳活埋。

历史评价

原文

秦之先伯翳，尝有勋于唐、虞之际，受土赐姓。及殷、夏之闲微散。至周之衰，秦兴，邑于西垂。自缪公以来，稍蚕食诸侯，竟成始皇。始皇自以为功过五帝，地广三王，而羞与之侔。善哉乎贾生推言之也！

——《史记·秦始皇本纪》

译文

秦国先祖伯翳曾经在尧舜时期立下功勋，因此获得土地，被赐嬴姓。到夏朝、商朝，势力开始衰微。到周朝没落时，秦国兴起，在西陲建立城邑。从秦穆公开始，秦国慢慢蚕食诸侯领土，在秦始皇时统一了天下。秦始皇自以为功绩超过五帝，领土比三王的还要广大，因此羞于与三皇五帝同列。贾生对秦朝灭亡的评价很恰当啊！

人物关系图

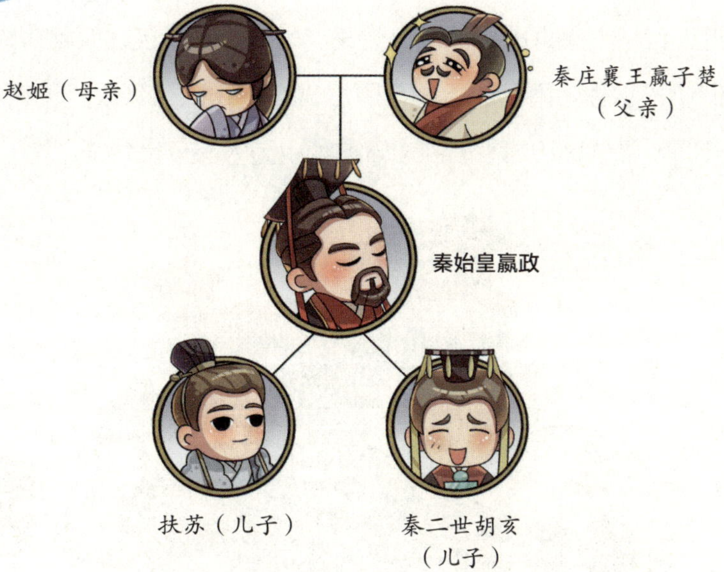

延伸阅读

灭六国者六国也，非秦也；族秦者秦也，非天下也。……秦人不暇自哀，而后人哀之；后人哀之而不鉴之，亦使后人而复哀后人也。

——唐·杜牧《阿房宫赋》

阿房宫

秦始皇三十五年，始皇帝认为咸阳人多，先王留下的宫殿狭小，就在渭水南岸的上林苑里兴建朝宫。首先建设的是前殿，殿堂的规模极大，东西五百步宽，南北有五十丈，殿堂上面可以坐上万人，下面可以竖起五丈高的旗杆。周围环绕着阁道，从殿下一直连接到南山，门阙修建在南山山顶上。为了修建这座宫殿，投入了70多万刑徒，北山的石材、蜀地和荆地的木材源源不断地运来，直到秦朝二世灭亡，整座宫殿仍然没有建成。因为前殿修筑在叫阿房的地方，人们便将它称为阿房宫。相传阿房宫在秦亡后被焚毁。现在在陕西西安的阿房村，还能看到阿房宫遗址中高大的夯土台基。

刺秦侠士

荆轲

jīng kē

荆轲

田光以命举荆卿　於期献头助刺秦

图穷匕见寒光至　不枉易水送君情

田光举荐

卫国人荆轲好读书、喜爱剑术，他曾游说卫元君，但并没有得到任用。

荆轲在各国游历，结交的都是当地贤士豪杰。后来他到了燕国，燕国勇士田光待他很好，知道他并不是普通人。

当时，燕太子丹原本在秦国做人质，因不满嬴政薄待，逃回了燕国，寻找能报复秦王的人和办法，但始终没有如愿。不久，秦将樊於期得罪秦王，逃到了燕国，太子丹接纳了他。太子丹的老师鞠武力劝将樊於期送到匈奴去，免得秦王有借口攻打燕国，但太子丹不忍这么做。鞠武便说，田光智勇双全，不如找他商量一下。

太子丹因此请鞠武把田光请来，恭敬地引他坐下，请他对付秦王。田光说："太子听到的是我年轻时的名声，如今我已年老体衰，但我的朋友荆轲可以托付。"太子丹便请求田光引荐荆轲。田光告辞离开，太子丹请他一定保密。田光俯身笑道："是。"

随后，田光去找荆轲，告知此事，希望他能去见太子。荆轲答应了，田光便说："太子告诫我不要泄密，已是怀疑我了。使人怀疑不是侠士所为，请告诉太子，我已经死了，定不会泄密。"说完旋即自刎。

借头刺秦

荆轲前去见太子，转述了田光遗言，太子跪下痛哭流涕，说："这岂是我的本意？"待荆轲坐稳后，太子叩头道："我想派勇士去秦国，用重利诱惑秦王，趁机劫持他，让他归还侵吞各国的土地，如果不行，就杀掉他。"过了好一会儿，荆轲说："我恐怕没法胜任。"太子再三请求，荆轲才答应。于是，太子将荆轲奉为上卿，自己每天登门拜访，送上财物美女供他使用。

过了很久，荆轲还没有行动，而王翦已经攻破赵国，兵临燕国边境。太子恐惧，前去催促荆轲。荆轲说："太子不来，我也要行动了。但行动前，请太子给我樊於期的人头和督亢地图，有这两样，秦王才会见我。"太子说："樊将军来投靠我，我怎么能杀他？"

荆轲知道太子不忍心，便自己去见樊於期，述说樊於期被秦王灭族的深仇大恨，并说若自己拿着樊於期的人头，一定能见到秦王，趁机刺杀他，这样不仅能洗刷将军的仇恨，还能涤除燕国被欺凌的耻辱。樊於期说："这是我日夜痛恨的，终于听到先生指教。"于是便自杀了。太子丹闻讯赶到时已经来不及，他伏在尸体上大哭一场，不得已将樊於期的人头装在匣中封起来。

图穷匕见

太子丹百金求得锋利匕首，淬上剧毒，送给荆轲，又命勇士秦舞阳做荆轲的助手。荆轲要等一个朋友同去，太子丹担心他反悔，再次催促。荆轲怒道："刺杀秦王要准备万全，我只是在等朋友，太子既认为我在拖延时间，那我便出发。"

到了秦国，秦王在宫中接见了荆轲。荆轲捧着装樊於期人头的匣子、秦舞阳捧着地图匣子走上殿，秦舞阳怕得浑身发抖，大臣都很奇怪。荆轲谢罪道："乡下人没见过天子，请恕罪。"秦王便说："把地图递上来。"

荆轲取出地图献上，秦王展开地图，展到尽头时，藏在地图里的匕首露了出来，荆轲立刻抓住秦王的袖子，拿起匕首直刺。秦王大惊，挣断袖子跳起，仓促间拔不出随身长剑。大臣上殿不准带武器，侍卫也只准守在外面，秦王只能绕着柱子躲避荆轲。这时，医师夏无且将药箱砸向荆轲，秦王也拔出了长剑，刺伤荆轲，荆轲又用匕首投刺，却击中了铜柱。荆轲见大事难成，倚柱笑骂，侍卫们冲上来杀了荆轲。

扩展知识点

图穷匕见：比喻事情发展到最后，真相或本意就完全显露出来了。

历史评价

原文

鲁句践已闻荆轲之刺秦王，私曰："嗟乎，惜哉其不讲于刺剑之术也！甚矣吾不知人也！曩者吾叱之，彼乃以我为非人也！"

——《史记·刺客列传》

译文

鲁句践听说荆轲刺秦王失败一事，私下说："唉，太可惜了，荆轲不讲究刺剑的技术！我太不了解这个人了，之前我曾经呵斥他，他就以为我不是同道中人。"

人物关系图

延伸阅读

荆轲饮燕市，酒酣气益震。哀歌和渐离，谓若傍无人。
虽无壮士节，与世亦殊伦。高眄邈四海，豪右何足陈。
贵者虽自贵，视之若埃尘。贱者虽自贱，重之若千钧。
——魏晋·左思《咏史八首·其六》

筑击秦王

高渐离是荆轲的好友，他以屠狗为业，擅长击筑。荆轲临行前，太子丹将荆轲送到易水岸边，高渐离击筑送行，荆轲和着节拍唱道："风萧萧兮易水寒，壮士一去兮不复还！"声调慷慨激昂。

荆轲刺杀失败后，秦国攻伐燕国，燕国最终被灭。第二年，秦王统一天下，改称秦始皇，通缉太子丹的门客和荆轲朋友。高渐离便改换名姓，给人做佣保。他听到堂上有客人击筑，点评好坏，仆从告诉了主人，主人便让高渐离来击筑，满堂宾客没有不叫好的。高渐离击筑的名声越来越大，秦始皇听说了，就召见高渐离。有人认出了他，秦始皇爱惜他擅长击筑，就命人熏瞎他的眼睛，让他给自己击筑。高渐离为了给朋友报仇，在筑中藏入铅块，再进宫击筑时，举起筑扑杀秦始皇，可是并没有击中。秦始皇杀了高渐离，此后再也不接近从前六国的人。

wáng 王

jiǎn 翦

王翦

横扫三晋

横扫三晋做先锋　吞并六国第一功

安家置田稳君心　功成身退桑梓中

横扫三晋

王翦是频阳东乡人，他年少时就喜好军事。秦始皇亲政后，王翦得到重用。在秦始皇十一年（前236年），王翦率兵攻打赵国的阏与，攻破那里，占领了九座城邑。秦始皇十八年（前229年），王翦再次攻打赵国，这一次，王翦覆灭了赵国，赵王投降，赵国的领土全部被设为秦国的郡县。赵国灭亡的第二年，燕国太子丹派荆轲刺杀秦王，失败后，秦始皇派王翦攻打燕国，燕王喜逃到了辽东，王翦便平定了燕国国都蓟，得胜而回。秦始皇又派王翦的儿子王贲攻打楚国，取得了十余座城邑。楚国战败，秦国大军又回头攻打魏国，魏王投降，魏国也被平定了。至此，三晋之地都被秦国纳入版图（韩国在公元前230年被秦国灭亡）。

扩展知识点

春秋末期，韩、赵、魏三家瓜分了晋国，成为战国时期的韩、赵、魏三国，历史上称为“三家分晋”，韩、赵、魏三国也称为三晋。

王翦置田

秦始皇灭掉三晋后，准备攻取楚国。李信曾率数千人追击、俘虏了燕太子丹，秦始皇认为他勇武，问他攻破楚国要多少人。李信说二十万人就足够，王翦却说需要六十万人。秦始皇便认为王翦年老怯懦，派李信和蒙恬率领二十万人攻打楚国。王翦则告老还乡。

李信与蒙恬分头攻打楚国，起初大破楚军，便去和蒙恬会师，结果楚人暗地里追击三天三夜，大败李信。

秦始皇知道后大怒，亲自奔往频阳，向王翦道歉，请他再次出山。王翦说："我已经老病缠身，大王另择良将吧。"秦始皇再次道歉，王翦才说："大王一定要用我，必须给我六十万人才行。"秦始皇答应了，于是王翦率领六十万人出发，秦始皇亲自到灞上送行。

临行前，王翦请求秦始皇赏赐自己大量肥沃土地、园林宅院，出发到函谷关后，又五次派使者请秦始皇赐田。有人说："将军这样做太过分了。"王翦说："不是的，秦王残暴多疑，现在全国的士兵都派给我了，我不多请求些田宅，表示我要将子孙后代都安置在秦国，以表达我出征的决心和忠心，难道让秦王平白怀疑我吗？"

王翦灭楚

王翦代替李信攻打楚国，楚国听说王翦增兵前来，发动国中所有士兵对抗秦军。王翦到了以后，加固壁垒，采取守势，不肯出战。楚国士兵数次前来挑战，王翦始终没有出战。相反，王翦每天让士兵休养生息，用上等饮食抚慰他们，自己与士兵同吃同饮。一段时间后，王翦派人问士兵们都做什么游戏，士兵回答：“正在比赛谁投石投得远。”于是王翦说道：“士兵可以出战了。”楚军因为数次挑战秦军都不出兵，已经带兵向东去了，王翦趁机率兵追击，令军中的精壮士兵强攻，大败楚军。追击到蕲南，杀掉了楚国将军项燕，楚军随即败走。秦军乘胜平定了楚国的城邑。一年多后，俘虏了楚王负刍，楚国各地被设为秦国郡县。随后，王翦又率兵南征，平定百越，同时，王翦的儿子王贲也和李信一起平定了燕国和齐国的土地。

秦始皇二十六年（前221年），天下统一，王翦和蒙恬的功劳最大，名声流传后世。

历史评价

原文

鄙语云："尺有所短，寸有所长。"……王翦为秦将，夷六国，当是时，翦为宿将，始皇师之，然不能辅秦建德，固其根本，偷合取容，以至圽身。及孙王离为项羽所虏，不亦宜乎。彼各有所短也。

——《史记·白起王翦列传》

译文

俗话说："尺有所短，寸有所长。"王翦身为秦国将军，平定六国，不愧是当时的元老将军，秦始皇尊他为师。可是他不能辅佐秦始皇建立德政，巩固国家根基，迎合皇帝以容身，直到死去。等他的孙子王离被项羽俘虏，不也是理所当然的吗？他和白起各有自己的短处。

人物关系图

延伸阅读

陇上家声勇气殊，边亭卧鼓欲安居。
非同王翦私求宅，更似甘宁晚好书。
剑倚寒窗风淅沥，门无杂客柳萧疏。
蒲州风土平生爱，为问旁邻地有余。

——宋·司马光《寄题李舍人蒲中新斋》

三世必败

秦二世时，王翦和王贲已经死去，蒙恬也因为被构陷而自杀。陈胜吴广起义的时候，王翦的孙子王离带兵攻打赵国，在巨鹿城围攻赵王和张耳。有人说：“王离是秦国名将，现在带着强大的秦军攻打新建立的赵国，赵国一定会被攻陷。”另一个人说：“不对，常言说将领世家到第三代一定会败落。为什么说一定会败呢？一定是因为家族杀戮的人太多了，后代一定会承受不好的结果。现在王离正好是第三代将领。”过了没多久，项羽带兵援救赵国，攻打秦军，果然俘虏了王离，王离的部属便投降了。

千古一相 李斯

lǐ sī

李斯

观鼠立志定出息　行督责书乱民意

一步踏错步步错　东门黄犬未可期

观鼠立志

李斯是楚国上蔡人，年轻时只是郡县的一个小官。他在官舍办公时，看到厕所里的老鼠吃一些脏东西，有人和狗走近时就吓得逃走；再看粮仓里的老鼠，吃的是囤积的粮食，居住在高大房屋里，也不用担心有人或狗前来驱赶。于是李斯感叹道："人的地位高低就像老鼠一样，是由所处的环境决定的。"此后，他跟随荀卿学习帝王术，学成后忖度天下形势，只有去秦国能建功立业，便辞别荀卿前往秦国。

到秦国时，李斯先做了吕不韦的门客，吕不韦很器重他，李斯因此有机会游说秦王离间六国、统一天下。秦王听从了他的意见，将他拜为客卿。

此后，韩国派来的间谍被察觉，宗室建议秦王将境内的外来人全部驱逐出去，李斯也在其列。李斯便写下《谏逐客书》，以商鞅、范雎等人的例子力证外来人能使秦国更加强大。秦王便废除了逐客令，仍采用李斯对六国各个击破的政策，经过20余年，统一了天下，自称秦始皇，李斯则被任命为丞相。此后，李斯又上书主张烧《诗》《书》、废私学、统一文字、废分封制，越发得到重用，一时间位极人臣。

行督责书

秦始皇三十七年（前210年），李斯和赵高随秦始皇出游。当时，秦始皇的长子扶苏因多次直言进谏，被派去上郡监督军队，蒙恬为将军；只有小儿子胡亥得宠，陪同出行。七月，秦始皇在沙丘病重，命令赵高传诏书给扶苏，只是书信还没送出去，秦始皇便死了。

书信和印玺都在赵高手中，李斯认为皇帝在外面驾崩，且没有立下太子，于是隐瞒了皇帝死讯，将尸身安放在车中，百官奏事进献像往常一样。

赵高和胡亥亲近，便与胡亥、李斯密谋，伪称胡亥被立为太子，并命扶苏和蒙恬自尽。扶苏不愿忤逆父亲，当即自杀，蒙恬则被关押起来。消息传回后，三人大喜，回到咸阳给秦始皇发丧，胡亥即位，称秦二世。

秦二世施行严刑酷法，连兄弟姐妹都杀掉了。李斯有心劝谏，反被秦二世责备，再加上儿子李由无法阻止吴广等人的起义，李斯心中畏惧，又舍不得高官厚禄，便顺着秦二世心意，上《行督责书》，劝秦二世实行严苛刑罚。秦二世看后很高兴，此后刑罚更加严苛，街市上每天都有新的尸体。

扩展知识点

督责： 督查责罚。

东门黄犬

赵高专权后，担心被大臣说坏话，便说服秦二世不再上朝，事情都由自己决断。李斯想为此事进言，赵高听说后，便故意总是在秦二世享乐时安排李斯来，二世非常生气，认为李斯是故意让自己难堪。赵高趁机说：“丞相参与了沙丘之谋，地位却没有提升，他是想割地为王。”他还诬陷李由和反贼陈胜有勾结。秦二世就派人去调查。

李斯得知此事，又始终见不到秦二世，便上书说赵高有谋反意图。二世把这些话都告诉了赵高，赵高说李斯才是想谋反的人。于是秦二世命赵高审问李斯。

李斯被关进牢中，他忍受不了严刑逼供，只好招供，又上书为自己辩护。可是李斯的奏书被赵高丢在一边，并没有上报。赵高还令十多个门客扮成官员，轮流审问李斯，如果李斯改口就对他严刑拷打。等到二世派人审问李斯时，他已经不敢再改口供，承认了罪行，于是被处以腰斩。行刑那天，李斯和二儿子一起被押到刑场，他对二儿子说：“我想再和你一起牵着黄狗从上蔡东门出发打猎，已经做不到了。”

扩展知识点

东门黄犬： 比喻为官遭祸后，后悔没有早早脱身。

历史评价

原文

李斯以闾阎历诸侯，入事秦……斯为三公，可谓尊用矣。斯知六艺之归，不务明政以补主上之缺，持爵禄之重，阿顺苟合，严威酷刑，听高邪说，废嫡立庶。诸侯已畔，斯乃欲谏争，不亦末乎。人皆以斯极忠而被五刑死，察其本，乃与俗议之异。不然，斯之功且与周、召列矣。

——《史记·李斯列传》

译文

李斯以百姓出身游走在诸侯之间，奉事秦国后……位列三公，可以说很尊贵了。李斯精通儒家六艺，却不致力于打造清明政务，以弥补皇帝的过失，享受着高官厚禄，阿谀奉承，曲意逢迎，推行严苛酷刑，听信赵高的歪理邪说，废除长子而立庶子。等到各地开始反叛，李斯才想据理直谏，不是太晚了吗？人们都说李斯极忠诚却受五刑而死，我仔细考察事情根源，想法和世俗人们所说的不同。如果不是这样的话，李斯的功劳可以和周公、召公同列了。

人物关系图

延伸阅读

权门要路是身灾，散地闲居少祸胎。
今日怜君岭南去，当时笑我洛中来。
虫全性命缘无毒，木尽天年为不才。
大抵吉凶多自致，李斯一去二疏回。
——唐·白居易《闲卧有所思二首·其二》

书法鼻祖

李斯很擅长书法，甚至可以说是他开创了中国书法。在秦始皇统一天下后，李斯上书建议统一文字，并受命以小篆为标准整理文字，作《仓颉篇》供人学习、临摹，为汉字的规范化起到了极大的作用。传说秦始皇巡游天下时，在泰山、琅琊等处留下的石刻，也都是由李斯书写的。其中，泰山石刻也称《封泰山碑》，现存的残碑仅约十字，收藏在山东泰安的岱庙，碑上字形工整，笔画圆健。

篆书、隶书、楷书、行书、草书构成了丰富多彩的书法艺术，李斯整理的篆书出现得最早，在书法艺术中占据着不可或缺的重要位置，可以说，李斯称得上是“书法鼻祖”。

宦官当道

赵高

zhào gāo

赵 高

祖龙身死发政变　指鹿为马盖皇权

六国志士千千万　不抵秦庭一宦官

沙丘政变

秦始皇在沙丘病逝时，赵高扣下了给扶苏的书信，与胡亥商议：“陛下驾崩，只给长子送信，长子到了这里立刻会被立为皇帝，而你连一点封地都没有。现在天下大权都掌握在你、我、李斯手里，希望你能果断照我说的除掉兄长。”胡亥推让几番，便同意了赵高的阴谋。赵高说：“不与丞相商议，恐怕这件事没法办成。”于是他又去找李斯，说：“皇帝驾崩，给扶苏的诏书和印玺都在胡亥手中，立谁为太子只有你我能决定，事情该怎么办呢？”李斯道：“你怎么能说出这种亡国灭族的话？这种事不是人臣该议论的。”赵高便问：“你与蒙恬相比，谁更有才能、功劳更高、与扶苏更亲密？扶苏即位后一定任用蒙恬为丞相，那么你就不能继续做丞相了。我教导胡亥多年，他仁爱慈悲，比所有哥哥更适合继承皇位。”接着，他又颇费口舌，劝说李斯顺势而为，李斯最终答应了他。

赵高和李斯伪称受命立胡亥为太子，伪造了命扶苏和蒙恬自杀的诏书。扶苏自杀后，他们回到咸阳，为秦始皇发丧，胡亥成为秦二世，赵高被任命为郎中令，掌握大权。

铲除忠良

秦二世即位后，与赵高商议："我既想享尽乐趣，又想让国家安宁，长久坐拥天下，办得到吗？"赵高便说："贤明的君主做得到。沙丘之乱使诸位公子和大臣都生疑了，诸位公子都是陛下的哥哥，大臣也是先皇任命的，现在陛下刚即位，他们都不服气，恐怕早晚会生乱。陛下不如施行严法苛刑，有罪的人和受到牵连的人都灭族，把先帝任命的大臣全部除去，换成陛下的亲信，远离您的兄弟姐妹。这样就从根本上去除了祸患，臣子也会感念您的恩德，陛下就可以高枕无忧地享乐了。"秦二世觉得赵高的话很有道理，就修改法律，有罪的臣子和公子都交给赵高法办。蒙毅等大臣被诛杀，十二名公子和十名公主被处死，被株连的人不计其数。

大臣们每天战战兢兢，赵高害怕他们入朝奏事的时候在秦二世面前说自己的坏话，便劝秦二世说："陛下还年轻，不能事事通晓，在朝堂上有举止不当的地方，就把短处暴露在大臣面前了。陛下不如深居宫中，有事由我来呈报。"秦二世听从了他的话，从此深居宫中，不见大臣，所有事都由赵高决定。

指鹿为马

赵高设计杀死李斯后，被任命为中丞相。赵高为了威慑群臣，便向秦二世献上一头鹿，说这是一匹马。秦二世对左右侍从说：“这明明是鹿。”但左右侍从都说：“这是马。”秦二世十分吃惊，以为自己被迷惑了，于是召见太卜，让他卜上一卦。太卜说：“陛下春秋去郊外祭祀时，斋戒得不够诚恳，所以才这样。请陛下再虔诚地斋戒一次。”于是秦二世便去上林苑斋戒，但他整日游玩打猎，还射死了一个进入上林苑的行人。赵高就让自己的女婿咸阳令阎乐弹劾说，不知道谁杀了人，把尸体搬到了上林苑。赵高借此进谏：“天子不能无缘无故杀人，这样鬼神都不会护佑，上天将降下灾殃，应当远离皇宫以避开灾祸。”秦二世因此离开皇宫，去了望夷宫。

在望夷宫，赵高逼迫二世自杀，准备自己做皇帝，但百官都不服从。赵高几次走入大殿，大殿都几乎倒塌，赵高认为这是上天也不许自己做皇帝，于是便扶持扶苏的儿子子婴做了秦王。子婴很快谋划刺杀了赵高，诛灭赵高三族。

扩展知识点

指鹿为马：比喻颠倒黑白，混淆是非。

历史评价

原文

曩者，强秦弱主，赵高执柄，专制朝命，威福由己；时人迫胁，莫敢正言；终有望夷之祸，祖宗焚灭，污辱至今，永为世鉴。

——《三国志·陈琳传》

译文

之前，秦国强大而秦二世软弱，赵高执掌权柄，控制朝政，福祸都由自己控制，当时的人被逼迫威胁，都不敢直言进谏，最终导致了望夷宫的祸乱，祖宗的功业毁于一旦。这种耻辱一直到今天，永远被后世视为教训。

人物关系图

延伸阅读

含沙射人影，虽病人不知。巧言构人罪，至死人不疑。
掇蜂杀爱子，掩鼻戮宠姬。弘恭陷萧望，赵高谋李斯。
阴德既必报，阴祸岂虚施。人事虽可罔，天道终难欺。
明则有刑辟，幽则有神祇。苟免勿私喜，鬼得而诛之。

——唐·白居易《读史五首·其四》

《仓颉篇》

秦朝灭六国后，秦始皇下令统一和简化文字，用小篆编写了三种字书。其中，李斯作《仓颉篇》，赵高作《爰历篇》，太史胡毋敬作《博学篇》。这三种字书也作为儿童的启蒙识字书，书中多是四字成句，二句一韵。西汉时，三种字书合为一本，改成隶书书写，统称为《仓颉篇》。《仓颉篇》经过数次修订，汉代扬雄修订的版本为89章，书中没有重复的字。《仓颉篇》的原书已经失传，但有辑本流传了下来。《北京大学藏西汉竹书》中的《仓颉篇》存字一千三百多个，是目前存字最多的版本。

仓颉是传说中的汉字创造者，以他的名字命名，《仓颉篇》的创作目的可谓十分明显。

秦二世 胡亥

hú hài
胡亥

二世无道见畜鸣　官逼民反起刀兵
白衣逆贼弑君上　三年皇帝堕平民

人头畜鸣

秦二世即位后，为了巩固自己的地位、威慑天下，在赵高的谋划下杀掉了自己的兄弟姐妹，又诛灭了许多王公大臣，朝中的政务都被赵高把持。

在严苛的法令制度下，大臣们人人自危，敢于进谏者都被处以诽谤之罪。赵高又劝谏秦二世不要上朝，自此秦二世便深居宫中享乐，大臣们很少能见到他。这个时候，各地的百姓接连起义，右丞相冯去疾、左丞相李斯和将军冯劫进谏：“关东各处都有盗贼，就算派兵剿灭，杀了很多人，仍然不能禁止。作乱的人多，是因为劳作辛苦、赋税太重，请停止修建阿房宫，减轻赋税。”秦二世却责备他们不能平定叛乱，没有尽忠职守，向他们问罪。冯去疾和冯劫说：“将相不能受辱。”两人随即自杀，李斯也被囚禁起来。此后，秦二世又听信赵高的话，诛杀了李斯。

秦二世在位期间横征暴敛、倒行逆施，被杀的人不计其数，连宗室王族都被诛杀殆尽，司马迁在《史记》中形容其“人头畜鸣”，意思是虽然是人，却像畜生一样残忍愚蠢。

官逼民反

秦二世即位后也模仿秦始皇巡游天下。回到咸阳后，秦二世继续修建阿房宫，对外则安抚四方夷狄，和秦始皇采用的政策一样。又征调五万壮士到咸阳驻扎守卫，让人教习他们骑射。这些人马牲畜需要的粮草很多，估计储存的粮草不够，就向下方郡县征调，押运的人得自备干粮，咸阳三百里以内的百姓都不能动用征调来的粮食。

赋税越来越重，法令也越来越严苛。七月时，戍守的兵卒陈胜等人在荆地反叛，自称为“张楚”，陈胜自立为楚王，在陈县派将领攻城略地。山东郡县的年轻人苦于官吏的压迫，纷纷杀掉县里的官员起义，以响应陈胜。他们互相推选为王侯，以讨伐秦朝为名，联合起来向西进军。有从东方出使回来的谒者把各地的反叛情况告诉秦二世，秦二世大怒，把谒者治罪。后来有使者回来，秦二世再询问反叛情况，使者说：“只是一群强盗，已经全部被抓获了，不值得担忧。”秦二世很高兴。而就在当时，刘邦、项梁、武臣、魏咎、田儋等人已经在各地起兵。

望夷之变

秦二世被诱入望夷宫后，第三天，赵高以秦二世的名义传召士兵，命令士兵都穿上白衣、拿着兵器朝向望夷宫的方向。随后，赵高又告诉秦二世："山东叛乱的强盗带着大兵来了。"秦二世便登上高处观察，看到那些士兵后非常恐惧。赵高趁机逼迫秦二世自杀，自己拿出印玺佩戴在身上，只是百官都不服从他，赵高不得已才扶持子婴做皇帝。

扩展知识点

关于望夷宫之变，司马迁在《史记·秦始皇本纪》中记录了另一种说法：各地起义军的势力越来越大，秦军屡屡退却，而赵高多次说那些盗贼不会有什么作为，因此秦二世派人指责赵高，赵高很恐慌，就暗中和他的女婿咸阳令阎乐、弟弟赵成商量废掉二世。其后，赵高谎称盗贼来了，让阎乐带兵闯入望夷宫，在二世面前列举他的罪状，逼迫二世自杀。二世问："我可以见见丞相吗？"阎乐不答应。二世又说："让我做一郡之王吧。""让我做个万户侯吧。""让我和家人做平民百姓吧。"阎乐都不答应。秦二世只得自杀。

历史评价

原文

始皇既殁，胡亥极愚，郦山未毕，复作阿房，以遂前策。云“凡所为贵有天下者，肆意极欲，大臣至欲罢先君所为”。诛斯、去疾，任用赵高。痛哉言乎，人头畜鸣。

——《史记·秦始皇本纪》

译文

秦始皇死后，继位的胡亥极其愚蠢，骊山还没有修建完毕，又开始修建阿房宫，来完成秦始皇遗留下来的计划。他说：“凡是尊贵到掌握了全天下的人，可以为所欲为，满足所有欲望，大臣竟然想废除先帝所做的事情。”诛杀李斯、冯去疾，任用赵高，真是让人心痛啊！虽然是人，却像畜生一样残忍愚蠢。

人物关系图

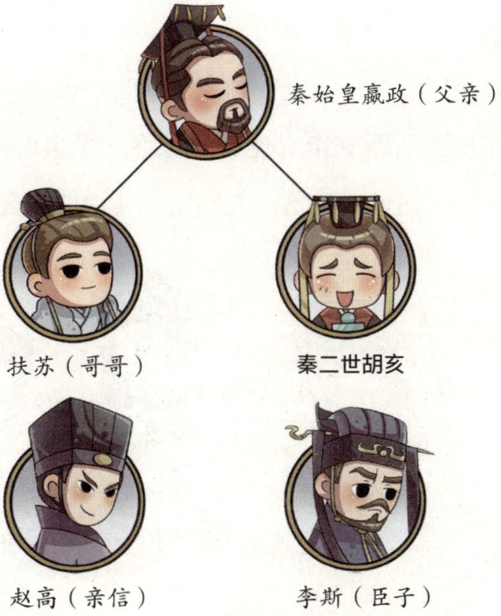

延伸阅读

鹿马何难辨是非，宁劳卜筮问安危。
权臣为乱多如此，亡国时君不自知。
——唐·周昙《秦门·胡亥》

黔首之礼

皇帝死后，他的继任者会用隆重的仪式将前代皇帝的尸身放入规模宏大的陵墓中。秦始皇嬴政的陵墓规模便极其宏大，分为内外两城，内城面积超过七十五万平方米，外城面积超过二百一十一万平方米，陵园外还有陪葬的兵马俑坑。而秦二世自杀后，赵高召集所有大臣和公子，告诉他们秦二世自杀的事情，随后以黔首之礼——也就是平民百姓的规格——将秦二世埋葬在杜县南面的宜春苑中。继位的子婴只做了四十六天秦王，刘邦就打入了咸阳，秦始皇“二世、三世以至于万世”的梦想就此破灭。

如今在陕西省西安市，还有一座秦二世皇帝陵园，陵园里的秦二世皇帝陵就是胡亥的陵墓，人们也称其为“胡亥墓”。

鸿鹄之志

陈胜

chén shèng

陈胜

如若富贵安敢忘　鸿鹄之志不可藏
一人振臂万人呼　揭竿而起大泽乡

鸿鹄之志

陈胜是阳城人，字涉，因此也称陈涉，他生活的时期正当秦朝，赋役繁重，刑罚严苛。陈胜年轻的时候，曾经和人一起被雇佣替人耕田。耕作辛苦，停下耕作在田垄上休息时，陈胜怅惘失意了好一阵子，说道：“如果将来富贵了，我们彼此不要忘记。”和他一起耕作的人笑道：“你不过是个替人耕田的仆佣，哪里来的富贵？”陈胜便长叹道：“燕雀怎么知道鸿鹄的志向呢？”

扩展知识点

陈胜在《史记》中的记载名为《陈涉世家》。在《史记》中，“世家”主要记载世袭封国的诸侯的事情，如《赵世家》《留侯世家》等，但陈胜只是出身贫苦的百姓，他的传记却被列入了世家，对此，司马迁在《太史公自序》中解释道：桀、纣不合王道，而商汤、周武王兴起，周朝不合王道而《春秋》一书问世。秦朝统治残暴，而陈胜举兵起义，诸侯相继造反，风起云涌，最终灭掉了秦朝。天下反秦的开端由陈涉起义开始，因此作《陈涉世家》。

遇雨大泽乡

秦二世元年（前209年）七月，朝廷征发百姓去戍守渔阳，900人屯驻在大泽乡，陈胜、吴广是屯长。当时大雨连绵，道路不通，估计已经延误时期。按照当时的法律，延误时期全部要被斩首，陈胜、吴广就商量说："现在逃走也是死，起义也是死，同样是死，为国而死如何？"陈胜说："天下人已经苦于秦朝的统治很久了。我听说二世是小儿子，不应当即位，即位的应是扶苏。扶苏被秦二世杀了，百姓大多只听说他贤能，不知道他已经死了。楚将项燕多次立功，爱惜士兵，很受爱戴，有人认为他死了，有人认为他逃走了。现在我们假称是扶苏、项燕的队伍，发起起义，应当会有很多响应的人。"于是他们去找卜者占卜。卜者明白他们的意图，提醒他们用鬼神威慑众人。他们就在布上用丹砂书写"陈胜王"，放到鱼肚子里。士卒买鱼烹制，看到鱼肚子里的布条，已经觉得奇怪。吴广又藏在驻地附近的庙中，夜里用竹笼罩着火，装作鬼火，模仿狐狸的叫声喊道："大楚兴，陈胜王。"士兵都很惊恐。第二天，人们私下相互议论，相互用眼光示意看陈胜。

揭竿而起

吴广对人很好，士兵都愿意听他的。趁着押送戍卒的将尉喝醉了，吴广多次说想逃走，激怒将尉，设法让他羞辱自己，以激怒士兵。将尉果然鞭打吴广，还拔出剑要杀他，吴广跳起，夺剑杀了将尉。陈胜从旁相助，一起杀了两个将尉。他们召集所有人说："你们遇到大雨，已经延误时期，按律应当斩首。就算没有被斩首，守卫边关时死去的人也有十之六七。壮士不死就罢了，死就要成就伟大的名声。那些王侯将相难道是天生的吗？"从属的人都说："愿意听从你的命令。"于是陈胜就假称他们是扶苏、项燕的队伍，顺从百姓的心愿。士兵露出右臂作为标志，号称自己是大楚，陈胜自立为将军，吴广为都尉。他们攻打大泽乡，攻取后又继续攻打蕲县。取得蕲县后，派符离人葛婴攻打蕲县以东的地方，陈胜自己也接连占领数个地方。行军途中，他们不断收编加入义军的人，到达陈县的时候，已经有六七百辆兵车、一千多骑兵、数万士兵。

历史评价

原文

始皇既没，余威振于殊俗。然陈涉瓮牖绳枢之子，甿隶之人，而迁徙之徒也。材能不及中人，非有仲尼、墨翟之贤，陶朱、猗顿之富也。蹑足行伍之间，俯仰仟百之中，率罢散之卒，将数百之众，转而攻秦。斩木为兵，揭竿为旗，天下云会响应，赢粮而景从。山东豪俊遂并起而亡秦族矣。

——《史记·陈涉世家》

译文

秦始皇死后，余威还震慑四方。然而陈胜一个破瓮做窗户、草绳拴门轴的贫苦子弟，供人役使，被发配去戍守边关，才能不及一般的人，也没有孔子、墨子那样的贤能，没有陶朱公、猗顿的财富。置身于士卒中间，在乡野中崛起，率领疲惫散乱的士兵，带着几百个人，转而攻打秦国。砍下木棍做兵器，举起竹竿做旗帜，天下人纷纷响应，挑着粮食如影随形地跟着他。函谷关以东的豪杰一同起义推翻了秦王朝。

人物关系图

延伸阅读

黑云兵气射天裂，壮士朝眠梦冤结。
祖龙一夜死沙丘，胡亥空随鲍鱼辙。
腐肉偷生三千里，伪书先赐扶苏死。
墓接骊山土未干，瑞光已向芒砀起。
陈胜城中鼓三下，秦家天地如崩瓦。
龙蛇撩乱入咸阳，少帝空随汉家马。

——唐·常楚老《祖龙行》

张楚政权

陈胜攻打陈县的时候，陈县的守令都不在，只有守丞带兵抵抗。守丞兵败身死，义军便占领了陈县。陈胜召集三老、豪绅来议事，三老、豪绅都说：“将军带兵征讨残暴无道的秦朝，恢复楚国的政权，按照功劳应该称王。”陈胜于是自立为王，国号为张楚，意思是“张大楚国”。

当时，各地的受苦百姓都揭竿而起，杀死当地的官吏起义，响应陈胜，张楚政权成为起义军的政治和军事中心。但是，张楚政权并没有存在很久。第二年，秦将章邯攻破陈县，陈胜退守汝阴，到下城父的时候，陈胜的车夫庄贾杀了陈胜，投降秦军。其后，吕臣组织苍头军收复了陈县，恢复张楚政权。同年，项梁拥立楚怀王的孙子为楚王，吕臣归入楚王麾下。

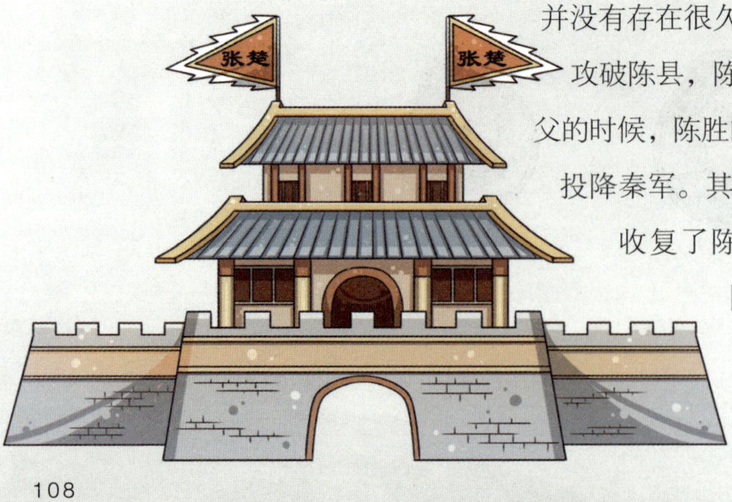

汉高祖 刘邦

liú bāng

刘邦

沛县起事踏征途　未央宫里汉高祖
约法三章诛暴秦　三杰聚会灭强楚

鸿门宴

刘邦抢先一步进驻咸阳，项羽只得在鸿门设下大营。项羽的谋士范增认为，必须趁早将刘邦消灭，否则将来会后悔莫及。

第二天早上，刘邦来到鸿门，恭敬地表示："我从来没有想在关中称王，只是来为将军打前站。"项羽听后很高兴，便设宴招待刘邦。

在宴席上，范增暗示项羽杀掉刘邦，但项羽未下决心。于是范增找到了项羽的堂兄弟项庄，让他假装在酒宴上舞剑，趁机刺杀刘邦。项庄按计划行动。项羽的叔父项伯与刘邦的谋士张良私交甚密，他察觉项庄的真实意图，也跟着拿起剑与他对舞，以保护刘邦。过了一会儿，刘邦假装上厕所，悄悄从小道离开鸿门。同时，张良进献一双白璧和一双玉斗，分别给了项羽和范增。项羽收下白璧后只关注玩物，不顾其他。愤怒的范增将玉斗摔碎，愤愤地表示："这小子注定无法成事，夺取天下的人一定是刘邦啊！"

扩展知识点

鸿门宴：指居心不良的邀宴，比喻想要加害客人的宴会。

项庄舞剑，意在沛公：比喻某种语言行动表面上另有名目，其真实意图却在于对某人某事进行威胁或攻击。

约法三章

公元前207年，刘邦率领军队先于其他势力进入了秦川地区，成功进入秦王朝的国都咸阳。在刘邦入城后，他保护并封存了秦朝宫廷和财富，并将十万大军撤离至城外的霸上。为了争取民心，刘邦召集了关中各县的父老和豪杰，庄重地向他们宣布道："秦朝的酷刑苛法给大家带来了苦难。现在我与大家约定，无论是谁都必须遵守三条法律。首先，杀人者必须受到死刑惩罚，伤人者要依法受罚，盗窃者也将被判罪！其次，废除秦朝烦琐的法律制度！最后，各级官员应坚守原有职责，认真履行公务。"父老和豪杰纷纷表示支持。随后，刘邦派出大批人员前往各县乡镇宣传约法三章，使它家喻户晓。

由于坚决执行约法三章，刘邦获得了百姓的信任、拥护和支持，最终统一天下，建立了西汉王朝。这一系列行动在历史上留下了深刻的影响。

扩展知识点

约法三章：原指约定三条法律，后泛指约好或订立简单的条款共同遵守。

白马盟誓

在楚汉相争的时期，刘邦为了争取更多有才干的人的支持，封了许多异姓诸侯王。这些诸侯王与刘邦一起征战天下，为刘邦建立汉朝做出了巨大贡献。

可以说，没有他们，刘邦不可能达成如今的伟业。然而，他们的功绩也给刘邦带来了担忧。如果有一天，他们不满足只做诸侯王，依靠他们强大的势力和广阔的封地，随时都可能使汉朝覆灭。尤其是如果他们联合起来行动，后果将更为严重。尽管采取了一些防范措施，但刘邦仍然心有不安，所以他决定与大臣们进行白马盟誓。

白马在古人眼中具有神圣的意义，以白马作为盟誓的象征，表明双方对誓言的高度重视，绝不敢背叛。刘邦将大臣们召集在一起，命人宰杀一匹白马，将马血分给大臣们。刘邦端起马血，要求大臣们发誓永远辅佐刘家子孙，绝不背离，并且强调除了刘家人，不得封其他人为王；没有功绩的人也不能封侯。如果有人违背誓言，天下人都有权诛杀他。大臣们郑重发誓，永远效忠汉朝，永远辅佐刘家子孙。听到这些誓言，刘邦终于放下心来。

扩展知识点

白马盟誓并没有持续多久，刘邦驾崩后，吕后大封吕氏外戚为王，吕氏的诸侯王直至吕后死后才被废。

在西汉末年，王莽以外戚身份弄权篡汉，将此盟约撕毁。其后汉光武帝重建汉朝，此盟约才被重提。

历史评价

原文

三王之道若循环，终而复始。周、秦之间，可谓文敝矣。秦政不改，反酷刑法，岂不缪乎？故汉兴，承敝易变，使人不倦，得天统矣。

——《史记·高祖本纪》

译文

夏、商、周三王的治国法则好像循环往复，终而复始。周朝和秦朝之间，可以说是讲究尊卑等级的弊病都暴露出来了。秦始皇嬴政不加以改变，反而使刑法残酷，难道不是荒谬的吗？所以汉朝兴起，面对过去的弊病，改变了治国法则，使百姓不倦怠，得到天道的规律了。

人物关系图

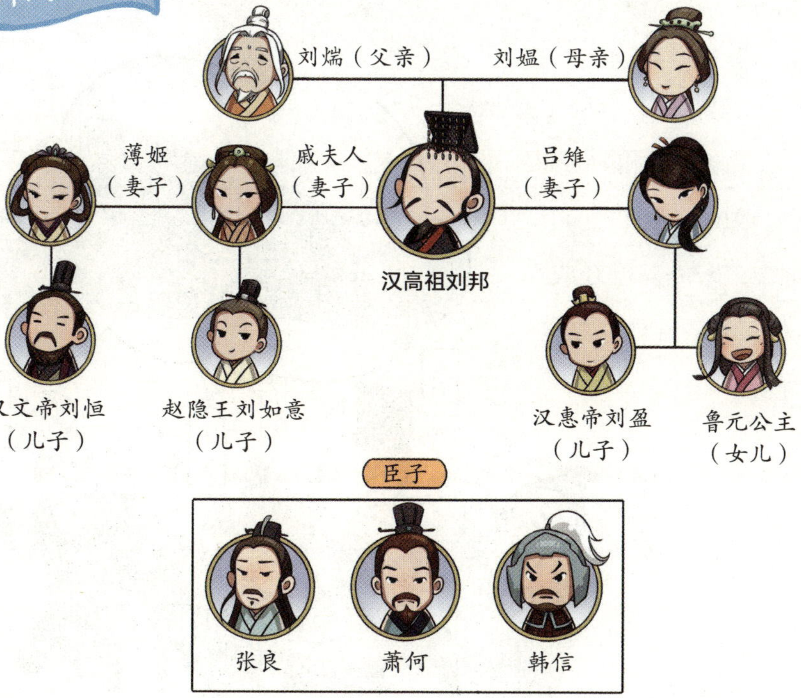

延伸阅读

三杰当日，俱曾此地，殷勤纳谏论兴废。见遗基，怎不伤悲！山河犹带英雄气，试上最高处闲坐地。东，也在图画里；西，也在图画里。

——元·张养浩《山坡羊·未央怀古》

未央宫

未央宫是西汉帝国的主要宫殿，是汉朝的政治核心和国家象征。它建于汉高祖七年（前200年），由刘邦的重要官员萧何监造，并修建在秦章台的基础上。未央宫位于汉长安城西南角龙首原的最高地势处，在长安城安门大街的西侧，因此也被称为西宫。

自未央宫建成以来，西汉皇帝都在这里居住，成为汉帝国二百余年间的行政中心。因此，在后世的诗词中，未央宫已经成为汉宫的代名词，象征着权力和壮丽。

西楚霸王

项羽

xiàng yǔ

项羽

破釜沉舟扬楚风　西楚霸王志恢宏

垓下四面楚歌起　英雄不肯过江东

破釜沉舟

项羽身长八尺，天生神力。陈胜起义后，他跟随叔父项梁拥立楚怀王之孙为楚王，对抗秦朝。在定陶，项梁战死，秦将章邯又渡河攻打赵国。赵王逃入巨鹿，章邯便派王离、涉间围困巨鹿。楚王派兵营救赵国，将领都归上将军宋义指挥，项羽为次将。

大军行到安阳，停留了四十六天还不前进，项羽催促，宋义却下令，军中不听指挥的一律斩杀，又派儿子宋襄去齐国为相，送行时大宴宾客。当时天气寒冷，又下起大雨，士兵又冷又饿。项羽说：“赵国战败，秦国会变得更强，谈什么趁秦军疲惫？宋义不体恤士兵，谋取私利，不是贤良之臣。”因此他趁早上参见时，在军帐中斩下宋义的头，出来后伪称是受楚王密令。将士畏服项羽，都不敢说什么。项羽又派人追杀宋襄，回报楚王，楚王便任命项羽为上将军。

随后项羽率领全军渡河，渡河后将船全部弄沉，砸破锅碗、烧毁军营，士兵都携带三天的口粮，以此表明死战的决心。楚军包围了王离，多次交战，最终大败秦军，俘虏王离。

扩展知识点

破釜沉舟： 比喻决心拼到底，绝不后退。

衣锦夜行

巨鹿之战后，诸侯都慑服项羽。此后，项羽又多次攻破秦军，章邯带兵投降。楚军一路攻城略地，到达函谷关时，沛公刘邦已经攻破咸阳。项羽大怒，攻入函谷关，在鸿门驻扎，准备攻打刘邦。刘邦听说后，带着百余人来见项羽，又从鸿门宴上逃脱。几天后，项羽带兵屠戮咸阳，杀了子婴，烧毁秦朝宫室，大火三个月都没有熄灭。项羽搜刮了财物、美人，准备向东回去。有人劝项羽："关中地势有山河为屏障，地处要塞，土地肥沃，可以把这里作为都城谋取霸业。"项羽看到秦朝的宫室都已经被烧毁了，残破不堪，又思念故乡，想要东归，就说道："富贵了不回故乡，就像穿着锦绣衣衫在夜里走路，有谁能知道呢？"劝说的人因此说："人们都说楚人就像戴着帽子的猕猴，果然如此。"项羽听说后，烹杀了这个人。

扩展知识点

衣锦夜行：比喻不能使人看到自己的荣显。

沐猴而冠：沐猴就是猕猴。猕猴戴着帽子装成人的样子，比喻徒有仪表或地位而无真本领，也可形容坏人装扮成好人。

四面楚歌

灭秦后，项羽将楚王尊为义帝，封各路诸侯将相为王，封沛公为汉王，自己则号称西楚霸王，建都彭城。

诸侯回了各自的封国，但他们不服气项羽的分封，认为项羽把好的地方都封给了自己的部属，于是各地又起战火。汉王刘邦在张良等人的辅佐下，平定三秦，兼并汉中，最后统率了五路诸侯的军队，东进伐楚。这时项羽正在攻打齐国，急忙赶回，在彭城将汉军打得大败。此后楚汉长期对峙，几年后，汉军在汜水大败楚军，缴获楚国全部物资，使楚军粮草断绝，士兵疲乏。其后，刘邦又承诺得到天下后与诸侯共分，联军将项羽围困在垓下。

项羽的军队士兵少，粮食也没了，被汉军和诸侯的军队重重包围着。夜里突然听到四面八方的汉军高声唱楚地的歌，项羽十分惊慌地问道："难道汉军已经夺得楚地了吗？为什么有这么多楚人？"

项羽披衣起身，在帐中饮酒，作《垓下歌》，与虞姬唱和。之后，项羽骑马率领八百人突出重围，向南奔逃，快天亮时，汉军才察觉，派灌婴带五千人追击。

扩展知识点

四面楚歌： 比喻孤立无援，四面受敌的困境。

历史评价

原文

羽非有尺寸，乘執起陇亩之中，三年，遂将五诸侯灭秦，分裂天下，而封王侯，政由羽出，号为“霸王”，位虽不终，近古以来未尝有也。及羽背关怀楚，放逐义帝而自立，怨王侯叛己，难矣。自矜功伐，奋其私智而不师古，谓霸王之业，欲以力征经营天下，五年卒亡其国。身死东城，尚不觉寤而不自责，过矣。乃引“天亡我，非用兵之罪也”，岂不谬哉。

——《史记·项羽本纪》

译文

项羽没有可以凭借的权柄，趁秦末大乱起兵，三年时间就率领原来的五路诸侯灭掉秦国，划分天下，封王封侯，政令都由项羽发出，号称“霸王”。他的地位虽然没有长久保住，但近古以来也从来没有过这样的人。等到项羽舍弃关中地区，在彭城建都，放逐义帝，自立为王，又埋怨诸侯背叛自己，想成大事就难了。他自夸战功，刚愎自用，而不师法古人，认为成就霸业要靠武力治理天下，五年就亡了国，自己也死在东城，临死前尚且不悔悟自责，实在大错特错。反而说“上天要灭亡我，不是我用兵的过错”，不是很荒谬吗？

人物关系图

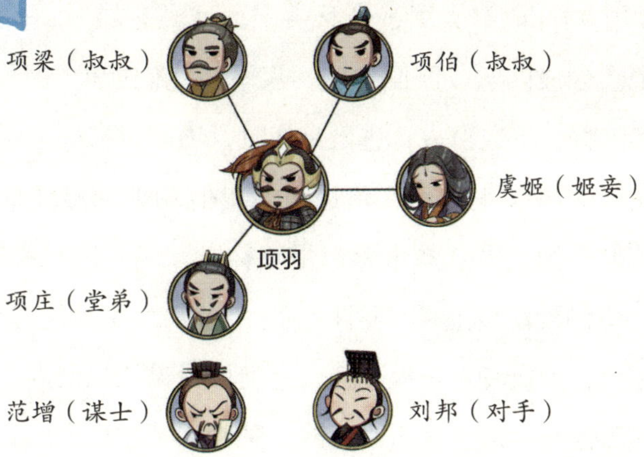

延伸阅读

生当作人杰，死亦为鬼雄。
至今思项羽，不肯过江东。

——宋·李清照《夏日绝句》

《垓下歌》

项羽有一位名为虞姬的美人一直陪在身边，他冲锋陷阵时常骑骏马乌骓。听到四面楚歌后，项羽知道大势已去，在帐中饮酒，慷慨悲歌：“力拔山兮气盖世，时不利兮骓不逝。骓不逝兮可奈何，虞兮虞兮奈若何！”这首歌被后人称为《垓下歌》。而虞姬也作歌和项羽：“汉兵已略地，四方楚歌声。大王意气尽，贱妾何聊生！”传说虞姬歌罢就引剑自刎，项羽大哭，带兵突围。逃到东城时，只剩二十八人。项羽把人分成四队，四面逃脱。汉军将他们重重包围，项羽依然斩下两名汉将、杀数百人，逃到乌江时，项羽只损失了两人。

乌江的亭长正撑船在岸边等着，他劝项羽渡江，说：“江东虽小，地方千里，民众数十万，足够称王，现在只有我有船，大王渡过江，他们没法再追。”项羽大笑：“天要亡我。我与八千江东子弟渡江征伐，今日没有一人生还，有何面目见江东父老。”

随后他与随从士兵下马死战，独力杀了数百人后，自刎而死。

谋圣
张良

zhāng liáng
张良

三试张良黄石公　太公兵法时常诵
胜负决于千里外　妙计运筹帷幄中

刺杀嬴政

张良是韩国人，字子房。他的祖父作为国相辅佐过韩昭侯、宣惠王、襄哀王，他的父亲作为国相辅佐过釐王、悼惠王。张良的父亲死后二十年，秦国灭掉韩国。张良因为年轻，没有在韩国做过官。韩国灭亡后，张良家中有仆从三百人，弟弟死了都不厚葬，拿出全部家产寻找刺客刺杀秦王，为韩国报仇，这是因为祖父、父亲先后辅佐过五代韩王的缘故。

张良曾经在淮阳学习礼法，他通过仓海君找到一个大力士，造了一个重达一百二十斤的大铁锤。秦始皇东巡时，张良和大力士在一个叫博浪沙的地方伏击秦始皇，但铁锤打到了秦始皇侍从的车辆上。秦始皇受到惊吓，十分愤怒，下令在全天下大肆搜捕十天，却没有抓捕到刺客。张良也因此改名换姓，逃亡到下邳藏了起来。

孺子可教

张良闲时在下邳桥上散步，一个老人走到张良面前，故意把鞋甩到桥下，回头对张良说："小子，下去把鞋捡上来。"张良惊愕不已，想要打他，但念他年老，强忍下来，去把鞋子捡了上来。老人又说："给我穿上。"张良已经捡了鞋，就索性跪下给老人把鞋穿上。老人笑着离开了，张良十分惊讶，目送他离去，老人走了一里地，又返回对张良说："孺子可教。五天后，天刚亮时来这里见我。"

五天后，张良如约到了桥上，老人已经在那里，他生气地说："和老人约定见面，自己怎么能迟到？五天后早点来。"说完他就离开了。五天后，鸡叫时张良就赶来，老人又先到了，生气地说："你又晚了，五天后早点来。"五天后，张良半夜就到了桥上，过了一会儿，老人也到了。这一次，他高兴地拿出一册书，告诉张良："熟读这本书就能做君王的老师了。十年以后你将名声显露，十三年后来济北见我，谷城山下的黄石就是我。"说完他就离开了。这册书名为《太公兵法》，张良此后常常诵读。

扩展知识点

孺子可教： 形容年轻人可以培养，有前途。

运筹帷幄

陈胜起义时，张良也聚集了一百多个青年，在留县遇到沛公刘邦后归附于他。张良多次根据《太公兵法》向刘邦出谋划策，刘邦很赏识他。而张良和其他人说这些，其他人都不理解，张良因此认定刘邦是上天选定的人。

刘邦进入咸阳时，秦宫里的财宝、美人不计其数。刘邦想住在宫里，樊哙和张良合力劝谏刘邦带领军队驻扎在霸上。此后，他们又帮助刘邦从鸿门宴上逃脱。刘邦被封为汉王时，张良说服他离开后烧掉路上的栈道，显示自己没有回来的心思，以取得项羽的信任。楚汉相争时，张良建议刘邦联合英布与彭越，重用韩信，不立六国的后代为王侯，集中天下人才，可见张良为刘邦最终夺天下做出很多重要决策。只是张良多病，不曾亲自带兵打仗。汉朝建立后，刘邦说："在营帐中出谋划策，决定千里之外的胜负，这是张良的功劳，让他自己选择齐国三万户做封邑。"张良却只愿受封留县，因此被封为留侯。

扩展知识点

运筹帷幄：指在后方决定作战策略，也泛指筹划决策。

历史评价

原文

留侯所见老父予书，亦可怪矣。高祖离困者数矣，而留侯常有功力焉，岂可谓非天乎？上曰：“夫运筹策帷帐之中，决胜千里外，吾不如子房。”余以为其人计魁梧奇伟，至见其图，状貌如妇人好女。盖孔子曰：“以貌取人，失之子羽。”留侯亦云。

——《史记·留侯世家》

译文

留侯遇见老人赠书，可以说很神奇了。汉高祖刘邦多次陷入困境，留侯总能建功效力，难道说不是天意吗？刘邦说：“运筹帷幄之中，决胜千里之外，我比不上子房（张良）。”我以为他一定是个魁梧高大的人，看到画像，却发现他如女子般容貌姣好。孔子说：“我以貌取人，对待子羽有失公正。”对留侯也能这么说。

人物关系图

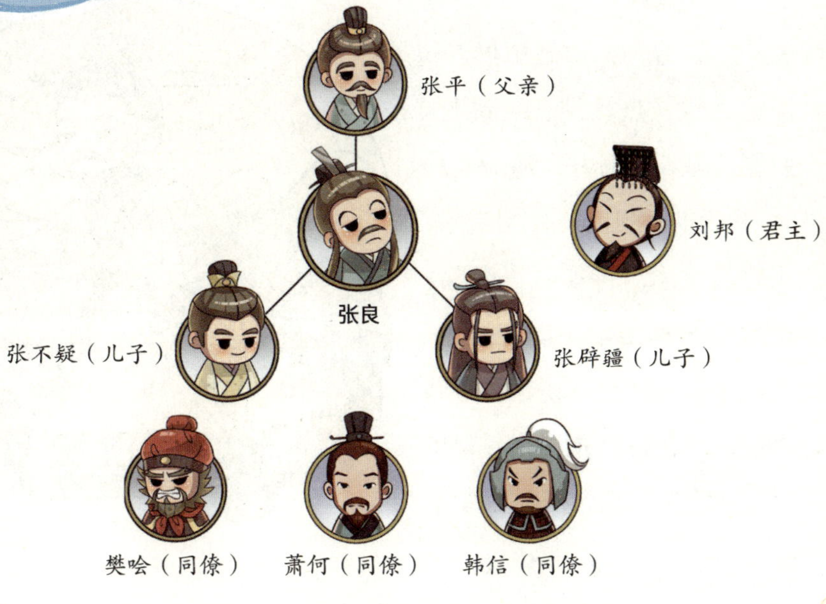

延伸阅读

子房未虎啸，破产不为家。
沧海得壮士，椎秦博浪沙。
报韩虽不成，天地皆振动。
潜匿游下邳，岂曰非智勇？
我来圯桥上，怀古钦英风。
唯见碧流水，曾无黄石公。
叹息此人去，萧条徐泗空。

——唐·李白《经下邳圯桥怀张子房》

黄袍山

张良辅佐刘邦取得天下后，因为体弱多病，便修习道家辟谷之术，不吃五谷，闭门不出有一年多。张良说：“我家世代为韩相，到韩国灭亡，不惜花费万金家产，刺杀秦始皇为韩国报仇，天下人都震动。如今我凭着三寸不烂之舌被帝王尊为师长，封邑万户，位列王侯，这是百姓能达到的极点，我已经满足了，今后愿远离人间俗务，随仙人神游。”此后他便退隐，修习道家道引轻身之术。传说张良退隐的地方是黄袍山，在现在的湖北省咸宁市，他在那里创办了伐桂书院，现在在黄袍山古村落的民居中，还能看到纪念张良的古匾“圯直德临”。

大汉首功
萧何

xiāo hé
萧何

萧何为相镇后方　安抚百姓修庙堂
法令制度皆齐备　大汉功臣第一章

开国首功

萧何曾经是沛县官吏，在刘邦还是百姓时就常常保护他。刘邦做亭长时，萧何常伴他左右。刘邦起兵时，萧何也追随着他。进入咸阳后，兵将都跑到收藏财物的地方争抢，只有萧何先去把秦朝的律令、文书等收藏起来。项羽和诸侯烧毁咸阳后，刘邦清楚知晓天下各处要塞、百姓户数、兵力强弱等，都依赖萧何收藏的文献。萧何还推荐韩信为大将军。

刘邦平定三秦时，萧何作为丞相留在后方，安抚百姓，供给粮草。刘邦联合诸侯攻打项羽时，萧何留守汉中，辅佐太子。他制定各种法令制度、修建宗庙宫室时，总是先奏请刘邦，得到许可后才实施；如果来不及奏请，就先顺势办理，事后详细地报告给刘邦。刘邦在战场上多次失利，萧何便常从汉中征兵，备齐粮草，为刘邦补上缺漏。

刘邦称帝后论功行赏，以萧何的功劳为最大，但萧何没有战功，群臣都不服气，刘邦便说：“萧何就像发号施令的猎人，将士就像追逐禽兽的猎狗，况且你们只是本人追随我，萧何的宗族子弟几十个人都追随我，他的功劳不能忘记。”于是以萧何为开国首功。

诛灭韩信

汉高祖十年（前197年），韩信与陈豨约定谋反。陈豨在外举兵，刘邦带兵讨伐，韩信称病没有跟从，还暗中派人对陈豨说：“你只管起兵，我在这里帮你。”随后，韩信与家臣谋划假传诏书释放各官府中的罪犯和奴隶，发动他们趁夜袭击吕后和太子。部署完等待陈豨的信号时，有人向吕后告发了韩信准备谋反的事，吕后想召见韩信，又怕韩信不会就范，就与萧何商量，令人假装从刘邦那里回来，说陈豨已经死了，群臣都来祝贺。萧何又欺骗韩信说：“即使有病，也强打精神来祝贺吧。”萧何对韩信有知遇之恩，韩信很信任他，便进宫来，吕后趁机派武士将韩信绑了起来，在长乐宫的钟室杀了他。齐人蒯通曾经对韩信说，他功高震主，劝他早做打算。韩信在被杀前说：“我后悔不用蒯通的计策，以至于被女子小人欺骗，难道不是天意吗？”

扩展知识点

成也萧何，败也萧何：韩信成为大将军，是由萧何推荐，最后被诛杀，也是由萧何谋划的。形容事情的成败都由同一个人造成。

萧规曹随

萧何与曹参一直不和，等到萧何病重时，惠帝亲自去探病，顺便问他：“您死后，有谁能代替您做丞相呢？”萧何说：“最了解臣子的莫过于皇上了。”惠帝就问：“曹参怎么样？”萧何叩首说：“皇上找到了最合适的人选，臣死而无憾了。”

萧何死后，曹参继任为丞相，他做任何事情都遵照萧何定下的法令制度，没有任何变更，又选拔一些不善言辞、做事厚道的人做属官，自己则整日痛饮美酒，有人来规劝，曹参就立刻拿出美酒和他们一起喝，直到他们也喝醉，没法劝说。惠帝心中对曹参不理政事不满，就派曹参的儿子曹窋私下询问原因。结果曹参大怒，打了曹窋二百板子，教训他不要议论国家大事。惠帝只好自己去问，曹参才说：“高祖与萧丞相平定天下，法令已经明确，如今陛下垂拱而治，我等大臣遵守各自职责，遵循已有的法令，不随意更改，不就可以了吗？”曹参做了三年丞相，一直没有改动萧何定下的法令，民谣唱道：“萧何为法，讲若画一；曹参代之，守而勿失。”

扩展知识点

萧规曹随：比喻完全按照前人的成规办事。

历史评价

原文 萧相国何于秦时为刀笔吏，录录未有奇节。及汉兴，依日月之末光，何谨守管龠，因民之疾秦法，顺流与之更始。淮阴、黥布等皆以诛灭，而何之勋烂焉。位冠群臣，声施后世，与闳夭、散宜生等争烈矣。

——《史记·萧相国世家》

译文 萧何在秦朝时是一个文书小吏，庸庸碌碌，没有什么突出的作为。等到汉朝兴起，他追随高祖，依靠日月余光，名声显露。萧何谨慎地守护关中重地，利用民众痛恨秦朝的严苛刑法，顺应民心更改新法。韩信、英布等人都被诛杀，而萧何的功勋光辉灿烂，地位在群臣之上，名声传扬后世，可以与周朝的闳夭、散宜生等媲美了。

人物关系图

延伸阅读

翊戴三朝冕有蝉，归荣今作地行仙。
且开京阙萧何第，未放江湖范蠡船。
老景已邻周吕尚，庆门方似汉韦贤。
一觞岂足为公寿，愿赋长虹吸百川。

——宋·王安石《谒曾鲁公》

汉律九章

汉朝建立后，萧何参考秦朝的法律，制定了法典《九章律》，分为《盗律》《贼律》《囚律》《捕律》《杂律》《具律》《户律》《兴律》《厩律》九章。其中，前六律源于李悝的《法经》，主要是关于犯罪和刑罚方面的规定，还有一些关于审判、囚禁等的内容；后三章则主要是关于户口、赋役、畜产、仓库、兴造等方面的规定。从西汉到东汉这一段时期，朝廷颁布的法规很多，颁布于西汉前期的《九章律》是汉律的基本法典，但《九章律》的法典原文已经失传，在其后颁布的一些汉律法典原文也大多失传了。

国士无双

韩信

hán xìn

韩信

乞食漂母在淮阴　背水列阵破赵军
若无萧何追韩信　沛公如何蹈汉廷

早年落魄

韩信是淮阴人，当初他只是一个平民百姓，没有出众的才能被推举做官，也不会做买卖维生，常常去别人家里吃闲饭，很多人讨厌他。韩信曾经在下乡南昌亭长的家里吃闲饭，一连吃了几个月，亭长的妻子嫌恶他，于是一大早就做好饭，在床上就吃了。到吃饭的时候，韩信去了，也不给他准备饭，韩信明白了他们的意思，非常生气，就再也没去过。

韩信在城下钓鱼的时候，几个婆婆在漂洗丝绵，有一个婆婆见韩信饥饿，就把饭给韩信吃，直到漂洗结束前的几十天都如此。韩信对婆婆说："我将来一定重重酬谢你。"婆婆生气地说："大丈夫不能养活自己，我可怜你才给你吃的，难道是希望你报答吗？"

淮阴的屠户中有一个年轻人侮辱韩信，说："你虽然身材高大，喜欢带着刀剑，但其实是个胆小鬼。"又当众侮辱他说，"你如果不怕死，就杀了我；如果怕死，就从我胯下钻过去。"韩信仔细打量了他一番，俯身从他的胯下爬了过去，市场的人都笑话他，认为他是个胆小鬼。

萧何月下追韩信

项梁渡过淮河抗秦时，韩信先后跟随项梁、项羽，都不被重用。韩信便从楚军逃到汉军中，当了一名小官。后来他因为犯案被抓，临刑时正好碰到夏侯婴，便说：“汉王不准备夺天下了吗，为何斩杀壮士？”夏侯婴看他不一般，就把他推荐给了刘邦，刘邦并没有重用他，但萧何很赏识他。

汉军到达南郑时，有几十个将领半路逃跑，韩信想到萧何已经多次推荐自己，刘邦都不重用，因此也逃跑了。萧何听说后，来不及告诉刘邦就去追赶韩信。有人禀告刘邦说：“萧丞相逃跑了。”刘邦大怒，像失去了左右手一样。过了一两天，萧何回来了，刘邦又气又喜，骂道：“你为什么逃跑？”萧何说：“我不敢逃跑，我去追逃跑的人了。”刘邦就问他追的是谁、为什么追他。萧何解释道：“其他人都容易找人替代，而普天下再也找不到第二个韩信，如果想要夺天下，除了韩信没人能办到。”接着，萧何劝刘邦任命韩信为大将军，而且要事先斋戒，毕恭毕敬地任命他才行。刘邦照办了，等到任命仪式上，军官们听到大将军是韩信，全军上下都非常震惊。

背水一战

汉军平定三秦、收服魏国后，刘邦又派韩信和张耳率领数万人攻打赵国。汉军号称有二十万大军，想突破井陉口。赵国谋臣广武君李左车说井陉道路狭窄，建议以奇兵三万截断汉军粮草，使他们进退不得。但成安君陈余不愿用奇谋诡计，不听他的。

韩信派人打探消息，听说广武君的计策没有被采纳，放下心来，才敢带兵进入井陉，在距离井陉口三十里的地方停了下来。半夜时，韩信挑选了两千名轻装骑兵，命每人拿一面红旗，从小道上山，埋伏起来观察赵军，赵军倾巢出动时，他们要火速冲入营地，拔掉赵军旗帜，竖起汉军的红旗。随后，韩信派一万士兵先行，背着河流摆出阵列，赵军望见后都大笑。天刚亮时，韩信就大张旗鼓地冲出井陉口，赵军迎战，战了许久，韩信、张耳假装战败，逃回军营，赵军果然倾巢出动，而那两千奇兵趁机换掉了旗帜。赵军与韩信殊死战斗，不能大胜，准备回军营时，惊讶地发现营地里都是汉军旗帜，以为将领都被俘虏了，于是士兵混乱逃走，在汉军的夹击下大败。

扩展知识点

背水一战： 比喻面临绝境，为求得出路而做最后一次努力。

历史评价

原文

韩信虽为布衣时，其志与众异……假令韩信学道谦让，不伐己功，不矜其能，则庶几哉，于汉家勋可以比周、召、太公之徒，后世血食矣。不务出此，而天下已集，乃谋畔逆，夷灭宗族，不亦宜乎。

——《史记·淮阴侯列传》

译文

韩信即使是布衣百姓时，志向就与众不同……如果韩信学会谦让，不自夸自己的功劳，不自恃自己的才能，那就可以了，他对汉朝的功勋可以和周公、召公、姜太公相比，后世子孙可以享用祭祀不尽。他不尽力这么做，然而天下已经安定了，竟然图谋叛逆，最终被灭族，不也是应该的吗？

人物关系图

延伸阅读

韩信在淮阴，少年相欺凌。
屈体若无骨，壮心有所凭。
一遭龙颜君，啸咤从此兴。
千金答漂母，万古共嗟称。
而我竟何为？ 寒苦坐相仍。
长风入短袂，内手如怀冰。
故友不相恤，新交宁见矜？
摧残槛中虎，羁绁鞲上鹰。
何时腾风云，搏击申所能？

——唐·李白《赠新平少年》

象棋

中国象棋是我国的传统棋种，在泾渭分明的棋盘上，一人执黑棋、一人执红棋，先后下子争胜，用棋局模拟战场上的智谋和厮杀。象棋的棋盘由九根竖线和十根横线组成，中间划定楚河汉界，红方黑方各占一半，每一方各有棋子十六枚，将（帅）一枚，士（仕）、象（相）、车、马、炮各两枚，卒（兵）五枚，红方先走，黑方后走，交替走子，被“将死”的一方或认输的一方为败，两方不分胜负则为和棋。

有人说，象棋是由军事才能卓越的韩信发明的，此说到底是真是假，现在还找不到确实的依据，但棋盘上的楚河汉界，却能时刻令人想起楚汉相争时的风起云涌。

铁腕皇后
吕雉

lǚ zhì

吕雉

身嫁沛公美娇妻　为君解忧谁能及
凌厉手段除隐王　蛇蝎心肠虐戚姬

出嫁刘邦

吕雉是刘邦的妻子，在刘邦做沛县亭长时就嫁给了他。当时吕公为了躲避仇人到沛县县令家做客，官吏们听说后都来祝贺。萧何是县令属官，他把贺礼不满一千铜钱的安排在堂下。刘邦身无分文，却在拜帖上写了“贺钱一万”，吕公便去将他迎了进来。吕公喜欢相面，看到刘邦的面相就非常尊敬他，将他领到堂上坐下，刘邦毫不谦让地坐到了上座。酒宴后，吕公留下刘邦，对他说：“我从年轻时就给人相面，从来没见过谁的面相比得上你的，我有一个女儿，情愿许给你做妻妾。”这个女儿就是吕雉，她生下了儿子刘盈和女儿鲁元。

楚汉相争时，楚军到沛县抓捕刘邦的家眷，刘邦的父亲和吕雉被抓，多年之后才被释放。刘邦称帝后，吕雉被封为皇后，她性情刚毅，辅佐刘邦平定天下，诛杀韩信、彭越等异姓诸侯王，但因为年长，与刘邦聚少离多，和刘邦的关系越来越疏远。刘邦在做汉王时，娶了戚夫人，非常宠爱，甚至想要立戚夫人的儿子刘如意为太子，废掉刘盈，多亏了大臣诤谏和张良的计策，才保住刘盈的太子之位。

虐杀戚氏

汉高祖十二年（前195年），刘邦驾崩，太子刘盈即位为惠帝，吕后为太后。刘邦在世时，戚夫人最受宠幸，常伴在刘邦身侧，曾在他面前哭泣，求刘邦改立自己的儿子为太子，因此吕后最恨戚夫人和她的儿子。刘邦死后，吕太后命人将戚夫人囚禁起来，还设法将刘如意召进京，想杀了他。但惠帝仁爱，亲自去霸上把刘如意迎接进宫，与自己同吃同睡，使吕太后找不到下手的机会。

十二月的一天，惠帝清晨出去射箭，刘如意年幼，不能早起，吕太后得知后，便派人送去毒酒让刘如意喝下，等惠帝回宫，刘如意已经死了。此后，吕太后又用残忍暴虐的手段折磨戚夫人，损毁她的躯体耳目，将她关在猪圈里，几天后让惠帝去看。惠帝看了后，听说这是戚夫人，立刻大哭起来，因此重病，一年多不能起身。他派人对吕太后说：“这种事不是人能做出的，我身为太后的儿子，再也不能治理天下了。”从此惠帝便终日饮酒作乐，不理政事，身体也虚弱多病。

执掌天下

惠帝不问政事，大权都掌握在吕太后的手中。孝惠二年（前193年），惠帝的异母哥哥齐王刘肥来朝见，宴饮时，惠帝按照家人的礼节把哥哥让到上座，吕后见了大怒，想要毒杀齐王，齐王察觉后装醉离开了宴席。为了活命，他只好把城阳郡封地献给吕太后，并尊吕后的女儿鲁元公主为王太后。

在吕太后的高压下，体弱多病的惠帝即位七年就死去了。发丧时，吕太后只是干哭，并不流泪。张良的次子张辟疆对丞相陈平说："您知道为什么太后只哭却并不悲恸吗？因为皇帝没有成年的儿子，太后顾忌你们这些老臣，如果您向太后进言，请她任命自己的几个侄子为将军，统领两宫卫队，其他吕家人都担任朝廷重臣，这样她才会安心，你们这些老臣也能免于祸患了。"陈平按照张辟疆的话去做了，太后这才满意地恸哭起来。此后，惠帝的儿子刘恭即位，而吕氏家族掌握了天下大权，所有政令都出自吕太后。

扩展知识点

吕太后将吕家人尽封王侯，在吕太后死后，吕家人想要发动叛乱，夺取天下。但他们的阴谋被太尉周勃、丞相陈平等人察觉，吕家人最终都被诛杀。

历史评价

原文

孝惠皇帝、高后之时，黎民得离战国之苦，君臣俱欲休息乎无为，故惠帝垂拱，高后女主称制，政不出房户，天下晏然。刑罚罕用，罪人是希。民务稼穑，衣食滋殖。

——《史记·吕太后本纪》

译文

惠帝和吕后在位时，百姓得以脱离诸国混战的苦难，君臣都想休养生息，无为而治，因此惠帝不理政事，吕后以太后的身份代行皇帝职责，政令不出门户，天下相安无事。很少使用刑罚，犯罪的人也很少，百姓专心耕种，衣食都渐渐富足起来。

人物关系图

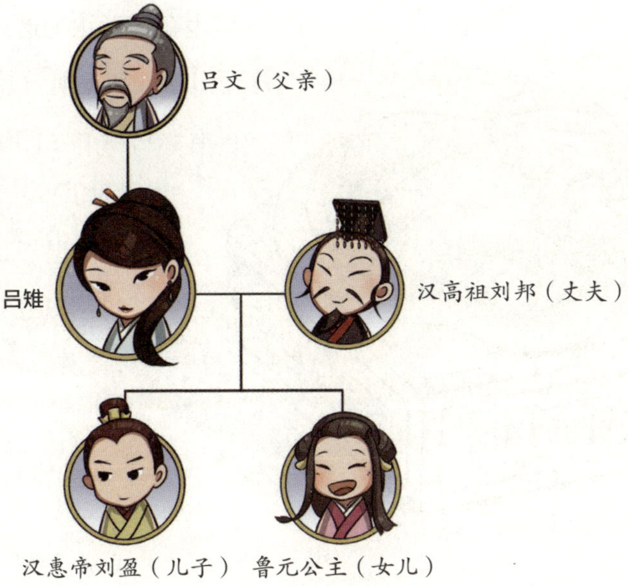

延伸阅读

父识英雄婿沛公，家因骄横血兵锋。
始知善相元非善，不是兴宗是覆宗。

——宋·徐钧《吕后》

皇后玉玺

在陕西历史博物馆，收藏着一块晶莹无瑕的玉玺。这块正方形的玉玺以和田白玉雕成，通体润泽，玺钮是一个匍匐着的螭虎，双目圆瞪，体形流畅，四肢矫健；玺台四面雕刻卷云纹；玺面则阴刻篆书“皇后之玺”，字体方正端庄，因此人们将这枚玉玺称为“西汉皇后之玺”。这枚玉玺发现于长陵附近，因此有学者推测它是吕后的印玺，但也有学者认为这只是巧合，并没有确切的证据证明这枚玉玺是吕后所有。可以确定的是，这枚玉玺是西汉时期的产物，而且在每一代皇后之间累世相传。西汉皇后之玺是现在已经发现的汉代皇后玉玺的唯一实物资料，具有非常重要的研究价值。

贾谊

jiǎ 贾 yì 谊

政论天下 贾谊

贾生十八诗闻名　针砭时弊礼乐兴
谪居长沙赋鹏鸟　忧郁而终化英灵

针砭时弊

贾谊是洛阳人，十八岁时就因为诗文俱佳而闻名当地。吴廷尉做河南郡守时，听说了贾谊的才名，就将他召到门下做事。汉文帝即位后，听说河南郡守吴公政绩第一，又向李斯学习过，就将吴公征召为廷尉。吴廷尉又推荐了贾谊，说他精通诸子百家的学问，于是汉文帝便任命贾谊为博士。

当时贾谊只有二十多岁，是博士中最年轻的。每当有诏令下达，让博士讨论时，那些年长的人说不出什么，贾谊却能对答如流，别人都觉得贾谊说出了自己的想法，因此博士们都认为自己的才能不及贾谊。汉文帝很喜欢贾谊，一年内就将他提拔为太中大夫。

贾谊喜欢议论国家大事，他认为从汉朝建立到汉文帝即位已经二十余年，天下太平，正是改变历法、改易服色、制定官吏制度、振兴礼乐的时候，于是就将具体事宜详细地草拟下来。但汉文帝刚刚即位，认为还不是变动的时机，就没有实行，但此后法令的更改、诸侯必须去自己的封地就任等措施，都是贾谊提出的。

扩展知识点

针砭时弊： 指出时代和社会的问题，督促改正。

谪居长沙

贾谊才华横溢，好议国事，引起了周勃、灌婴等人的嫉妒，遭到他们的排挤。汉文帝原本打算提拔贾谊担任公卿之职，但周勃等人说："这个洛阳人，年纪轻轻，才学尚浅，就想独揽大权，搅乱政事。"汉文帝便逐渐疏远了贾谊，不再听从他的建议，还将他贬为长沙王太傅。

当时的长沙地势低洼，气候潮湿，不利于健康，贾谊担心自己在那里恐怕不能长寿，又因为自己是被贬前往，十分不得意。在渡过湘水时，他写下《吊屈原赋》，以屈原的遭遇自喻，感慨"国其莫我知"，天下没有了解他的人。

在长沙待了三年后，有一天，一只猫头鹰飞进了贾谊的屋子，停在座位上。楚人将猫头鹰称为"鹏"，贾谊感时伤怀，借此作《鹏鸟赋》，抒发自己怀才不遇的伤感，却又在赋中宽慰自己："德人无累兮，知命不忧。细故蒂芥，何足以疑。"意思是有德之人没有俗累，乐天知命，世间鸡毛蒜皮的小事哪里值得疑虑！

政论天下

一年多后，贾谊被召回京城拜见皇帝。汉文帝正在宣室接受降神仪式，因此就询问贾谊关于鬼神的事，贾谊详细说明了各种鬼神之说出现的缘故，汉文帝一直听到半夜，因为听得入神，不知不觉地从席位上不断挪动靠近贾谊。听完后，汉文帝感叹：“我很久没见到贾谊了，自以为能超过他，现在看来还是比不上他。”不久，汉文帝就封贾谊为梁怀王太傅，让他教导自己最爱的小儿子梁怀王。

淮南王刘长因罪被废除王号，绝食而死，汉文帝将他的四个儿子重新封为列侯。贾谊多次上疏，认为这会埋下隐患，建议汉文帝削弱诸侯王的势力，巩固中央集权，但汉文帝并没有听从。此外，贾谊还主张重农抑商，抗击匈奴。

几年后，梁怀王骑马时从马上摔下来死了，没有留下后代，贾谊认为这是自己没有尽到太傅的责任，伤心之余常常哭泣，一年多后也去世了，那时他只有三十三岁。

历史评价

原文

及见贾生吊之，又怪屈原以彼其材，游诸侯，何国不容，而自令若是。读《鹏鸟赋》，同死生，轻去就，又爽然自失矣。

——《史记·屈原贾生列传》

译文

我看到贾谊悼念屈原的文章，责怪屈原如果凭自己的才能去各国游说，哪个国家会不容纳他，却让自己落到投水自尽的地步。而读了《鹏鸟赋》，看到文中将死生视为同一，将弃官和得官都等闲视之，又感到茫然不知所措。

人物关系图

延伸阅读

宣室求贤访逐臣，贾生才调更无伦。
可怜夜半虚前席，不问苍生问鬼神。

——唐·李商隐《贾生》

《过秦论》

除了《吊屈原赋》和《鹏鸟赋》，贾谊还留下了著名的《过秦论》。“过秦”的意思是指责秦朝政事的过失，贾谊在《过秦论》中深度剖析了秦朝二世而亡的原因，分为上、中、下三篇论述秦孝公以来秦国逐渐强盛的原因、秦国统一天下以后秦始皇和秦二世的错误统治，还有对秦王子婴不能保全宗庙的指责。在这三篇中，以上篇最为脍炙人口，文章以夸张的手法描述了秦国“振长策而御宇内”“威震四海”“子孙帝王万世之业”的强大，紧接着贾谊笔锋一转，写陈胜振臂一呼，天下豪杰并起，“一夫作难而七庙隳，身死人手”，强盛的秦朝就此灭亡，继而得出“仁义不施”是秦朝灭亡的主要原因的结论，铺陈排比，气势磅礴。《过秦论》是一组感染力极强的绝佳散文，贾谊写作此文，是希望汉朝能够接受历史教训，长久地巩固自己的统治。

汉包公 张释之

zhāng 张 shì 释 zhī 之

上行下效纠不正　司马跑车为不敬
释之铁面不徇私　从俭谈棺议霸陵

上林观虎

张释之是西汉时期的司法官。有一次，他陪同汉文帝去上林苑观虎，汉文帝询问书册上登记的各种禽兽的情况，问了十多个问题，上林尉左看右看，全都答不出来。看管虎圈的啬夫从旁边代替上林尉回答，回答得非常详尽。汉文帝说：“官吏不应当这样才行吗？上林尉不称职。”于是他命令张释之，把啬夫封为上林令。张释之过了一会儿才上前说：“陛下认为绛侯周勃是什么样的人？”汉文帝说：“是长者。”张释之又问：“东阳侯张相如是什么样的人呢？”汉文帝也说：“是长者。”张释之便说：“绛侯、东阳侯都是长者，但这两位都不擅长言辞。这样提拔啬夫，是让天下人都学他这样喋喋不休，逞口舌之利吗？况且秦朝重用舞文弄法的官吏，造成了文书徒具其表、不叙述实情的后果，因而皇帝听不到自己的过错，秦二世时天下就土崩瓦解。陛下因为啬夫伶牙俐齿就越级提拔他，恐怕天下人都会闻风而动，争相用口舌辩论而不务实。陛下做任何事都不能不审慎啊。”汉文帝因此作罢，没有提拔啬夫。

霸陵谈棺

张释之升为中郎将后，有一次陪汉文帝去霸陵。汉文帝站在霸陵北侧极目眺望，慎夫人当时随行在侧，汉文帝就指着新丰道对慎夫人说：“这是前往邯郸的道路。”于是汉文帝命慎夫人弹瑟，自己和着瑟的节拍唱歌，心中凄惨悲哀，回头对群臣说：“唉，以北山的石头为棺椁，用苎麻丝絮填充缝隙，再用漆涂刷密封，就不能打开了吧！”侍从大臣都说：“是。”张释之上前说：“如果陵墓中有能吸引人们贪欲的东西，即使用南山来做棺椁，也会被打开缝隙；如果陵墓中没有能引起人们贪欲的东西，就算没有棺椁，又有什么可担心的呢？”文帝听了大加赞赏，随后将张释之封为廷尉。

扩展知识点

霸陵：霸陵本是秦代的芷阳县，汉文帝在此处修建霸陵，并将县名改为霸陵，汉文帝死后就葬在此处。张释之说的一番话，是在劝谏汉文帝不要用贵重物品陪葬。

一抔之土

张释之升为廷尉后，有人偷了高祖庙神像前的玉环，被抓获后，汉文帝非常生气，把盗贼交给张释之治罪。张释之按照偷盗宗庙服饰器具的罪责上奏，按法律应该判处死刑。汉文帝大怒：“这个人无法无天，竟敢偷盗先帝宗庙的器具，我把他交给廷尉，是想灭他的族，你却一味按照法律条文把审理结果奏报我，这不是我奉承宗庙的原意。”张释之脱掉帽子叩首说：“按法律规定，这么判已经够了。况且即便罪名相同，也要区别罪行的轻重。现在他偷了宗庙的器具就判他灭族，万一有愚蠢的人挖了长陵的一抔土，陛下又该怎么判呢？”过了一些时候，汉文帝和薄太后说了这件事，才同意了张释之的判决。当时，条侯周亚夫和梁国国相山都侯王恬看到了张释之执法论事公正，便与他结为了好友，张释之也由此为天下人所称赞。

历史评价

原文

张季之言长者，守法不阿意……有味哉，有味哉。语曰“不知其人，视其友”。二君之所称诵，可著廊庙。《书》曰“不偏不党，王道荡荡；不党不偏，王道便便”。张季、冯公近之矣。

——《史记·张释之冯唐列传》

译文

张释之谈论长者的那番话，还有他执法严明、不逢迎皇帝心意的事……有滋味，真有滋味啊！俗话说：“不了解一个人，看看他结交的朋友就能了解了。”张释之和冯唐称赞长者和将帅的话，应该抄录在庙堂中。《尚书》说：“不偏私不结党，王道才能施行得宽广有序。”张释之和冯唐可以说是接近了。

人物关系图

延伸阅读

乐极生悲倚瑟歌，一言悟主亦何多。
晏婴往日规齐景，廷尉风流更不磨。

——宋·陈长方《张释之谏文帝》

司法为民

汉文帝一次出巡，经过中渭桥，有一个人从桥下走出，惊吓到皇帝的马。汉文帝便让侍卫把这个人抓了起来，交给廷尉处理。张释之审问详情，那人说："听到清道的命令后就藏在了桥下，以为皇帝的队列已经过去，就从桥下出来，没想到正好遇见车队，就跑了起来。"张释之听后，便上奏说，这个人触犯了清道的禁律，应该处以罚金。汉文帝生气地说："这个人惊吓了我的马，幸好我的马性情温顺，如果是其他马，不就把我摔伤了吗？廷尉竟然只判他交罚金！"张释之便说："法律是天子和百姓应该共同遵守的。现在法律这样规定，陛下却要加重处罚，是使百姓不再相信法律。这样的话百姓该如何根据法律规范自己的行为呢？请陛下明察。"过了好一会儿，汉文帝才说："廷尉是对的。"

飞将军
李广

lǐ 李 guǎng 广

斩杀降将难受勋　苦战杀敌化浮云
白羽入石亲射虎　爱兵如子飞将军

李广难封

李广是秦将李信的后代，他勇猛善战，擅长骑射，在汉文帝十四年（前166年）时从军抗击匈奴，因军功被封汉中郎，汉文帝曾经称赞他：“可惜你生不逢时，如果你生在汉高祖时，封万户侯都不在话下。”

汉景帝即位后，李广跟随太尉周亚夫镇压吴、楚叛军，取下敌军的军旗，立下大功，但因为梁孝王私下把将军印给了李广，还朝以后，李广并没有得到封赏。此后，李广又历任陇西、北地、雁门、代郡、云中等太守，屡立战功，声名远扬。

李广的堂弟李蔡的才干、名声都远比不上李广，但他在汉文帝时与李广同时被封为汉中郎、武骑常侍，到汉武帝时已经位列三公。李广却始终没有被封爵，连他曾经的部下都有被封爵的。李广曾私下问会看相的王朔：“我抗击匈奴功劳不比别人差，却从来没有得到过封地，难道是我命该如此吗？”王朔问他有没有悔恨的事，李广说：“我做陇西太守时，羌人谋反，我诱使他们投降，然后在同一天将投降的八百多人都杀了，至今悔恨的只有这一件事。”王朔便说：“罪过没有比杀已经投降的人更大的，所以将军难以封侯啊。”

苦战无功

汉武帝时，李广跟随大将军卫青从定襄郡出发抗击匈奴，军中很多将军因为战功被封侯，唯独李广的军队没有战功。两年后，李广带领四千将士出征，博望侯张骞率领一万人，与李广兵分两路而行。行军数百里后，匈奴的左贤王带着四万人围住了李广，士兵都非常惊恐，李广就命令儿子李敢向匈奴的队伍奔驰。李敢带着几十名士兵，直冲向匈奴的骑兵队，又冲破他们的左右翼回来，告诉李广："匈奴很容易对付。"士兵们才放下心来。李广便命令士兵摆出圆形阵列，面向外方，匈奴急攻，箭如雨下，汉军的士兵死了过半，箭矢也用尽了。李广就命令士兵拉满弓但不放箭，自己亲自用大黄弩射杀匈奴副将，一连射杀了数人，匈奴军队慢慢散开了。

暮色降临了，将士都面无人色，李广却依然意气风发，更加注意整治军队。第二天，李广再次带领士兵力战匈奴，而张骞的大军也赶到了，匈奴军队这才退去。当时李广的军队几乎全军覆没，只好收兵回城。按照当时的法令，张骞延误日期，应是死罪，用钱财赎免后，被降为百姓。李广功过相抵，没有封赏。

迷路自尽

元狩四年（前119年），大将军卫青率大军反击匈奴，李广多次请求出战，但汉武帝认为他已经老了，过了很久才任命他为前将军。

出塞后，卫青得知匈奴单于的位置，就自己带着精兵追赶，命令李广并入右将军军中，从东路迂回出击。李广自请做先锋，但卫青暗中接受了皇帝的指令，认为李广年老，并且他有意给公孙敖建功的机会，所以故意派走李广。李广知道内情，心中愠怒，没有向卫青辞行就出发了，带领军队和右将军一起出东路，但行军途中迷了路，延误日期，落在了卫青后面。卫青和单于交战，单于逃走了，卫青只好回来。李广见过卫青后回到自己军中，卫青派人带着干粮和酒慰劳李广，顺道询问他迷路的详情，以便上报皇帝。李广没有回答，卫青又派人召李广幕府的人前去对质，李广便说："校尉们都没有罪责，是我自己迷了路，我自己去。"

到了幕府，李广对部下说："我与匈奴对阵七十余次，有幸跟从大将军和单于交战，但大将军指派我走远路，偏偏又迷了路，这是天意！我六十多岁了，不能再忍受刀笔吏的侮辱。"说罢就引刀自刎。

历史评价

原文

《传》曰：“其身正，不令而行；其身不正，虽令不从。”其李将军之谓也。余睹李将军悛悛如鄙人，口不能道辞。及死之日，天下知与不知，皆为尽哀。彼其忠实心诚信于士大夫也！谚曰：“桃李不言，下自成蹊。”此言虽小，可以谕大也。

——《史记·李将军列传》

译文

《论语》中说：“上位的人自身行为端正，不下达命令人们也会遵行；自身行为不端正，就算下达命令也没人听从。”这说的就是李将军吧？我看到李将军老实忠厚，不善言辞，他死的那天，无论认识他的人还是不认识他的人，都为他极其哀痛。他的忠实品性确实得到了将士们的信赖啊！谚语说：“桃树、李树不会说话，树下自然被吸引来的人们踩出了一条小路。”这话说的虽然是小事，但也可以比喻大道理了。

人物关系图

汉文帝刘恒（君主）

汉景帝刘启（君主）

汉武帝刘彻（君主）

李广

卫青（同僚）

张骞（同僚）

延伸阅读

嗟乎！时运不齐，命途多舛。冯唐易老，李广难封。屈贾谊于长沙，非无圣主；窜梁鸿于海曲，岂乏明时？所赖君子见机，达人知命。老当益壮，宁移白首之心？穷且益坚，不坠青云之志。

——唐·王勃《滕王阁序》节选

射石搏虎

李广家族中的人都擅长射箭，李广更是其中的佼佼者。他身材高大，双臂如猿，子孙的箭术都比不上他。有一次，李广外出打猎，看到草丛中有动静，以为是一只老虎，就一箭射中，过去仔细一看，才发现那原来是块石头，箭头直直射进了石头里。李广又试着射箭，却再也不能把箭射进石头里了。李广驻守各郡时，听说哪里有老虎，常常亲自去射杀。在右北平射虎时，老虎跳起来扑伤了李广，但最终还是被受伤的李广射杀了。

李广爱惜士兵，得到赏赐就分给部下，带兵遇到缺粮断水的时候，就把粮食和水优先给士兵。他行军也没有严格的队列阵势，晚上不打更，文书簿册都很简单，士兵都很爱戴李广，甘愿为他赴死。匈奴畏惧李广的谋略，在李广驻守右北平时，数年不敢进犯，将他称为“飞将军”。

zhōu yà fū
周亚夫

真将军 周亚夫

备战方显军纪明　平定七国善用兵
地下谋反荒唐罪　忠义耿直真将军

许负相面

周亚夫是绛侯周勃的儿子，相士许负曾为他相面，说：“你三年后将称侯，称侯八年后成为将军和丞相，执掌国家大权，位高权重，大臣中没有人能和你相提并论，再之后九年，你会被饿死。”周亚夫大笑道：“我的兄长已经继承了父亲的侯位，即使他死了，也是他的儿子继承侯位，我如何会称侯？况且，既然已经像你说的那么尊贵了，又怎么会饿死呢？请你指教我。”许负指着他的嘴巴说：“你脸上有纹路从这里入口，这是饿死的面相。”

三年后，周亚夫的长兄绛侯周胜之犯罪，汉文帝从周勃的儿子中挑选有才能的，众人都推选周亚夫，于是汉文帝就封周亚夫为条侯，继承绛侯爵位。

扩展知识点

许负是秦汉时期的女相士，传说她还曾给汉文帝刘恒的母亲薄姬看相，当时薄姬还是魏王豹的夫人，许负便说薄姬将会生下天子。后来薄姬成为刘邦的姬妾，在刘邦死后跟随儿子刘恒前往封地代国。吕后去世后，大臣拥立刘恒为帝，薄姬成为皇太后。

细柳阅兵

汉文帝后元六年（前158年）时，匈奴大举侵犯，汉文帝派刘礼、徐厉、周亚夫为将军，分别驻守在霸上、棘门和细柳，防备匈奴。汉文帝亲自去慰劳将士，在霸上和棘门的军营，可以直接策马进去，将士们骑马送迎。到了细柳，将士都披挂整齐，拿着兵器。皇帝的先头卫队到了，进不去兵营，便说："天子快到了。"军门都尉说："将军有令，军中只听从将军命令，不听天子诏令。"过了一会儿，汉文帝到了，还是进不去兵营。于是汉文帝就派使者拿着信物向将军下诏令，说："天子想进来慰劳将士。"周亚夫这才传令打开营门。营门守卫又对皇帝的车马随从说："将军有令，军中不能策马奔驰。"于是皇帝就拉着缰绳慢慢前进。到了营中，周亚夫拿着兵器拱手作礼，说道："穿戴甲胄的兵士不能跪拜，请允许我用军礼拜见。"汉文帝为之动容，派人对他致意道："皇帝特来慰劳将军。"出了军门，汉文帝感慨道："这才是真正的将军啊。之前在霸上、棘门的军营看到的，简直像儿戏一样，他们的将军本就可能被袭击俘虏，至于周亚夫，可能被侵犯吗？"

平七国乱

汉文帝临去世时，嘱托太子说周亚夫能够担当领兵重任。太子即位为景帝，封周亚夫为车骑将军。景帝三年（前154年），吴、楚等七国叛乱，周亚夫为太尉，前去平定。临行前他对景帝说："楚兵勇猛迅捷，和他们正面作战很难取胜，请让我先放弃梁国，断绝吴楚的粮道，就可以制服他们了。"景帝准许了他的请求。

周亚夫带兵在荥阳集结后，吴军攻打梁国，梁国危急，前来求救，周亚夫却带兵跑到昌邑，利用地势坚守，并不出战。梁国每天派使者求救，周亚夫都不出兵，梁王只好向景帝上书。景帝派使者传诏，命令周亚夫救援梁国，周亚夫仍然不听，只派轻装骑兵断绝吴楚叛军后方的粮道。吴军缺乏粮草，士兵饥饿，多次前来挑战，周亚夫都不应战。吴军又奔袭军营东南角，但周亚夫命令士兵好好防备西北角，一会儿吴军果然派精兵攻打西北角，但不能攻入。吴军已经非常饥饿，不得已撤军，周亚夫立刻派精兵追击，大破吴军。

周亚夫三个月就平定了吴楚七国叛乱，众将都佩服周亚夫的谋略，但梁王从此与周亚夫有了嫌隙。

历史评价

原文

亚夫之用兵，持威重，执坚刃，穰苴曷有加焉！足己而不学，守节不逊，终以穷困。悲夫！

——《史记·绛侯周勃世家》

译文

周亚夫用兵，一直威严庄重，坚忍不拔，连司马穰苴这样的名将都不能超过他！可惜他自满自足而不知学习，持守节操而不知恭顺，最终落入穷途困境，多么让人悲痛！

人物关系图

延伸阅读

削平吴楚大功成，一旦生疑触怒霆。
自是君王多任刻，非关许负相书灵。
——宋·徐钧《周亚夫》

悲惨结局

周亚夫平定吴楚之乱，五年后，升为丞相，景帝很重视他。但景帝在废栗太子刘荣时，周亚夫坚决反对，从此景帝就疏远了他。梁王每次来朝见时，也总是在太后面前说周亚夫的坏话。后来，太后劝景帝封王后的兄长为侯、景帝想册封归顺的匈奴将领，都被周亚夫劝阻，景帝就越来越不信任他，还坚持将匈奴将领封为列侯。周亚夫因此称病，被免去相位。

后来，周亚夫的儿子为他从专制皇家用品的工官那里私下买了殉葬用的盔甲盾牌，搬运的雇工很辛苦，但没有拿到钱，就告发周亚夫的儿子私买御物，想要谋反。事情牵连到周亚夫，周亚夫被关入廷狱，绝食而死。

大汉吴王
刘濞

liú bì

刘濞

大汉吴王藏野心　坐断东南收刁民
铸币制盐无君上　七国兵起三月平

受封吴王

刘濞是汉高祖哥哥刘仲的儿子。汉高祖刘邦平定天下后，将刘仲封为代王，后来匈奴攻打代国，刘仲不能坚守，抛弃代国逃跑，辗转逃到了洛阳，然后向皇帝自首。刘邦因为他是骨肉血亲，不忍心依法令责罚，只是将他废为郃阳侯。

汉高祖十一年（前196年），淮南王英布谋反，兼并了荆楚地区，挟持那里的军队攻打楚国，刘邦亲自带兵平叛。刘濞那年20岁，勇武有力，跟随刘邦出征，打败了英布的军队。当时荆王刘贾被英布杀了，他没有后代可以继承爵位。刘邦担心吴国、会稽的百姓悍勇，不能没有勇武的王侯来震慑他们，而刘邦的儿子都还年幼，于是便将刘濞封为吴王，统辖三郡五十三个县。

当时，皇帝的亲属被分封到各地做诸侯王，吴王、楚王、齐王的封地是诸侯王中最大的。而吴国的豫章郡又有出产铜的矿山，刘濞就招募天下的亡命之徒在封国内大量铸钱，还煮海水制盐，不缴纳赋税，吴国日益富足。

坐断东南

汉文帝时，吴太子入京朝见，陪皇太子饮酒下棋。下棋时，吴太子很不恭敬，皇太子就拿起棋盘砸吴太子，竟杀死了他。吴太子被送回吴国安葬，刘濞生气地说："天下同姓的都是一家，死在长安就葬在长安，何必送回来。"于是又把吴太子送回长安埋葬。此后，刘濞就称病不朝。朝廷知道他是因为儿子故意称病，因此每次吴国的使者来京城，都会被拘禁责问。刘濞害怕了，更加积极地谋划叛乱。后来，吴国使者在秋季例行朝见天子，汉文帝再一次责问，使者说："'察见渊中鱼，不祥'。吴王假装生病，朝廷察觉后严厉责问，责问越急，他越想隐瞒，越怕皇帝杀他，不得已只能一直称病。请陛下捐弃前嫌，给吴王改过自新的机会。"于是汉文帝就放了吴国的使者，赐给刘濞几、杖，准许刘濞因年老而不入京朝见。刘濞因此放缓了谋反的计划。在吴国，因为能够煮盐铸钱，百姓没有赋税，士兵服役收入富足，其他国家逃亡的人在这里能得到收容，因此百姓都愿意被吴王驱使。

扩展知识点

察见渊鱼者不祥： 出自《列子》，指明察太过不是好事。

七国之乱

晁错多次上书建议削弱吴国，但文帝宽厚，不忍心处罚，刘濞因此日益骄横。景帝即位后，晁错再次劝说皇帝削弱诸侯国，以免他们势力过大，威胁朝廷。刚好楚王犯罪，景帝赦免了他的死罪，削减东海郡作为惩罚，趁机也削减了吴国的豫章郡、会稽郡，赵王和胶西王也因罪被削减了封地。

刘濞担心朝廷削地没有止境，便想趁机起事。他知道胶西王好逞凶斗狠，便前往胶西，当面与胶西王盟约共同起兵，又派使者与其他诸侯国约定，最终吴、楚、赵、胶东、胶西、济南、淄川等七国以诛晁错为名，发动叛乱。

七国叛乱的消息传来后，汉景帝派条侯周亚夫等出兵平叛。做过吴王丞相的袁盎正闲居在家，景帝召见他，他进宫时景帝正和晁错调配军队粮草。景帝问袁盎对吴楚叛乱是什么看法，袁盎支开晁错，随即建议景帝杀了晁错，恢复七国封地。景帝沉默良久，听从了建议，将晁错诓骗到东市。晁错穿着朝服被斩杀在东市。

但七国并没有因此退兵。周亚夫带兵在三个月内平定了吴、楚，其他五国也先后被平定。从此，诸侯国的军政大权都收归中央。

历史评价

原文

吴王之王，由父省也。能薄赋敛，使其众，以擅山海利。逆乱之萌，自其子兴。争技发难，卒亡其本；亲越谋宗，竟以夷陨。晁错为国远虑，祸反近身。袁盎权说，初宠后辱。故古者诸侯地不过百里，山海不以封。“毋亲夷狄，以疏其属”，盖谓吴邪？“毋为权首，反受其咎”，岂盎、错邪？

——《史记·吴王濞列传》

译文

刘濞之所以被封吴王，是因为父亲被贬黜。吴王能够免除赋税、支使民众，是占据着铜山和海盐的便利。他叛乱的萌芽是从吴太子被打死开始的，由下棋的争执开端，最终导致身死国灭；亲近越人，谋害同族，最后自己也死了。晁错为国家深谋远虑，灾祸反而降临到自己身上。袁盎权变游说，最初受到宠信，其后遭受屈辱。所以古时候诸侯的封地不超过百里，山海也不封给诸侯。“不要因为亲近外人而疏远宗亲”，这大概是对刘濞说的吧？“不要做出谋划策的人，反过来遭受祸害”，说的难道不正是袁盎、晁错吗？

人物关系图

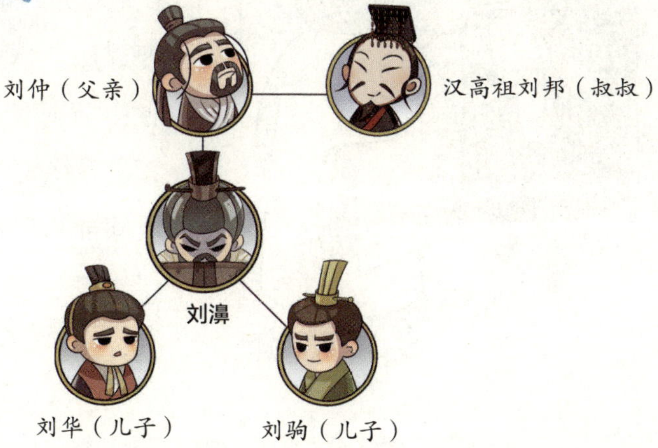

延伸阅读

万甲仓皇起一呼，如闻岛寇偾洪都。
本忧江左非勍敌，岂谓淮南是浪图。
翠辇南巡方授钺，捷书西上已成俘。
可怜刘濞区区业，赢得功名属亚夫。

——明·文徵明《八月六日书事 其一》

刘邦预言

刘濞被册封为吴王时，拜官受印后，汉高祖刘邦召见刘濞。看到刘濞的面相后，刘邦说：“你的面相有反叛的预兆。”心中暗暗懊悔，但刘濞已经被册封了，因此他抚着刘濞的后背，告诫说，“汉朝兴起五十年后东南方向将有叛乱，会是你吗？但天下同一个姓氏的都是一家，你千万不要谋反。”刘濞连忙叩头说：“不敢。”然而刘邦的预言最终成真了，刘濞当真联合其他诸侯王，发动了吴楚七国之乱。

铁面苍鹰 郅都

zhì dū
郅都

平定济南除恶人　路不拾遗真良臣
不畏权贵审临江　铁面苍鹰匈奴震

平定济南

郅都在汉景帝时任中郎将，他敢于直谏，在朝堂上当面斥责大臣的过失。郅都曾跟随汉景帝去上林苑，当时贾姬去厕所，一头野猪突然闯进了厕所，景帝用眼光示意郅都去救，但郅都不为所动。于是景帝自己拿起武器准备去救贾姬，郅都上前跪下说：“死了一个姬妾，会有新的姬妾进宫，天下难道会少贾姬这样的人吗？陛下就算不在乎自己，难道也不在乎宗庙和太后吗？”景帝因此作罢，野猪也自己离开了。太后听说这件事后，赏赐郅都百金，从此重用郅都。

济南有一个瞷氏宗族，族中三百多户，豪横奸猾，济南太守都拿他们没办法。于是景帝把郅都封为济南太守，前去治理。郅都到了济南后，将瞷氏族中的首恶全家都杀了，其余的瞷氏族人都吓得两腿发抖。郅都做了一年多的济南太守，济南郡中路不拾遗。周围十多个郡的郡守都畏惧郅都，就像畏惧上级官吏一样。

不畏权贵

郅都为官公正廉洁，铁面无私，从来不翻看私人求情的书信，不接受别人的赠礼，也不接受私人的请托，在执法时不避讳权贵皇族。临江王刘荣是汉景帝的长子，他起初被立为太子，但他的母亲栗姬失宠后，后宫王美人唆使大臣向汉景帝请求立栗姬为皇后，汉景帝因此大怒，将刘荣贬黜为临江王。后来，刘荣因为侵占宗庙的土地修建宫室而犯罪，被传召到中尉府接受审问时。郅都审讯严苛，临江王害怕，想要刀笔等书写工具来写信，直接向皇帝谢罪，但郅都严禁官吏给临江王提供刀笔。魏其侯窦婴暗中派人给临江王送去了刀笔等工具，临江王便写下谢罪书，随即自尽。窦太后听说了刘荣的死讯后，十分愤怒，准备用严厉的刑罚处置郅都，并让汉景帝罢免郅都的官位，让他还乡。

名震匈奴

得罪窦太后之后，汉景帝并没有让郅都免官回乡，而是让使者拿着符节任命郅都做雁门太守，并让他乘便取道直接去雁门关上任，不必到朝廷谢恩，雁门关的政事也准许他依据实际情况独立处理。汉景帝时期，匈奴人连年在边境侵扰，他们听说过郅都行事的威名，知道郅都来守卫边境后，便退兵离开了边境，直到郅都死去，一直都不敢接近雁门关。

匈奴人甚至还做了郅都模样的木偶人，训练骑兵们奔驰射击，但是没有人能射中木偶，匈奴人对郅都的恐惧已经到了这个地步。

匈奴人把郅都当作心腹大患，但因为得罪了窦太后，窦太后以汉朝法律中伤郅都，设法使他构成了死罪。汉景帝不愿杀郅都，便说：“郅都是忠臣。”并想放了郅都。但窦太后说：“难道临江王就不是忠臣了吗？”最终还是杀掉了郅都。

历史评价

原文

自郅都、杜周十人者，此皆以酷烈为声。然郅都伉直，引是非，争天下大体。……然此十人中，其廉者足以为仪表，其污者足以为戒，方略教导，禁奸止邪，一切亦皆彬彬质有其文武焉。虽惨酷，斯称其位矣。

——《史记·酷吏列传》

译文

从郅都到杜周这十个人，都以严酷暴烈著名。但郅都刚烈正直，辩说是非，坚持关乎国家利益的重要原则。……这十个人中，廉洁的地方足以为天下的表率，污浊的地方足够让人们引以为戒，他们谋划策略，教导人们，禁止奸邪，所有作为都斯文有礼，礼义教化和刑罚并用，虽然凶暴严酷，但与他们的职务是相称的。

人物关系图

延伸阅读

何年部落到阴陵，奕世勤王国史称。
夜卷牙旗千帐雪，朝飞羽骑一河冰。
蕃儿襁负来青冢，狄女壶浆出白登。
日晚鸊鹈泉畔猎，路人遥识郅都鹰。

——唐·李商隐《赠别前蔚州契苾使君》

酷吏郅都

郅都做官时不畏权势，打击豪强，他公正无私，但因为执法严峻，有酷吏的名声。他常常对自己说：“已经离开父母双亲来做官，我本就应该在任上恪守职责，尽忠守节而死，终究不能顾念妻子儿女了。”郅都升为中尉的时候，丞相兼条侯周亚夫权势最大、最为傲慢，而郅都见到他也只是拱手行礼，并不跪拜。当时百姓质朴，都害怕犯罪，按照法律规范自己的行为，而郅都施行严苛的刑罚，且不避王侯贵戚，因此就连列侯和皇族的人见到他，都要侧目而视，将郅都称为“苍鹰”。

汉武帝
刘彻

liú chè
刘彻

征讨匈奴拒和亲　汉武御驾向西征
晚年昏庸巫蛊祸　求仙问卜国不平

征讨匈奴

汉朝兴起时，由于连年战乱，百姓生活困苦，汉初的几代皇帝都采用了休养生息的政策，到汉武帝刘彻即位时，国力已经逐渐强盛起来。从汉朝建立，匈奴就不断侵扰边境，但苦于国力限制，直到汉文帝时期，对匈奴都是以防御为主，用和亲维护短暂的和平。建元六年（前135年），匈奴又派人来汉朝请求和亲，刘彻答应了，但已经在暗暗准备反击。两年后，主战的大臣王恢建议，设计引诱匈奴单于攻打马邑，在马邑埋伏下大军击杀单于。刘彻批准了，但计划并没有成功，单于察觉到异常后退走，此后，匈奴与汉朝的和亲就断绝了，对边境的侵扰更加频繁。

主父偃等大臣建议恢复和匈奴的和亲，但刘彻不再忍让，他任用卫青、霍去病为将军，率大军北击匈奴。卫青首先突袭占据河套及以南的匈奴，完全收复河南；接着，他率大军进入漠南，反击匈奴右贤王，俘虏了一万多匈奴士兵，迫使匈奴主力退却到漠北一带。随后，卫青与霍去病分兵攻打匈奴主力，前后几次进击漠北，终于重创匈奴，使匈奴此后再也无力南下侵扰。

开通西域

在与匈奴正式开战前，刘彻曾经派张骞出使西域，寻找同盟，他想联合大月氏，夹击匈奴，但张骞在途中被匈奴扣押，没有音信传来，刘彻只好自己出兵。在打败匈奴、占领河西走廊后，张骞也返回了汉朝，于是刘彻再次派张骞出使，和西域诸国取得联系。第二次出使不仅使汉朝和西域的关系进一步紧密，还打通了对东西方经济贸易极为重要的丝绸之路，极大地促进了汉朝与西域的民族融合与经济文化交流。刘彻还在西域设置了使者、校尉领护西域，又派遣中郎将唐蒙前往夜郎，用厚礼招致夜郎侯多同归附汉朝，在西南先后建立七郡。

但是，残余的匈奴军队仍然不时侵扰丝绸之路上往来的客商，加上连年用兵，汉朝也付出了沉重的代价，因此在汉武帝时期，汉朝还不能将西域完全纳入自己的版图中，直到汉宣帝时期设置西域都护，汉朝对西域的掌控才进一步加强。

扩展知识点

夜郎自大：夜郎是汉代西南方的小国，却自以为领域能和汉朝比肩。比喻妄自尊大。

巫蛊之祸

刘彻痴迷方术，四处祀神求仙，挥霍无度，许多方士因此得到丰厚的赏赐，使得国内巫术横行，很多人说自己掌握秘方，能通神仙。当时人们认为，用巫术诅咒木偶人并把木偶人埋在地下能够害人，这种巫术被称为巫蛊。刘彻晚年时多病，就怀疑是周围的人用巫蛊之术诅咒自己。征和二年（前91年）时，有人告发丞相公孙贺用巫蛊诅咒皇帝，在驰道埋木偶人，公孙贺父子都死在了狱中。第二年，刘彻的宠臣江充因为与太子刘据有仇，就诬告太子宫中埋有木偶。太子十分恐惧，杀了江充和胡巫师，连夜逃到未央宫，调发兵卒，长安城中四处传言太子要造反。刘彻说太子定是害怕了，便派人召唤太子，但使臣不敢进入长安，就说太子已经造反了。刘彻大怒，发兵拘捕太子，太子也起兵反抗，激战五日后，太子兵败逃走，在被围捕时自缢而死，受牵连死去的有数万人。

在这场统治阶级内部斗争中，数十万人被牵连，因起因是巫蛊之事，这场祸乱被称为“巫蛊之祸”。

历史评价

原文

孝武穷奢极欲，繁刑重敛，内侈宫室，外事四夷，信惑神怪，巡游无度，使百姓疲敝，起为盗贼，其所以异于秦始皇者无几矣。然秦以之亡，汉以之兴者，孝武能尊先王之道，知所统守，受忠直之言，恶人欺蔽，好贤不倦，诛赏严明，晚而改过，顾托得人。

——《资治通鉴·汉纪十四》

译文

汉武帝奢侈贪婪到了极点，他施行繁重的刑法赋税，对内修建奢侈的宫室，对外不断攻打四夷，又崇信鬼神，没有节制地四处巡游，使百姓疲惫穷困，起来做盗贼，和秦始皇相比也差不多了。然而秦朝因此灭亡了，汉朝因此兴盛，是因为汉武帝能尊崇先王的治国之道，知道如何治理天下，能听进忠诚正直的话，厌恶被人欺瞒蒙蔽，喜好贤才，赏罚分明，晚年知错能改，将国家托付给可靠的人。

人物关系图

延伸阅读

登高丘，望远海。
六鳌骨已霜，三山流安在？
扶桑半摧折，白日沈光彩。
银台金阙如梦中，秦皇汉武空相待。
精卫费木石，鼋鼍无所凭。
君不见骊山茂陵尽灰灭，牧羊之子来攀登。
盗贼劫宝玉，精灵竟何能？
穷兵黩武今如此，鼎湖飞龙安可乘？

——唐·李白《登高丘而望远》

孝武本纪

汉武帝刘彻扩大了汉朝的版图，加强了对西域的统治，将冶铁、煮盐、铸钱收归官营，同时兴修水利，屯田西北，实行代田法，有利于农业的发展。但他也挥霍无度，为举行封禅劳民伤财，穷兵黩武，致使徭役繁重，大量农民破产流亡，多地爆发了农民起义。司马迁身为臣子，将《史记》上呈给汉武帝时，汉武帝看到记录自己过错的《景帝本纪》和《今上本纪》勃然大怒，“怒而削之”。现在《史记》中的《孝武本纪》已经不是司马迁所作的《今上本纪》，而是后人根据《封禅书》抄录补缀而成，因此篇目中记述的都是武帝重用方术、寻仙求药、泰山封禅等事。汉武帝的生平，更多见于后世的《汉书》与《资治通鉴》中。

外戚之争
窦婴、灌夫＆田蚡

dòu yīng
窦婴

guàn fū
灌夫

tián fén
田蚡

灌夫敬酒骂座前　魏其武安东朝辩
后宫之中无政事　外戚何敢执专权

灌夫骂座

魏其侯窦婴是窦太后的侄子，武安侯田蚡是王太后的弟弟，他们先后做过丞相。窦婴最显赫的时候，田蚡还没有发迹，陪窦婴宴饮时恭敬得如同子孙后辈。窦婴和田蚡都推崇儒家学说，而窦太后喜好黄老之学，因此两人都被罢免，但因为王太后的原因，田蚡仍受宠幸，官吏便疏远了窦婴，归附田蚡。只有将军灌夫对窦婴一如既往，窦婴对灌夫也格外厚待，两人都失势后，关系就更加亲密。

窦婴失势后，田蚡与窦婴、灌夫之间的矛盾渐渐加深。一年春天，田蚡控告灌夫横行乡里，灌夫也用田蚡接受淮南王财物的秘事攻击他。三人矛盾越来越深。

那年夏天，田蚡娶燕王女儿为妻，列侯和皇族都去道贺。窦婴带着灌夫一起去，席上众人对田蚡极其恭敬，对窦婴却很不恭敬，灌夫因此不悦，起身向宾客敬酒，敬到田蚡时，田蚡说自己不能满饮，灌夫心中生气，向临汝侯敬酒时，恰好临汝侯在和程不识耳语，于是灌夫借机发作，叫骂宾客。宾客见状都借口上厕所离开了，田蚡便生气地绑了灌夫，以不敬的罪名弹劾他，追捕灌氏族人，准备处以死刑。

东朝廷辩

窦婴为了营救灌夫，向皇帝进言灌夫只是喝醉失言，罪不至死。皇帝赞同他，便赏赐窦婴一起用饭，还让他到东宫去公开辩论这件事。

在东宫，窦婴极力夸赞灌夫的功劳，田蚡则竭力说灌夫骄横放纵，两人相互攻击，皇帝便问大臣，谁的话更有道理。但在场的大臣都不敢表态支持。皇帝大怒，怒斥内史，随即罢朝，到内宫去见太后。太后已经探听到廷辩详情，生气地说："我还活着，别人就这么欺负我弟弟，我若死了，他不就任人宰割了？况且皇帝怎么能不自己决断呢？"皇帝便道歉说："他们是皇室外戚，所以才在朝廷上让他们辩论，若不是这样，只要一个狱吏就能解决这件事了。"

田蚡退朝后，和御史大夫同行，他生气地指责御史大夫模棱两可，不支持自己。御史大夫过了好一会儿才说："窦婴毁谤您时，您应该立刻解下绶印认错，这样皇帝一定会认为您谦逊，不会罢免您。现在这样和窦婴互相诋毁，多么不识大体！"田蚡当即认错。

争斗致死

东朝廷辩后，皇帝派御史追查灌夫被检举的罪行，发现与窦婴所说有很多不符的地方，于是窦婴因为欺君的罪名被弹劾、拘禁。汉景帝临死时，曾经给窦婴诏书，说事情紧急时他可以便宜行事，求见皇帝。现在自己被拘禁，灌夫被定罪灭族，窦婴便让侄子上书给皇帝说明遗诏的事，请求皇帝召见。可是对比宫中保管的档案，却没有发现这份遗诏，于是窦婴又被弹劾伪造诏书，应当斩首。

元光五年（前130年）十月，灌夫被灭族，窦婴过了许久才听说这个消息，他愤慨万分，一气之下患了中风，打算绝食而死。后来听说皇帝并没有杀他的意思，窦婴才开始进食医治，但又有许多诽谤窦婴的话开始流传，因此在当年十二月的最后一天，窦婴还是被斩首示众。

第二年春天，田蚡病倒了，嘴里总是叫喊要谢罪的胡话，巫师来诊视后说，这是窦婴和灌夫的鬼魂来报复。不久，田蚡就病死了。

历史评价

原文

魏其、武安皆以外戚重。灌夫用一时决策而名显。魏其之举以吴、楚，武安之贵在日、月之际。然魏其诚不知时变，灌夫无术而不逊，两人相翼，乃成祸乱。武安负贵而好权，杯酒责望，陷彼两贤。呜呼哀哉！迁怒及人，命亦不延。众庶不载，竟被恶言。呜呼哀哉！祸所从来矣。

——《史记·魏其武安侯列传》

译文

魏其侯和武安侯都是因为外戚的身份而被重用。灌夫因为一次冒死立功而声名显扬。魏其侯因为平定吴楚之乱而被重用，武安侯则是抓住了皇帝刚刚即位、太后掌权的时机而显贵。然而魏其侯不懂得时势变化，灌夫不学无术又不谦逊，两人相互庇护，最终形成了这场祸乱。武安侯倚仗显贵的身份而喜好玩弄权术，因为一杯酒的仇怨陷害了两位贤人。可悲啊！田蚡迁怒于人，导致自己的性命也不长久，百姓们不拥戴，最终还是落下了坏名声。可悲啊！他的灾祸就是从这里来的。

人物关系图

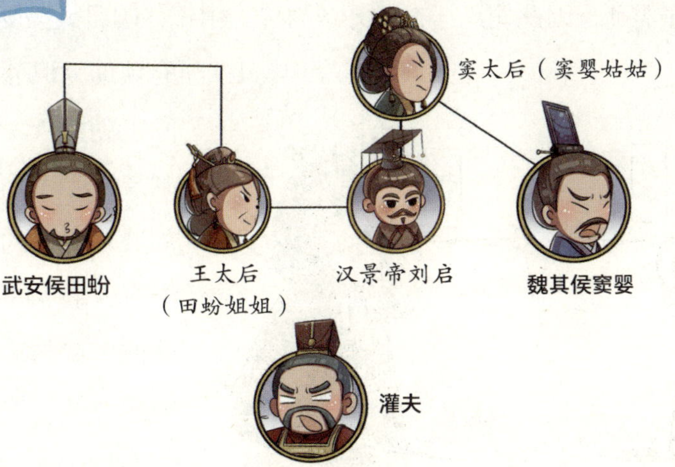

延伸阅读

外戚平羌第一功，生年二十有重封。
直登宣室螭头上，横过甘泉豹尾中。
别馆觉来云雨梦，后门归去蕙兰丛。
灞陵夜猎随田窦，不识寒郊自转蓬。

——唐·李商隐《少年》

外戚

魏其侯窦婴、武安侯田蚡都是外戚。外戚这个词原是指外家的亲戚，后来特指帝王的母族或妻族。在《史记》中，司马迁写下了一篇《外戚世家》，记录从汉高祖刘邦到汉武帝刘彻五代汉朝皇帝的后妃及后妃亲族的兴衰，除了窦婴和田蚡，文中还提到了吕禄、薄昭、卫青、霍去病等外戚的情况。

汉朝从初立开始，就出现了多次外戚专权的情况，给朝中带来很多混乱，因此司马迁在《外戚列传》中说，国君大多受到过外戚的帮助，但外戚也会造成王朝覆灭，国君处理姻亲关系时不能不慎重。外戚对汉朝的影响始终深远，直到东汉末年，外戚窦武与宦官集团之间的斗争还造成了牵连众多的党锢之祸。

凿空西域

张骞

zhāng qiān

张骞

十年牢笼心不改　志在故乡归汉台
半生飘零博望侯　西域诸国朝贺来

首使西域

建元年间，汉武帝从投降的匈奴人口中得知，月氏王被匈奴人杀了后，头颅被做成酒器，月氏因此非常怨恨匈奴。汉武帝就想派使者联系月氏，前后夹击灭掉匈奴。去月氏要经过匈奴的领地，朝廷需招募一位能够担此重任的使者，郎官张骞去应征后被选中了。

张骞和一个名叫甘父的匈奴奴隶一起从陇西出发，随行的有100多人。在经过匈奴境内时，匈奴人抓住了张骞，单于将他扣留了十多年，让他在那里娶妻生子，然而张骞始终拿着使者符节，不改变心志。

匈奴人对张骞看守得越来越宽松，张骞找到机会后和属下一起逃了出来，向月氏的方向走去。数十天后到了大宛，大宛国的人早就听说了汉朝富饶，想要结交却没有门路，见到张骞后，他们非常高兴，派向导和翻译将张骞送到了康居。张骞从康居辗转来到月氏，但月氏已经安定下来，并不想向匈奴报仇。一年多后张骞动身回国，回去途中又被匈奴人抓到，直到一年多后匈奴内乱，他才找到机会带着胡人妻子和甘父逃回汉朝，这时距离他出使已经13年，出使的100多人只剩下他和甘父两人。

二使西域

张骞回国后，将自己去过的大宛、大月氏、大夏、康居和其他听说过的国家的情况向汉武帝一一汇报，汉武帝听了西域诸国的情况后，便听从张骞的意见，派使者前往这些国家沟通往来。

元朔六年（前123年），张骞随大将军卫青征讨匈奴，因为他知晓沿途路况，避免了军队陷入困乏，因此被封为博望侯。第二年，张骞又跟随李广出征，但因为延误行军日期，使李广陷入苦战，张骞被贬为百姓。

将匈奴赶入漠北以后，汉武帝多次询问与大夏有关的事情，张骞便建议联合乌孙，招引他们向东迁移，这样就相当于斩断了匈奴的右臂，大夏等国也可以招为藩属国。汉武帝因此任命张骞为中郎将，率领三百人再次出使西域。

张骞到达乌孙后，乌孙已经臣服于匈奴很久，而且不知道汉朝的大小，加上乌孙国内的势力分裂，很多大臣不愿意迁走，因此乌孙王昆莫不敢独自和张骞定约。张骞便派出副使分别前往大宛、康居、大月氏、大夏等国，自己带着乌孙派出的几十个使者回国答谢，顺便让乌孙使者看到汉朝有多么强大。

西域归汉

张骞回国后被任命为大行，位列九卿，一年多后他就去世了。而乌孙的使者见识了汉朝的物阜民丰后，回去后报告了乌孙王，乌孙国对汉朝更加重视起来。一年多后，张骞派往大夏等国的使者也和其他国家的使者回到了汉朝，此后，西域诸国开始与汉朝有了来往。可以说，张骞的两次出使打通了汉朝前往西域的道路，加强了中原和西域的联系，开辟了中国通往西方的丝绸之路。

汉朝与西域各国的联系逐渐加强，设置了酒泉等郡，各国使者往来也越来越频繁。但很多使者出身贫穷，看到张骞因为出使而尊贵起来，才请求出使。他们经常将朝廷赠予外国的礼物据为己有，也不能正确传达朝廷的意愿，因此外国逐渐讨厌汉朝使者。再加上匈奴距离更近，而汉朝军队鞭长莫及，乌孙以西到安息的这些国家畏惧匈奴的使者更甚，与汉朝渐渐有了矛盾。后来，为了得到大宛的良马，汉武帝派李广利攻打大宛，沿途小国都被慑服，西域各国都归附汉朝。

历史评价

原文

然张骞凿空，其后使往者皆称博望侯，以为质于外国，外国由此信之。

——《史记·大宛列传》

译文

由于（中原与西域之间）这种互通有无是由张骞开创的，因此后来出使西域的人都自称博望侯，以此来取得外国的信任，外国也真的因此更加信任使者。

人物关系图

汉武帝刘彻（君主）

张骞

延伸阅读

将帅蒙恩泽，兵戈有岁年。
至今劳圣主，可以报皇天。
白骨新交战，云台旧拓边。
乘槎断消息，无处觅张骞。

——唐·杜甫《有感五首·其一》

丝绸之路

张骞开辟的丝绸之路是古代中国与外国往来贸易的重要通道。丝绸之路以长安、洛阳为始发地，经过甘肃、新疆等地，贯穿亚洲中部、西部，远至非洲、欧洲等地，因为丝绸是商旅们在路上运送的大宗货物之一，因此这条通道被称为丝绸之路。丝绸之路的说法是十九世纪时德国地理学家李希霍芬第一次提出的，但最初指的只是从中原经过新疆到达中亚和西亚的陆上通道，后来，丝绸之路的范围逐渐扩大，延伸到亚洲、欧洲、非洲三个大洲，还囊括了海上丝绸之路。现在，丝绸之路不仅用来形容连接整个古代世界的交通要道，还已经成为古代东西方之间经济、文化交流的代名词。

智圣怪杰
东方朔

dōng fāng shuò
东方朔

大隐于朝抱酒樽　狂徒避世金马门
奇兽驺牙终归义　人之将死方善陈

避世金马门

东方朔喜好儒家经术，遍览诸子百家经典。汉武帝即位后征召天下人才，东方朔应召上书，用了三千多个竹简，公车府派了两个人来抬他写的竹简。汉武帝花了两个月的时间才读完东方朔的上书，任命他为郎官，在身边侍奉。

汉武帝常赏赐东方朔在御前用饭，吃完饭，东方朔就把剩下的肉揣在怀里带走，衣服都被弄脏了；汉武帝赐下的绢绸，东方朔都肩挑手提地拿走，全部用来娶城中貌美的女子。汉武帝身边的近侍有一半都称东方朔是“疯子”，武帝听说后，便说：“如果东方朔没有这样的行为，哪里还有你们容身的地方呢？”东方朔还将自己的儿子保举为郎官，又升为谒者。有一次，东方朔从殿中经过，郎官对他说：“人们都说先生是狂人。”东方朔回答：“像我这样的人，是在朝堂中避世的人。古时候的人则是在深山中避世。”他时常在宴席中饮酒，喝醉了就趴在地上唱：“在俗世中隐居，在金马门避世。在宫殿中可以避世保全自身，何必去深山之中，茅草屋下。”

扩展知识点

金马门：即衙署大门，因为大门旁有金马，因此唤作金马门。

驺牙归义

建章宫后阁的双重栏杆中有一只动物跑了出来，长得像麋鹿的样子。宫内传遍了这个消息，汉武帝也前去观看。没有人知道这是什么动物，汉武帝问遍身边通晓经学的群臣，都说不出个所以然来，于是便传召东方朔来看。东方朔看了以后，说："我知道这是什么，请陛下先赐我美酒佳肴，让我饱餐一顿，我再说这是什么。"汉武帝准许了他。东方朔吃完后又说："某地有好几顷公田、鱼池和蒲苇塘，请陛下赐给我，我再说。"汉武帝又答应了他。东方朔这才说："这是被称作驺牙的奇兽。远方有前来投诚的事情，驺牙便会先出现。它的牙前后都一样，大小一致而没有臼齿，因此被称作驺牙。"一年多后，果然有匈奴的混邪王率领着十万人投降汉朝，汉武帝因此又赏赐给东方朔很多钱财。

扩展知识点

建章宫： 太初元年（前104年），汉武帝在长安修建建章宫，建章宫规模宏大，有"千门万户"之称。宫中建筑模仿神话传说中的蓬莱、方丈、瀛洲三座仙山布局为"一池三山"的格局，这一模式在以后的园林中也多有应用。

其言也善

东方朔博学多才，性情诙谐，汉武帝经常传召他谈话，每次谈话武帝没有不高兴的。在东方朔晚年将死的时候，他规劝武帝说：“《诗经》说‘营营青蝇，止于蕃。恺悌君子，无信谗言’‘谗言罔极，交乱四国’。请陛下远离奸佞巧语的人，屏退他们的谗言。”汉武帝很奇怪地说：“东方朔今天怎么说了这么多正经话？”过了没多久，东方朔就病死了。古书上说：“鸟快死的时候，鸣叫得特别哀伤；人快死的时候，说的话是善意的真心话。”描述的就是这样的情况吧。

扩展知识点

营营青蝇：这几句诗出自《诗经·小雅·青蝇》，前四句意思是，苍蝇嗡嗡地飞来飞去，停留在藩篱上，有礼君子不要听信谗言；后两句的意思是，谗言没有止境，会搅得四处不得安宁。

其言也善：这句话出自《论语》，原文是“鸟之将死，其鸣也哀；人之将死，其言也善”。

历史评价

原文

其滑稽之雄乎！朔之诙谐，逢占射覆，其事浮浅，行于众庶，童儿牧竖莫不眩耀。而后世好事者因取奇言怪语附着之朔。

——《汉书·东方朔传》

译文

东方朔是滑稽之雄啊！东方朔的诙谐，在他讥讽、射覆的事迹上就可见一斑，他的事迹浮浅，在百姓中流传很广，儿童、放牧的小子没有不喜好谈论的，因此后世的好事者喜欢把一些奇谈怪论也附会到东方朔身上。

人物关系图

汉武帝刘彻（君主）

东方朔

延伸阅读

朝天数换飞龙马，敕赐珊瑚白玉鞭。
世人不识东方朔，大隐金门是谪仙。
西施宜笑复宜颦，丑女效之徒累身。
君王虽爱蛾眉好，无奈宫中妒杀人！

——唐·李白《玉壶吟》（节选）

东方朔偷桃图

东方朔行事常常出人意料，人们又把一些奇谈附会到他的身上，因此围绕着东方朔便出现了一些神秘的故事。有这么一则关于他的传说。东郡进献给汉武帝一个矮人，高约七寸，穿戴着整齐的衣帽。武帝经常让他在书案上行走，怀疑他是一个山精，就传召东方朔来问。东方朔看到矮人后问道："巨灵，你怎么在这里，你的主母回去了吗？"矮人没有回答，指着东方朔对汉武帝说："王母种的桃树三千年结一次果，此人不是良善之辈，已经偷过三次蟠桃了，因此得罪了王母，被贬黜到这里来。"武帝大惊，才知道东方朔不是凡人。

后来，很多画家根据这个故事创作了画作，著名画家张大千、齐白石都画过《东方朔偷桃图》。

风流才子
司马相如

sī mǎ xiàng rú
司马相如

家徒四壁挑美人　琴曲挑意卓文君
西汉文章两司马　收复西南凭一文

一曲挑美人

司马相如喜好读书和剑术，父母给他取了个小名叫小犬，但他仰慕蔺相如的为人，便给自己取名为司马相如。

司马相如用钱买了郎官的职位，但汉景帝不喜欢辞赋，司马相如也不乐意为官，刚好梁孝王进京朝见，随行的邹阳、枚乘、庄忌等与司马相如交好，司马相如便称病辞官，和他们一起去了梁国。司马相如和儒生们在一起住了好几年，写下《子虚赋》。

梁孝王去世后，司马相如回到家中，此时他家徒四壁，又没有能养活自己的手艺，临邛县令王吉和他平日关系好，就邀他来探望自己，司马相如便去了都亭。

临邛富豪卓王孙和程郑听说县令有贵客，便一起设宴招待。司马相如原本推托不去，但王吉亲自去请，他只得赴宴，座上宾客都为他的风采所倾倒。席间，王吉送上古琴请司马相如弹奏。司马相如推辞一番，还是弹了一两首。当时卓王孙的女儿卓文君新寡在家，她喜好音律，司马相如便有意用琴声挑动她的心意。卓文君从门缝里偷看，对司马相如倾心。宴会结束后，司马相如买通卓文君的侍从，传达自己的思慕，卓文君便连夜与司马相如私奔了。

一赋谢君王

司马相如与卓文君私奔回了家乡成都，卓王孙非常生气，说："我舍不得杀那个不成器的女儿，但也不会给她一点家产。"司马相如家徒四壁，卓文君有些闷闷不乐，说道："我们回到临邛，就算向我的兄弟们借钱也能维生，何必让自己这样受苦呢？"于是他们回到了临邛，卖掉车马，买了一间酒馆卖酒，卓文君照看生意，司马相如和杂役一起干活。卓王孙以此为耻，闭门不出，他的亲友都劝说他不要看不起司马相如。卓王孙不得已，分给卓文君家奴一百人、钱一百万，还有衣服、被褥等，夫妇俩这才回到成都，富裕起来。

过了很久，汉武帝读到《子虚赋》，赞赏道："我怎么没有和这个人生活在同一时期！"侍奉皇帝的杨得意是成都人，便说这是同乡司马相如所作。汉武帝十分惊喜，召见司马相如。司马相如说，《子虚赋》所写是诸侯游猎，不值一看。因此又写了《上林赋》，虚构了子虚、乌有先生、无是公三人，用华丽的辞藻铺陈供天子游猎的园林，最终归结到节俭的主旨，借此来规劝武帝。武帝看后非常喜欢，将司马相如任命为郎官。

一文通西南

司马相如担任郎官时，唐蒙正出使夜郎、征讨僰中，在巴蜀两郡征兵运粮，两郡的百姓都很惊恐。汉武帝就派司马相如前去责备唐蒙，安抚百姓，司马相如在那里发布了《喻巴蜀檄》。

司马相如返回时，唐蒙已经打通前往夜郎的道路，顺便要开通前往西南夷的路线。这项工程耗费了无数人力物力，但两年后路还没有修成，巴蜀的百姓和朝中很多大臣都反对这么做。这时，西夷的君主听说南夷依附汉朝后得到很多赏赐，便也表示想要依附。汉武帝询问司马相如，司马相如认为这些地方靠近蜀郡，道路易通，值得交往。汉武帝因此任命司马相如为中郎将，让他出使西夷。司马相如出使时经过蜀郡，太守和下属去郊外迎接，卓王孙也登门拜访，认为自己让女儿嫁给司马相如太晚了，让卓文君分得了和兄弟一样多的家产。

司马相如平定了西夷，但蜀郡人和朝中大臣多认为与西南夷交往无用，因此他又作了《难蜀父老》，宣扬天子的用意。

扩展知识点

西南夷： 汉朝时对分布在如今甘肃南部、四川西部和南部、云南、贵州一带少数民族的统称。

历史评价

原文

相如虽多虚辞滥说，然其要归引之节俭，此与《诗》之风谏何异。扬雄以为靡丽之赋，劝百风一，犹驰骋郑、卫之声，曲终而奏雅，不已亏乎？余采其语可论者着于篇。

——《史记·司马相如列传》

译文

司马相如的辞赋虽然有很多虚妄的说法和夸张的辞藻，但要旨都归结为劝导节俭，这和《诗经》中讽谏的用意一样。扬雄认为这些华丽的辞赋中，劝导节俭的部分和奢华的描述相比不过百分之一，就像尽情弹奏靡丽的音乐，在结尾才演奏一点雅乐，这种看法岂不是扭曲了司马相如的本意？我把他值得讨论的几篇辞赋都收录了进来。

人物关系图

延伸阅读

茂陵多病后，尚爱卓文君。
酒肆人间世，琴台日暮云。
野花留宝靥，蔓草见罗裙。
归凤求凰意，寥寥不复闻。

——唐·杜甫《琴台》

（司马相如宅在州西笮桥，北有琴台）

汉赋四大家

司马相如患有口吃，却极擅长写文章，他劝谏皇帝多是用作赋的方式，留下了众多汉赋名篇。汉赋吸取了《楚辞》、荀子《赋篇》的体制辞藻，用华丽的词汇铺陈抒情。后人将汉赋分为大赋和小赋，小赋多是抒情作品；大赋则多用夸张手法描写都城、宫苑和帝王的奢华生活，在篇末讽谏或说理。司马相如常写的便是汉大赋。

除了司马相如，扬雄、班固、张衡也擅长作赋，有许多篇汉赋名作传世，对后世产生了深远影响，代表了汉赋的最高水平。他们和司马相如一起，被称为“汉赋四大家”。

龙城飞将

卫青

wèi qīng

卫青

生来本是奴隶身　一朝风起成战神
奔袭龙城威名远　漠北狼烟铸英魂

大难不死

卫青是平阳县人，他的父亲郑季与平阳侯的侍女卫媪私通，生下了卫青。因为同母姐姐卫子夫得到汉武帝宠幸，因此卫青便改姓卫。卫子夫还有两个姐姐是卫孺和卫少儿。

卫子夫进宫后，被汉武帝宠幸，有了身孕，皇后陈阿娇是汉武帝姑姑大长公主的女儿，她一直没有儿子，听说卫子夫有孕后非常嫉妒，就派人抓了卫青。卫青当时还没有名气，大长公主准备杀了卫青，幸好卫青的朋友公孙敖和一些壮士把他抢了出来，卫青才得以大难不死。

汉武帝听说此事后，召见卫青，将他封为建章监，卫家人都得到了封赏，皇帝在几天内给他们的赏赐累计有千金之多。

龙城之战

元光五年（前130年），卫青被任命为车骑将军，从上谷出兵攻打匈奴，太仆公孙贺、大中大夫公孙敖、卫尉李广则分别带兵从云中、代郡和雁门出兵，每支军队都有一万人。卫青在这一战中直捣匈奴王庭龙城，斩杀了数百敌军，拉开了汉朝反击匈奴的序幕。但在这场战争中，公孙敖损失了七千将士，李广被俘后逃脱，两人都被贬黜为平民，公孙贺也没有立下功劳。

元朔元年（前128年），卫子夫生下男孩，被立为皇后。秋天，卫青带领三万士兵北出雁门关，攻打匈奴，斩杀了数千匈奴人。第二年，匈奴入关，杀了辽西太守，掳掠了渔阳二千多百姓，打败了韩安国的军队。汉武帝便命令李息从代郡出征讨伐，卫青从云中出发，向西攻打到高阙。卫青攻取了河南地区，一直打到陇西，俘虏了数千敌人，缴获数十万牲畜，赶走了白羊王和楼烦王。河南地区改设为朔方郡，卫青也被封为长平侯。

扩展知识点

龙城：也称为“茏城”“龙庭”，是匈奴祭天、部族集会的地方。

漠北之战

匈奴不断入关滋扰，元朔五年（前124年），卫青又率领三万大军从高阙出兵，其他将领分别从朔方、右北平出发，共击匈奴。

匈奴右贤王认为汉军到不了他的领地，喝得大醉。但当晚汉军就围困了他，右贤王大惊，带着爱妾、几百骑兵突围逃走，剩下的十多个小王和一万五千多民众被俘，千百万头牲畜被缴获。卫青凯旋，在边塞就接到使者送来的大将军印信，被任命为大将军，其他将军都隶属于他。

大将军卫青又数度出征，将匈奴赶到了漠北。匈奴屡战屡败，决心诱使汉军北进，在漠北消灭汉军，而汉武帝也决意一举消灭匈奴本部的势力。元狩四年（前119年），卫青、霍去病各率领几十万大军，分东西两路向漠北出发远征。卫青出塞一千多里后，遇到了单于严阵以待的精兵，便下令用战车排成环形营垒，又派五千骑兵奔驰作战。大漠中起了风沙，双方士兵都看不见对方，厮杀一天后，双方伤亡人数相当，而单于已经逃走，汉军便派出轻骑兵连夜追击，大军跟随在后面，一直追击到寘颜山，杀敌一万九千多人，烧掉了他们的粮草才回来。漠北之战中匈奴大伤元气，从此远遁。

历史评价

原文

苏建语余曰："吾尝责大将军至尊重，而天下之贤大夫毋称焉，愿将军观古名将所招选择贤者，勉之哉。大将军谢曰：'自魏其、武安之厚宾客，天子常切齿。彼亲附士大夫，招贤绌不肖者，人主之柄也。人臣奉法遵职而已，何与招士！'"骠骑亦放此意，其为将如此。

——《史记·卫将军骠骑列传》

译文

苏建对我说过："我曾责备大将军极为尊贵却不被天下贤士称赞，希望大将军能效仿古代那些招揽贤士的名将，照着去做。大将军拒绝说，自从魏其侯和武安侯厚待宾客，皇帝常常痛恨得咬牙切齿。拉拢士大夫、招揽贤士、贬黜没有才能的人，是君主的权柄，做臣子的只要遵守法度、恪尽职守就可以了，何必参与到招揽人才中呢。"骠骑将军霍去病也效仿这种做法，他们当将军的就是如此。

人物关系图

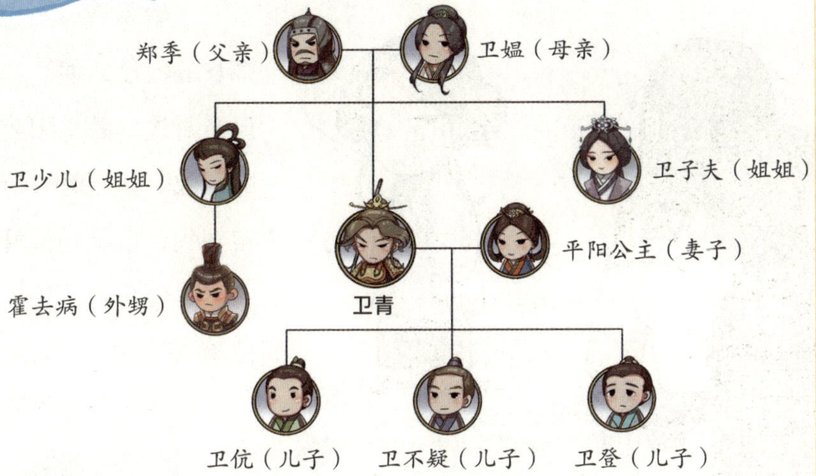

延伸阅读

将军族贵兵且强，汉家已是浑邪王。
子孙相承在朝野，至今部曲燕支下。
控弦尽用阴山儿，登阵常骑大宛马。
银鞍玉勒绣蝥弧，每逐嫖姚破骨都。
李广从来先将士，卫青未肯学孙吴。
传有沙场千万骑，昨日边庭羽书至。

——唐·高适《送浑将军出塞》（节选）

钳徒论相

卫青年轻时和父亲一起生活，父亲郑季让他去放羊，郑季前一个妻子生的孩子都把他当奴隶使唤，不把他当成自己的兄弟。有一次，卫青跟着人到甘泉宫去，一个脖子上戴着枷锁的犯人给卫青看相，说：“你是个贵人，将来会被封侯。”卫青笑着说：“我是奴仆的孩子，能不被他人打骂就心满意足了，怎么敢想封侯的事情呢！”

卫青长大后不愿受郑家的奴役，便回到了母亲身边，做平阳公主的骑奴。他当时应该不曾想到，自己封侯拜相的生涯便从此开始，在征战多年后位至大将军，后来又娶了平阳公主，死后谥为烈侯。

大汉豪侠 郭解

guō 郭 jiě 解

浪子回头金不换　仗义疏财结善缘
三教九流尽结交　豪侠获罪称弄权

名噪一时

郭解是相士许负的外孙，身材矮小，精明强干，滴酒不沾。郭解的父亲因为行侠，在汉文帝时被杀，郭解年轻时也残忍狠毒，因为一时愤慨，心中不快而亲手杀了很多人。他藏匿亡命之徒去违法抢劫，为朋友报仇不惜拼上性命，还私铸钱币，开坟盗墓，做出的不法之事数不胜数。但他总能在窘迫危急时侥幸脱身，或者遇到大赦。稍微年长后，郭解改换行为，检点自身，对和自己有仇怨的人报以恩惠，对别人施加恩德而不指望别人回报。但他心中更喜欢行侠，救人性命而不自夸功劳，内心的残忍狠毒也和从前一样，依然会为了小事突然行凶。当时的少年仰慕郭解的行为，常常偷偷为郭解报仇，却不让郭解知道。

郭解出入时，人们常躲着他，只有一个人傲慢地坐在地上看他。郭解打听了那人的姓名，门客要替郭解杀了这个对他无礼的人，郭解却说："是我德行不够才不被人尊重，那个人有什么错！"他还暗中嘱咐尉史照顾那人，免除那人的劳役。那人知情后，便前去找郭解谢罪。城中少年听说这件事后，更加仰慕郭解了。

明于事理

郭解姐姐的儿子依仗郭解的势力，和人喝酒的时候，必定让别人喝尽杯中的酒，如果对方酒量不好，喝不下去，就强灌着人喝。有人因此发怒，拔刀杀了郭解的外甥，然后逃走了。郭解的姐姐生气道："以弟弟舅甥的情义，别人杀了我的儿子，却抓不到凶手。"于是她把儿子的尸体丢在道上，不下葬，想要以此羞辱郭解。郭解派人暗中探查凶手的住处，凶手窘迫地自己出来，把实情详细地告诉了郭解。郭解说："你杀他是理所应当的，是我的外甥做得不对。"于是就放了凶手，把罪过归到外甥的身上，为他收尸埋葬。人们听说了此事后，都佩服郭解的深明大义，更加推崇郭解。

洛阳一人有个仇人，邑中十数个豪杰居间调停，仇人都不听。那人便来请郭解，郭解趁夜去了那人仇人家中，仇人屈从了郭解的调解。郭解便对他说："我听说洛阳很多人来调解，你都没有听从，现在我有幸说动了你，但我是外地人，怎能抢了本邑贤大夫的威权呢？你且当没有听过我的话，等我离开后，洛阳豪杰来调解，你就听他们的。"然后他又趁夜离开，不让人知道自己来过。

麻烦上身

汉武帝强行迁徙各郡富豪到茂陵，郭解家贫，却被列入了名单中。卫青为他说情，汉武帝说，能让将军为他说话，郭解算不得家贫，最终还是将他迁徙到关中。郭解是被轵县人杨县掾列入名单的，因而郭解的侄子杀了杨县掾，两家结下仇怨。

郭解到了关中，关中豪杰争相和他结交。后来杨县掾的父亲杨季主也被杀了，杨家人上书告状，又被人杀在了宫门下。汉武帝听说此事，就派人捉拿郭解。郭解将家人安置在夏阳，自己逃到临晋。临晋侠士籍少公和郭解原本没有来往，郭解冒险求他将自己送出了关。官吏追查到籍少公家，籍少公无奈自尽，断绝线索。很久以后，郭解被抓到。官府深究郭解的罪行，发现他杀人的事都在大赦前，可以被赦免。轵县一个儒生陪查案的使者闲坐时，郭解的门客夸赞郭解，儒生说：“郭解作奸犯科，怎么算得上贤能！”门客听了这话，就杀了儒生。使者责问郭解，但郭解也不知道杀人的是谁，最终查问不出，使者就上报说郭解无罪。但公孙弘说，郭解以平民身份行侠弄权，应该判处大逆不道之罪。郭解因此被灭族。

历史评价

原文

吾视郭解，状貌不及中人，言语不足采者。然天下无贤与不肖，知与不知，皆慕其声，言侠者皆引以为名。谚曰："人貌荣名，岂有既乎！"于戏，惜哉！

——《史记·游侠列传》

译文

我看郭解，样貌比不上一般人，说话也没有值得称道的地方。然而天下无论贤能的人还是无才无德的人，认识不认识郭解，都仰慕他的名声，谈论游侠的都标榜郭解以提高名声。俗语说："人的相貌和名声，哪能完全相符！"唉，可惜啊！

人物关系图

延伸阅读

藉交唯有不赀恩，汉法归成弃市论。

平日五陵多任侠，可能推刃报王孙。

——宋·王安石《郭解》

最后一位游侠

“侠”是中国传统文化中尤为特殊的一部分，很多中国人心中都有一个“侠士梦”，将现实中无法实现的意气寄托在游侠身上。但古代也一直有“侠以武犯禁”的说法，很多人以行侠为名，做的却是违法乱纪的事。司马迁在《游侠列传》中讲述了自己心中游侠的标准：“今游侠，其行虽不轨于正义，然其言必信，其行必果，已诺必诚，不爱其躯，赴士之厄困，既已存亡死生矣，而不矜其能，羞伐其德，盖亦有足多者焉。”游侠就算有不符合准则的地方，但他们言出必行，一诺千金，为救助别人的危难肯付出生命，却不自夸本领和功劳。他在文中介绍了朱家、田仲、王公、剧孟、郭解等游侠，并说，在郭解死后，行侠的人虽多，却都傲慢无礼，不值得称道，例如暴徒仇景、赵他、羽公子之流，被司马迁轻蔑地称为“盗跖居民间者”，不值一提。

社稷之臣 汲黯

jí àn

汲黯

刚直诤臣汲长孺　不畏权贵佐君主
后来居上若积薪　门庭可容雀鸟扑

两度视察

汲黯为人严正，推崇黄老学说，主张清静无为。他在汉武帝时做谒者，东越的闽越和瓯越互相争斗，汉武帝派汲黯前往视察。汲黯没有走到东越，到吴县就回来了，上报皇帝说：“东越人相争，是他们的民俗本就好斗，不值得让天子的使臣去过问。”河内郡发生火灾，火势绵延烧到了上千户人家，汉武帝又派汲黯前去视察。汲黯回来后上报：“是普通人家里失火，屋舍密集，所以火势蔓延开了，不值得担忧。我经过河南郡，河南郡的穷苦人家受水涝和干旱之苦，有数万家受灾，我就便宜行事，凭符节下令打开河南郡的粮仓赈济灾民。现在我归还符节，愿受假传旨意的罪责。”汉武帝认为他贤能，赦免了汲黯的罪过，将他调任为荥阳令。但汲黯以做县令为耻，称病辞官回了乡。汉武帝听说后，便召回他，任命为中大夫，但汲黯多次直言进谏，没多久就被外放为东海太守。

汲黯治理东海郡以清静为上，把事情都交给得力的郡丞、长史去办，处理事情也只督察大体，而不苛求小节。汲黯多病，常在卧室内休息，这么过了一年多，东海郡便十分安定修明。

不事权贵

汲黯为人倨傲，不讲究礼节，常当面斥责别人。与自己性情相投的就善待，与自己性情不合的则不耐烦相见，士人也因此不依附他。汲黯好学，爱行侠仗义，注重气节，对内修养高尚品行，素日里仰慕傅柏、袁盎的为人，经常直言诤谏，屡次冒犯天子颜面。

当时，王太后的弟弟田蚡任左丞相，在中央任职的高官向田蚡跪拜，田蚡都不回礼，而汲黯见到田蚡从不跪拜，只拱手为礼。大将军卫青位高权重，也只有汲黯按对等的礼节相待。张汤做廷尉时受到宠幸，汲黯也常当着皇帝的面指责他执法严苛，让百姓重足而立、侧目而视。

汉武帝招揽天下儒生，汲黯直言道："陛下内心欲望很多，只在表面施行仁义，怎么能效仿唐尧虞舜呢？"汉武帝为此生气地罢了朝。有大臣指责汲黯，汲黯说："皇帝任命公卿大臣，难道是让他们曲意逢迎的吗？况且身居其位，即使爱惜自身，也不能为此损害朝廷大事。"

扩展知识点

重足而立，侧目而视：并着脚站立，不敢正眼看人，形容人恐惧、敬畏的样子。

后来居上

汉武帝时，汉朝大举对匈奴反击、招抚四方少数民族，汲黯反对与匈奴交战，但汉武帝征讨匈奴连连取胜，越来越不愿意听取汲黯的进言。汉武帝还独尊儒术，重用公孙弘。当时国内纷争不断，官吏和百姓都取巧逃避法律，汉武帝下令严明法律，张汤常常上奏自己办理的要案，因此得到宠幸。汲黯常常当着汉武帝的面指责公孙弘等内怀奸诈、阿谀奉承，而张汤舞文弄墨、构陷别人罪名，汉武帝因此越来越不喜欢汲黯，将他贬为右内史。

汲黯刚开始位列九卿，而公孙弘、张汤是小吏；后来公孙弘、张汤稍稍显贵，和汲黯身份相当；再往后，公孙弘为丞相、封平津侯，张汤位至御史大夫，汲黯以前的郡丞、长史地位也有超过汲黯的。汲黯心中不满，怨气满腹，他朝见汉武帝时说：“陛下任用群臣像堆柴垛一样，后来的堆在上面。”汉武帝沉默不语，等汲黯走后才说：“人果然不能没有学识，听汲黯的这番话，他的愚直越来越重了。”

扩展知识点

后来居上：资格浅的新进反而居于资格老的旧臣之上，现在形容后来的人或事物胜过先前的。

历史评价

原文 夫以汲、郑之贤，有势则宾客十倍，无势则否，况众人乎！

——《史记·汲郑列传》

译文 以汲黯、郑庄的贤能，尚且有权势时宾客盈门，没有权势时则没有宾客上门，何况普通人呢！

人物关系图

延伸阅读

汶上相逢年颇多，飞腾无那故人何。
总戎楚蜀应全未，方驾曹刘不啻过。
今日朝廷须汲黯，中原将帅忆廉颇。
天涯春色催迟暮，别泪遥添锦水波。

——唐·杜甫《奉寄高常侍（一作寄高三十五大夫）》

门可罗雀

在《史记》中，汲黯和郑庄的事迹被记载在一起。他们都曾位列公卿，为官清廉，品行端正，也都曾被罢官，家境清贫，宾客日益稀少。司马迁在评价这两人时，还列举了下邽县翟公的故事。翟公做廷尉时，宾客盈门，后来他丢了官，宾客都不登门，门外冷清得可以张网补雀。后来翟公重新被任用为廷尉，那些宾客又准备去拜访，翟公就让人在门口写道："一死一生，乃知交情。一贫一富，乃知交态。一贵一贱，交情乃见。"汲黯和郑庄也经过这般情形，司马迁忍不住在文末叹道："悲夫！"

不败战神 霍去病

huò
霍
qù
去
bìng
病

一战封侯天下知　封狼居胥奔马驰
千里奔袭破胡胆　建功立业少年时

初战封侯

霍去病是大将军卫青的外甥，十八岁那年，他被选为天子侍中，因为擅长骑射，两次跟从大将军卫青出征讨伐匈奴。卫青奉诏调拨壮士给霍去病，将他封为剽姚校尉。霍去病率领着八百名轻装骑兵，远离大军几百里地，径直与匈奴军队交战，斩杀和俘虏的匈奴人数千。这是霍去病第一次领兵，就立下大功。汉武帝称赞道："剽姚校尉霍去病斩杀敌军两千零二十八人，其中包括匈奴的相国、当户等官员，杀死了匈奴单于祖父辈的籍若侯产，活捉了单于的叔父罗姑比，他的功劳两次冠于全军之首，因此以一千六百户封霍去病为冠军侯。"

封侯三年后，霍去病被任命为骠骑将军，率领一万骑兵从陇西郡出兵，讨伐匈奴。这一次，霍去病经过五个匈奴部落的领地，转战六天，翻越焉支山前行了一千多里，和匈奴人交战杀死了折兰王和卢胡王，生擒了浑邪王的儿子和匈奴的相国、都尉，杀敌八千多名，霍去病因此又增加了两千户食邑。那一年夏天，霍去病再次大败匈奴，控制了河西地区。此后，霍去病更受重用，地位接近卫青。

封狼居胥

漠北之战中，霍去病和卫青各率领骑兵五万、步兵和其他士兵几十万，分兵出征，与匈奴决战。霍去病率领的都是敢于深入敌阵的士兵，从代郡出发，深入漠北。出兵一千多里后，霍去病与匈奴左贤王的军队短兵相接，斩杀、俘虏匈奴立下的功劳超过大将军卫青。他亲自统领俘获的匈奴士兵，轻装简行，深入大漠，在大战中捉到了单于近臣章渠，随即乘胜追击，翻过离侯山，渡过弓闾河，俘虏了匈奴屯头王、韩王等三人，还有匈奴将军等八十三个官员，然后在狼居胥山举行祭天仪式，在姑衍山祭地。这一战中，霍去病俘虏和斩杀的敌军超过七万人，自己的军队损失了约三分之一，卫青也在与匈奴单于的交战中取得胜利，匈奴的主力部队受损，从此远遁。霍去病更加显贵，比大将军卫青更受重用。

扩展知识点

狼居胥山： 今蒙古国境内肯特山。霍去病大败匈奴，在此祭天宣告成功后，封狼居胥就成了建立显赫功勋的代名词。

何以家为

霍去病沉默寡言，不显露声色，为人有气魄，敢于任事。他用兵灵活，善于长途奔袭，深入敌军作战。汉武帝曾经想要亲自教他孙子和吴起的兵法，但霍去病说：“打仗只要看策略就行了，用不着学习古时的兵法。”立下战功后，汉武帝为霍去病修建府第，让他去视察，但霍去病回答：“匈奴未灭，无以家为也。”匈奴还未消灭，没有考虑家事的心思。汉武帝此后更加看重霍去病。

历史评价

原文

卫青、霍去病资强汉之众，连年以事匈奴，国耗太半矣，而猾虏未之胜，所世犹传其良将，岂非以身名自终邪！

——《后汉书·窦融列传》

译文

卫青、霍去病依仗强大的汉朝军队，与匈奴连年作战，国力为此消耗过半，然而还是没有完全战胜狡猾的敌人，后世犹且传颂他们是良将，难道不是因为他们终生都投身于此吗？

人物关系图

延伸阅读

居延城外猎天骄，白草连天野火烧。
暮云空碛时驱马，秋日平原好射雕。
护羌校尉朝乘障，破虏将军夜渡辽。
玉靶角弓珠勒马，汉家将赐霍嫖姚。

——唐·王维《横吹曲辞·出塞》

马踏匈奴

漠北之战后不久，霍去病就因病去世了，那年他只有二十三岁。汉武帝对他的死非常悲痛，派附属国的铁甲军，列阵从长安一直排列到茂陵。霍去病被允许在茂陵陪葬，他的陵墓外形修建成祁连山的模样，以纪念他攻克匈奴的功劳。汉武帝还赐霍去病谥号“景桓”，意为“勇武”和“开拓疆土”。

霍去病墓在现在的陕西兴平茂陵以东，陵墓前安置着各种大型圆雕石刻，其中最著名的石刻之一，就是马踏匈奴。马踏匈奴石刻高约1.68米，一匹骏马三蹄着地，一只前蹄把一个匈奴士兵踏倒在地，匈奴人仰卧在地上，左手握弓，右手拿剑，狼狈挣扎。这尊石刻是霍去病赫赫战功的象征，同时也富有极强的艺术性，是汉代石刻中马的形象的代表。除了马踏匈奴，在霍去病墓中还发现了卧马、跃马、伏虎、卧牛和人与熊等石刻十余件。

张汤 树敌无数

zhāng tāng

张汤

酷吏张汤展才情　揣度圣意混视听
墙倒众人皆出力　方知先生真清明

幼年审鼠

张汤是长安县丞的儿子。在他还是个小孩子的时候，有一次，父亲外出，让张汤看家。父亲回来的时候，发现家里的肉被老鼠偷了，父亲很生气，就用鞭子打了张汤。张汤因此挖开老鼠洞，抓住老鼠，找到了剩下的肉。他像在公堂上那样，列举老鼠的罪过，审问拷打老鼠，然后写下供词，再反复审问，判决罪罚，记录下审讯过程，将老鼠和剩余的肉作为证据，和其他审讯材料一起备齐，在堂下处决了老鼠。

张汤的父亲看到了这些，又见张汤写的文书就像一个老练的狱吏所写，十分惊讶，就送张汤去学习关于法律和审案的文书。父亲死后，张汤做了长安的官吏，做了很长时间。

周阳侯田胜做九卿时，曾被拘禁在长安监狱，张汤全力为他辩护。在田胜封侯后，他依然与张汤来往密切，还把张汤引荐给了很多贵人。张汤在内史做事时，宁成把他推荐给了丞相府，张汤调任为茂陵尉，丞相田蚡又推荐他做了御史。

揣度圣意

因为主持审理陈皇后巫蛊案，追查同党，张汤得到汉武帝赏识，升迁为太中大夫，和赵禹一起制定律令，务必使条文苛刻，能约束所有在职官员。不久，赵禹升为少府，张汤为廷尉，两人关系很好。赵禹廉洁倨傲，不与宾客来往。张汤却狡猾奸诈，舞弄智谋控制人，在做小吏时就利用权力侵吞别人的财产，位列九卿时，又结交名士大夫，假装出仰慕他们的样子。

汉武帝推崇儒学，张汤判决大案的时候，就故意附会上儒家经书中的说法。有需要皇帝决断的案件，张汤就预先给汉武帝分析清楚事情原委，汉武帝觉得可以的，就记录下来作为判案的法则，然后以廷尉的名义发布，宣扬皇帝的英明；汉武帝觉得不行的，张汤就认错谢罪，顺着汉武帝的心意处理，并且推举出贤能的属官，说他们已经向自己提议过，但自己太过愚蠢没有采纳，这样一来，皇帝就经常赦免他的罪过。张汤善于揣度圣意，经常凭借案件排挤大臣、为自己邀功，汉武帝越来越信任他，将他升为御史大夫。

墙倒众人推

御史中丞李文与张汤一直有嫌隙，他多次寻找能中伤张汤的公文条款，张汤的部属鲁谒居，知道张汤愤恨此事，就派人匿名告发李文做过的坏事，由张汤审判，处李文死罪。张汤知道这件事是鲁谒居主导的。后来，鲁谒居病倒，张汤不仅亲自探望，还为他按摩腿脚。

赵王经常被张汤打压，鲁谒居也曾举报过赵王，因此赵王十分怨恨他们两人，告发说，张汤为自己的下属按摩，一定做过不可告人的事。事情被下交给廷尉，鲁谒居却病死了，他的弟弟被关押到导官署。张汤也在导官署审理囚犯，看到鲁谒居的弟弟后打算暗中帮他，就故意不理他。鲁谒居的弟弟却因此怨恨张汤，告发了鲁谒居和张汤谋害李文的事。

案件交给了减宣处理，减宣也和张汤有嫌隙，就深入追查。恰好当时张汤得罪了丞相，丞相的三个长史本就怨恨张汤，趁机检举了张汤做过的不法之事。罪行一起被上报，汉武帝因此认定张汤为人奸诈，派出八批使者审问他。张汤不肯服罪，汉武帝又派赵禹审问。赵禹去了后，直接指出汉武帝想让张汤自己了断的意图，张汤于是写下谢罪书后自杀。

历史评价

原文

张汤以知阴阳，人主与俱上下，时数辩当否，国家赖其便。

——《史记·酷吏列传》

译文

张汤因为懂得分辨皇帝的喜怒哀乐而投其所好，和皇帝的意见总是保持一致，当时多次辩论国家大事的得失以顺应圣意，国家因为他而受益。

人物关系图

延伸阅读

张汤绝似公孙子，一样奴颜裹祸心。
不赖汲生如日月，汉廷谁与破幽阴。
——宋·陈普《咏史上·张汤公孙弘》

酷吏列传

在《史记·酷吏列传》中，司马迁提到了以执法苛刻著名的十几个官吏，其中特别介绍了汉景帝和汉武帝时期的11个酷吏：郅都、宁成、周阳由、赵禹、张汤、义纵、王温舒、尹齐、杨仆、减宣、杜周。司马迁在传中说，这些人都“以酷烈为声”，但与他们的职位还是相符的。从张汤之后，法网严密，但办案官员相互诋毁，手段残酷，政事逐渐败坏，官员们大多平庸无能，做事只为了自保，避免过错都来不及，哪有时间研究法律之外的事情。至于像蜀郡太守冯当、广汉李贞、东郡弥仆那样草菅人命的官吏，更是不胜枚举。

司马迁作《酷吏列传》并不是为了给这些人辩解，他在开头就引用孔子的话说：“道之以政，齐之以刑，民免而无耻。道之以德，齐之以礼，有耻且格。”借此强调法令是政治工具，而不是导致政治清明或污浊的根源，宽仁才是能治理好国家的根本。